GOLDMANN
Lesen erleben

Buch

Sind Sie eine Jackie? Oder eine Marilyn? Oder vielleicht beides? Die eine trug ein Chanelkostüm im Weißen Haus, die andere Chanel No. 5 im Bett. Beide waren schöne, stilvolle Frauen, die uns auch heute noch faszinieren. Ihr Auftreten und ihre Aufmachung entsprachen nicht nur ihren Lebensumständen, sondern ihrem ureigensten Wesen. Die eine war die Verkörperung von Kultur und Noblesse, die andere von Glamour und Sexappeal. Beide hatten ihre kleinen Schönheitstipps, Styling-Geheimnisse und Verhaltenskniffe, die ihren Typ unterstrichen, ihre eigene Art und Weise, mit den unterschiedlichsten Situationen fertig zu werden. Ob Marilyn mit ihren unwiderstehlichen Reizen oder Jackie mit ihrer natürlichen Eleganz, sie meisterten ihr Leben im Fokus der Öffentlichkeit mit einer unübertroffenen Sicherheit und Stärke, die Frauen nach wie vor inspiriert. Ihre Kunst, unverwechselbar zu sein, persönlichen Stil zu entwickeln und das eigene Leben leichter und schöner zu gestalten, ist heute aktueller als jemals zuvor.

Autorin

Pamela Keogh ist Autorin international erfolgreicher Autobiografien und lebt in New York City.

www.pamelakeogh.com

PAMELA KEOGH

UND WER SIND SIE: JACKIE ODER MARILYN?

ENTDECKEN SIE IHREN WAHREN STIL

Aus dem Amerikanischen
von Regina Schneider

GOLDMANN

Alle Ratschläge in diesem Buch wurden von der Autorin und vom Verlag sorgfältig erwogen und geprüft. Eine Garantie kann dennoch nicht übernommen werden. Eine Haftung der Autorin beziehungsweise des Verlags und seiner Beauftragten für Personen-, Sach- und Vermögensschäden ist daher ausgeschlossen.

FSC
www.fsc.org
MIX
Papier aus verantwortungsvollen Quellen
FSC® C014496

Verlagsgruppe Random House FSC-DEU-0100
Das für dieses Buch verwendete FSC®-zertifizierte Papier *Classic 95*
liefert Stora Enso, Finnland.

1. Auflage
Deutsche Erstausgabe Januar 2013

Originaltitel: *Are You a Jackie or a Marilyn? Timeless Lessons on Love, Power, and Style*
Originalverlag: Gotham Books, ein Verlag der Penguin Group (USA) Inc, New York
Umschlaggestaltung: Uno Werbeagentur, München
Umschlagillustration: Meg Hess; FinePic®, München
Illustrationen: Meg Hess
Redaktion: Angela Troni
Satz und Layout: Buch-Werkstatt GmbH, Bad Aibling
Druck und Bindung: GGP Media GmbH, Pößneck
CB · Herstellung: IH
Printed in Germany
ISBN 978-3-442-17336-5

www.goldmann-verlag.de

Inhalt

Für Lauren Marino, die lange vor mir eine klare Vorstellung von diesem Buch hatte,
und
für meine wunderbare Freundin Terri Austin Keogh, die beides ist: Jackie und Marilyn

Einführung

Wem entsprechen Sie eher? Jackie? Oder Marilyn?

Jacqueline Kennedy Onassis und Marilyn Monroe sind beides Frauen, die der Kulturlandschaft der neueren Zeit ihre Schönheit und ihren Glanz verliehen und dabei unsterblich wurden. Beide sind auf ihre Art legendär, und sie verkörpern gegenteilige Ideale – Ideale, denen die Frauen damals wie heute nachstreben.

Jackie oder Marilyn? Auf den ersten Blick scheint dies eine recht simple Frage: Präsidentengattin oder Hollywood-Star, Hochschulabsolventin oder Schulabbrecherin, feine Lady aus gutem Hause (mit allem, was dazugehört), die in Washington D. C., in Newport, Rhode Island, Southampton, New York und zeitweise in Europa lebte, oder Waisenkind aus L. A., das sich mit unzähligen Filmrollen mühsam auf der Karriereleiter nach oben kämpfte. Ähneln sie sich? Unterscheiden sie sich? Und, weitaus spannender, welchen Einfluss haben sie noch heute auf uns?

Jacqueline Bouvier Kennedy Onassis wurde am 28. Juli 1929 in Southampton, New York, geboren, wo ihre Eltern eine Sommerresidenz hatten. Die Kennedys wurden von wohlmeinenden Journalisten immer wieder als »amerikanische königliche Familie« bezeichnet, doch (theoretisch gesehen) stand der Bouvier-Clan auf der sozialen Leiter etliche Sprossen weiter oben, und insofern war Jackies Familie weit königlicher als die ihres zukünftigen Ehemannes. Obwohl katholisch, war sie doch Teil der elitären, reglementierten und sehr exklusiven Aristokratie der WASPs, der weißen angelsächsischen Protestanten, und damit der oberen Zehntausend. Erstmals trat Jackie nach ihrer Heirat mit John F. Kennedy 1953 in die Öffentlichkeit, als sie ihren Mann im Wahlkampf um das Präsidentenamt aktiv unterstützte. Nach dessen Wahlsieg im Jahr 1960 (mit dem knappsten Ergebnis des 20. Jahrhunderts) eroberte die stilvolle, elegante Jackie – das genaue Gegenteil ihrer Vorgängerin »Mami« Eisenhower – als Frau des 35. Präsidenten der USA die Weltbühne im Sturm. Fortan verfolgten sie die Medien auf Schritt und Tritt.

Als Jackie zum sonntäglichen Kirchgang in Palm Beach in einem ärmellosen Etuikleid und mit nackten Beinen erschien, was damals absolut verpönt war, sorgte sie für einen Skandal. Doch schon bald sollten Millionen Frauen ihrem Beispiel folgen. Ihr Stil wurde unzählige Male kopiert: die toupierte Frisur ebenso wie die halblange dreireihige Perlenkette oder ihre Angewohnheit, bei sportlichen Anlässen Jodhpurs zu tragen.

Als die ersten Prominenten, die nicht dem Showbusiness entstammten, öffneten Jackie und ihr Mann den Blick auf die amerikanische Oberschicht und machten den Stil der Ostküste im ganzen Land und schließlich in der gesamten Welt bekannt.

Nach der Ermordung John F. Kennedys am 2. November 1963 baute Jackie sich mit ihren Kindern Caroline und John Junior ein neues Leben in New York auf. 1968 heiratete sie den griechischen Reeder Aristoteles Onassis und zog damit den Zorn der Welt auf sich. Nach dessen Tod 1975 ließ sie sich dauerhaft in Manhattan nieder, wo sie beim Buchverlag Doubleday als Lektorin anheuerte. Als berühmteste Frau der Welt sorgte Jackie mit jedem Schritt für neue Schlagzeilen.

Von frühester Kindheit an genoss Jackie zeit ihres Lebens alle nur denkbaren Vorzüge. Sie wuchs in vornehmen Häusern mit Bediensteten auf, erhielt die bestmögliche Erziehung, hatte ein eigenes Pferd, einen Vater, der sie vergötterte, und Ehemänner, die sie stets behüteten. Das Wichtigste jedoch: Jackie hatte eine klare Identität, in der sie ruhte. Sie wusste, wer sie war, und sie kannte ihren Platz in der Welt.

Marilyn Monroe dagegen hatte nichts dergleichen. Nicht einmal ihr Name war ihr ursprünglicher, sondern ein Künstlername, eine Erfindung der Filmstudios.

Drei Jahre älter als Jackie, wurde Marilyn am 1. Juni 1926 als Norma Jeane Mortenson im kalifornischen Los Angeles geboren. Sie war das uneheliche Kind Gladys Bakers, einer ledigen Frau mit massiven psychischen Problemen, die als Cutterin für die Filmgesellschaft RKO Pictures arbeitete. Wer ihr Vater war, sollte sie nie erfahren (erst später meinte sie sich an das Foto eines gut aussehenden Mannes mit Schnurrbart zu erinnern), daher erhielt Norma Jeane bei ihrer Taufe den Nachnamen Baker.

Im Gegensatz zu Jackie hatte sie eine wenig stabile, bisweilen verstörende Kindheit. Die Bilder davon, wie ihre Mutter nach psychischen Anfällen in einer Zwangsjacke aus dem Haus getragen werden musste, blieben ihr tief im Gedächtnis, und sie hatte eine Heidenangst davor, selbst einmal so zu enden.

Am 19. Juni 1942 heiratete sie Jimmy Dougherty, einen 21-jährigen Nachbarssohn, den sie kaum kannte. Sie soll geweint haben, als er kurz danach als Soldat in den Zweiten Weltkrieg zog. Wenige Monate später wurde sie an ihrem Arbeitsplatz in einer Rüstungsfabrik als Fotomodell entdeckt und fand so eine noch größere Liebe: die Kamera.

Marilyn wurde von einem unbändigen Willen und einer großen Sehnsucht getrieben. Sie wollte so viel. Zu viel.

Sie wollte Respekt. Sie wollte Liebe, weshalb sie noch zweimal heiratete und sich zweimal wieder scheiden ließ. Sie wollte ein Zuhause, einen liebenden Ehemann, Kinder. Und sie wollte eine weltberühmte Filmschauspielerin werden, weshalb sie von Anfang an um gute Drehbücher kämpfte. Rückblickend, da sie als »blonde Sexgöttin« weltweit Bekanntheit genoss, schien ihr Lebensweg zwangsläufig. Vielleicht war er das auch.

Während Jackie also ebenso viele gesellschaftliche Vorteile hatte, wie Marilyn von Geburt an Tiefschläge hinnehmen musste, standen sich beide dennoch in Sachen Berühmtheit in nichts nach. Obwohl Jackie länger lebte, erfreut sich Marilyn heute womöglich größerer Beliebtheit, da sie die Menschen auf der ganzen Welt in ihren Gefühlen berührte. Ihre Sehnsucht, berühmt zu sein und geliebt zu werden, macht ihre Anziehungskraft ebenso aus wie ihre unschuldige Sexualität.

Jackie und Marilyn entwuchsen ihren Kinderschuhen in den 1950er Jahren, als die gesellschaftlich akzeptierten Rollen für

Frauen sehr beschränkt waren. Ehefrau und Mutter galt als die beste Option, wer unbedingt berufstätig sein musste, wurde Lehrerin oder Krankenschwester. Vielleicht noch Kellnerin oder Sekretärin. Damit hatte es sich dann auch.

Dennoch durchbrachen Jackie und Marilyn beide die engen Strukturen ihrer Zeit und wurden zu Ikonen, der freigeistige Filmstar ebenso wie die kosmopolitische First Lady. Während Jackie wohlerzogene Anständigkeit symbolisierte, verkörperte Marilyn puren Sex.

Jackie und Marilyn passten, so scheint es, perfekt zu ihren öffentlichen Rollen. Daher verwundert es kaum, dass es in der zweiten Staffel der Fernsehserie *Mad Men,* in der alle Frauen um den ehrgeizigen, erfolgreichen Werbefachmann Don Draper entweder Heilige oder Huren sind, eine Kampagne für den Dessous-Hersteller Playtex gab. Die beiden Models auf den Fotos waren Seite an Seite in BHs abgelichtet: die eine als eine Jackie, die andere als eine Marilyn. Wer von beiden wen darstellen sollte, war leicht zu erraten.

Während solch vereinfachende Denkweisen Frauen notwendigerweise in die eine oder andere Schublade stecken, sind in Wirklichkeit die meisten von uns eine Mischung aus beiden.

Eher Jackie oder doch mehr Marilyn?« Die Frage klingt, wie bereits erwähnt, als sei sie ausgesprochen einfach zu beantworten. Doch ebenso wie die beiden Frauen, auf die sie sich bezieht, ist die Antwort weitaus komplexer und längst nicht so eindeutig, wie es zunächst scheinen mag.

Frauen vom Typ Jackie sind der allgemeinen Vorstellung nach

stark, intelligent, von tadellosem Ruf, gut verheiratet, vermutlich Mutter und fähig, für sich und andere zu sorgen. Mit Frauen vom Typ Marilyn hingegen verbindet man Verletzbarkeit, emotionale Unausgeglichenheit, Hunger nach Sex, überwältigende Schönheit, Kummer und Leid, Pillen, Laster, Ruhm, Glamour, schwarzen Lidstrich, falsche Wimpern und Champagner am helllichten Tag. Außerdem weiß man ganz genau, dass sie einige wunderschöne Fotos von sich selbst versteckt aufbewahrt.

Auch in der heutigen Promi-Welt scheint man solche Gegensätze zu finden, etwa zwischen Jennifer Garner und Kate Moss oder zwischen Reese Witherspoon und Amy Winehouse.

Doch auf die Frage, ob eine Frau eher wie Jackie oder wie Marilyn ist, gibt es eben wie auf so viele andere Dinge im Leben keine eindeutige Antwort. Menschen sind komplexe Wesen (ja, auch Sie), und es gibt eine enorme Bandbreite, innerhalb derer sie sich bewegen können. Daher sind die meisten Frauen nicht notwendigerweise einer von beiden zuzuordnen, sondern vielmehr eine Kreuzung aus Jackie und Marilyn. Tina Turner mit ihren perfekten Beinen, den fransigen Miniröcken (in denen sie seit 1967 die Bühne rockte) und ihrer gewaltigen sexuellen Energie wirkt zuerst wie eine Marilyn. Blickt man jedoch über diesen ersten Eindruck hinaus auf ihren Mut, ihre Stärke und ihre persönliche Arbeitsmoral, dann kommt sie eher Jackie gleich. Auf der anderen Seite steht Grace Kelly, die vor ihrer Heirat stark Marilyn glich, mit ihrer fast schon spießbürgerlichen Existenz als Fürstin Gracia Patricia von Monaco aber immer konservativer wurde und sich schließlich in eine Art Über-Jackie verwandelte. Beyoncé Knowles ist eine der seltenen Popikonen, die Disziplin und Talent mit einer gesunden Portion sexueller Energie kombinieren. Damit präsentiert sie sich als eine Kombination aus Jackie und Marilyn.

Bevor eine Frau sich nun in dieser inneren Zwiespältigkeit zu zerreißen droht, sollte sie bedenken, dass eine Kombination aus beiden Welten die beste Lösung bieten kann. Denn die Entscheidung, eher wie Jackie oder wie Marilyn sein zu wollen, ist ohne Frage situationsabhängig.

Für die Jackies und Marilyns von heute dreht sich alles um Stil, innere Haltung und Auftreten, worin sie sich jeweils von ihrer Lieblingsikone inspirieren lassen. Kombinieren oder Hin- und Herspringen ist dabei durchaus erlaubt.

Bewerbungsgespräch? Jackie. Reise nach Las Vegas? Marilyn. Bewerbungsgespräch in Las Vegas? Marilyn mit einem Hauch Jackie. Erstes Treffen mit der Schwiegermutter in spe? Jackie, ganz klar. Wochenende in Paris mit dem neuen Liebhaber? Jackie mit einer Prise Marilyn (und falls Sie im Hotel Georges V. absteigen, dürfen Sie mit einer leidenschaftlichen Marilyn ruhig nachlegen).

Sie finden das alles verwirrend? Kein Problem, nachdem Sie ermittelt haben, ob Sie eher zu Jackie oder eher zu Marilyn tendieren (oder tatsächlich dazwischenliegen), können Sie Gewohnheiten, Überzeugungen, Kleidungsstil und sexuelle Energie der beiden Stilikonen betrachten und durch diese Vorbilder Ihren Stil herausfinden. Es geht um Flirten, Sex und Schönheit, für alle Lebenslagen (in Ihrer privaten Umgebung ebenso wie in Ihrem

Büro oder beim ersten Date) gibt es wertvolle Tipps: wie Sie einen Liebesbrief schreiben, wie Sie eine Bar bestücken, wie Sie eine Gehaltserhöhung fordern etc. Und ja, neben Tipps, Tricks und sogar Rezepten finden Sie hier auch spannende Klatschgeschichten über Jackie und Marilyn, die Sie vielleicht noch nicht kannten.

Es ist bekannt, dass alle Jackies und Marilyns Mut und Stil in höchstem Maße haben. Besser noch: Dieses Buch zeigt Ihnen, wie Sie all das in sich entdecken und Ihre innere Jackie oder Marilyn in jeder beliebigen Situation zum Vorschein bringen können. Ganz egal, ob Sie Ballerinas, Flipflops, Sneakers oder halsbrecherisch hohe Stöckelschuhe bevorzugen, hier lernen Sie den richtigen Auftritt auf Ihrer Bühne und wie Sie dort Ihre Chancen nutzen, mit mehr Stil, als Sie sich momentan noch vorstellen können.

Wie unsere beiden Hauptdarstellerinnen Jackie und Marilyn. Und jetzt auch Sie!

Jackie oder Marilyn? Das ultimative Quiz

Bevor von den wesentlichen Unterschieden zwischen Frauen à la Jackie und à la Marilyn (und von ihren jeweiligen Lebensstilen, Ehemännern und Stöckelschuhen) die Rede sein wird, sollten Sie zunächst bestimmen, welcher Typ Sie sind.

Und zwar mit Hilfe des nun folgenden Tests.

Ein Hinweis vorab: Die Jackies unter Ihnen werden diesen Test mit rascher Hand und einem frisch gespitzten Bleistift (dem Ticonderoga von Dixon, versteht sich) hoch konzentriert durchgehen und in null Komma nichts fertigstellen. Die Marilyns dagegen werden eher halbherzig bei der Sache sein, während sie in einem Hauch von nichts zuerst genervt einen stumpfen Bleistift aus den Untiefen ihrer Handtasche hervorkramen. Aber eines steht jetzt schon fest: Sie werden beim Grübeln über den Fragen einfach *hinreißend* aussehen.

1. Könnte der folgende Satz von Ihrem Vater stammen: »Männer sind Ratten, denen man nicht trauen kann«?
a) Ja
b) Nein
c) Puh!

2. Identifizieren Sie sich mit dem Satz »Gebt mir Champagner und gutes Essen, und der Himmel hängt voller Geigen«?
a) Ja
b) Nein
c) Manchmal

3. Mit wem identifizieren Sie sich am ehesten?
a) Madonna
b) Scarlett Johansson
c) Lindsay Lohan

4. Was tun Sie in Stresssituationen?
a) Spazieren gehen (am Strand)
b) Meditieren
c) Einen Schuss Gin in den Tee geben

5. Sex ist …
a) … unkompliziert und macht Spaß.
b) … eine Möglichkeit, danke zu sagen.
c) … ein Mittel zum Zweck.

6. Was tun Sie vor einem Date?
a) Sich die Beine rasieren
b) Ihn googeln
c) Manolos anziehen und das Beste hoffen

7. Sie wachen jeden Morgen auf …
a) … und haben den Tag komplett durchgeplant.
b) … und tun, wozu Sie Lust haben.
c) … und drehen sich zu Ihrem Schatz, um ihn zärtlich zu wecken.

8. Ihre Kindheit ist etwas …
a) … worüber Sie nicht sprechen.
b) … sehr Positives.
c) … vor dem Sie Ihr ganzes Leben lang davonlaufen.

9. Ihr Vater …
a) … hat Sie geliebt und Ihnen Selbstvertrauen gegeben.
b) … war Clark Gable.
c) … hat Ihnen einen Fußball in die Hand gedrückt.

10. Ihre Mutter …
a) … ist zum Fürchten.
b) … hat Ihnen all ihre Kleider von Balenciaga und den Schlumberger überlassen.
c) … zieht Ihnen insgeheim Ihre kleine Schwester (die »Hübschere«) vor.

11. Nach Ihrem Ersten Mal hat er …
a) … Ihnen die Hauptrolle in seinem nächsten Film angeboten.
b) … Sie gefragt, ob Sie ihn heiraten.
c) … Ihnen eine kleine Aufmerksamkeit von Cartier auf das Frühstückstablett gelegt.

12. Geld ist für Sie …
a) … alles.
b) … wirklich ALLES!
c) … nicht so wichtig. Solange Sie ein Dach über dem Kopf und Veuve Cliquot im Kühlschrank haben, ist alles bestens.

13. Was tun Sie vor dem ersten Treffen mit Ihrer zukünftigen Schwiegermutter?
a) Konvertieren
b) Ihre Konversationskenntnisse aufpolieren
c) Wenn es sein muss, verzichten Sie auf Unterwäsche.

14. Ihre Exfreunde halten mit Ihnen Kontakt …
a) … über Facebook.
b) … über die Titelseite der New York Times.

c) Sie leiden bis heute unter der Trennung. Sie werden nie darüber hinwegkommen. Niemals!

15. Ihre beste Freundin …
a) … kennen Sie noch aus dem Kindergarten.
b) … ist Ihre Friseurin, Visagistin, Ihr Double, Ihre Pressesprecherin, Haushälterin, Reporterin – oder eine variable Kombination aus allen.
c) … sind Sie selbst, nur Sie selbst.

16. Abschließend noch eine Frage zum Nachdenken, die nicht in die Auswertung einfließt: In welchen Situationen ist es besser, eine Jackie zu sein? Wann eine Marilyn?
a) Wenn Sie in absehbarer Zeit die zukünftige First Lady der USA werden.
b) Wenn Sie mit einem schönen, fremden Mann eine einmalige Nacht verbringen.
c) Wenn Sie mit einem französischen Modeschöpfer eine einmalige Nacht verbringen.
d) Wenn Sie sich zum Mittagessen in einem Nobelrestaurant verabreden.
e) Wenn Sie auf der Besetzungscouch auf Ihre große Chance warten.
f) Wenn Sie sich an einer Elite-Hochschule bewerben.
g) Wenn Sie bei einem Fotoshooting sind, kistenweise Champagner und die einmalige Chance auf Ruhm und Unsterblichkeit bekommen.

Auflösung

1. a) Jackie, b) Marilyn, c) Marilyn
2. a) Marilyn, b) / c) Jackie
3. a) Jackie, b) Marilyn, c) /
4. a) Jackie, b) Jackie, c) Marilyn
5. a) Marilyn, b) Marilyn, c) Jackie
6. a) Marilyn, b) Jackie, c) Marilyn
7. a) Jackie, b) Marilyn, c) beide
8. a) Marilyn, b) Jackie, c) Marilyn
9. a) Jackie, b) Marilyn, c) /
10. a) beide, b) Jackie, c) Jackie
11. a) Marilyn, b) Marilyn, c) Jackie
12. a) Jackie, b) Jackie, c) Marilyn
13. a) Marilyn, b) Jackie, c) Marilyn (klar)
14. a) / b) beide, c) Marilyn
15. a) Jackie, b) Marilyn, c) Marilyn

Auswertung

Zählen Sie zusammen, wie oft sie eine »Marilyn«- oder eine »Jackie«-Antwort gegeben haben, und geben Sie sich für jede Antwort einen Punkt. Die höhere Punktzahl entspricht Ihrem vorherrschenden Archetyp. Bei einem Unentschieden haben Sie wahrscheinlich geschummelt, oder Sie sind Uma Thurman.

Die Aura der stilvollen Frau

»Als kleines Mädchen hat mir niemand gesagt, dass ich hübsch sei. Dabei sollte man das zu allen kleinen Mädchen sagen, egal ob sie hübsch oder hässlich sind.«

MM

»Wenn ich Jaqueline beschreiben soll, verwende ich gerne das Wort ›originell‹ … Sie war sehr ernsthaft und ihr lag an so vielen Dingen etwas.«

Janet Lee Auchincloss, JKOs Mutter

Was müssen Sie nun tun, um Ihr Leben wie eine Jackie, eine Marilyn oder eine Kombination aus beiden zu gestalten? Als oberste Regel gilt: Erschaffen Sie ein Idealbild von sich selbst.

Der berühmt-berüchtigte Paparazzo Ron Galella, der wie kein anderer auf Stars wie Jackie, Robert Redford und Marlon Brando Jagd machte, um das perfekte Bild zu ergattern (was ihm etliche Male gelang), beschrieb diesen Prozess so: »Beide waren sie Schauspielerinnen, sie erschufen sich selbst. Jackie umgab sich mit einer geheimnisvollen Aura und hielt die Menschen mit ihrer leisen Stimme auf Distanz. Sie kam so gut wie nie aus sich heraus, sondern wirkte durch ihre geheimnisvolle Aura. Marilyn hingegen war klarer, direkter. Viel sinnlicher, viel verführerischer als Jackie, und zwar um einiges!«

Lassen Sie sich von Nebensächlichkeiten wie mangelnder Bildung (Marilyn), sozialer Herkunft (Marilyn) oder fordernder Kindheit (Jackie/Marilyn) bloß nicht abhalten, wenn es um Ihre ganz eigene Vision geht. Francis Scott Fitzgerald lag völlig falsch, als er sagte: »Einen zweiten Akt gibt es im Leben nicht.« Wie bitte? Immerhin schieben Frauen die Altersgrenzen heute immer weiter nach hinten und formulieren, ohne mit der Wimper zu zucken, Sätze wie »60 ist das neue 40« (und meinen es auch so). Die moderne Frau hat den dritten, vierten und fünften Akt praktisch erfunden.

Dieses Buch soll Sie dazu ermutigen, zu sein, was immer Sie sein wollen. Das kann sich übrigens täglich, wenn nicht sogar stündlich ändern. Das Wichtigste ist, dass Sie dabei Regie führen.

Ihre Kindheit – neu gefasst

Jackie: Die Vergangenheit aufpolieren
Marilyn: Die Kindheit hinter sich lassen. Schnellstens!

Durch schiere Willenskraft erschufen sich sowohl Marilyn als auch Jackie letztlich neu, und zwar eine jede nach dem Bild, das ihr vorschwebte. So wurden sie zu denen, die sie sein wollten, und einmal mehr hatte Marilyn die ungleich schlechteren Karten.

Während Jackie die typisch strenge (und kühle) Erziehung der vornehmen Oberschicht mit allem Pipapo »genoss«, war Marilyns Kindheit eher trostlos und entbehrungsreich am Rande der Gesellschaft. In jungen Jahren wurde sie wegen der psychischen Labilität ihrer Mutter sowie der Tatsache, dass sie ohne Familie aufwuchs, ein Staatsmündel. Sie lebte in etlichen Pflegefamilien, von denen manche wohlmeinend waren und viele andere ihr schadeten. Viele Jahre später vertraute sie ihrem Psychiater Dr. Ralph Greenson an, dass einer der Untermieter ihrer Pflegeeltern sie mehrfach sexuell missbraucht hatte. Ihre Pflegemutter habe ihr jedoch nicht geglaubt, als sie ihr davon erzählte.

Sie selbst sagte dazu: »Jedenfalls war ich … warten Sie, ich zähle kurz zusammen … in zehn, nein elf verschiedenen Familien. Die erste lebte in einer kleinen Stadt bei Los Angeles. Ich bin übrigens in Los Angeles geboren. (…) Bei ihnen blieb ich, bis ich ungefähr sieben war. Sie waren fürchterlich streng. (…) Sie erzogen mich mit unerbittlicher Härte und haben mich oft in einer Art und Weise zurechtgewiesen, wie man es meiner Meinung nach niemals tun sollte: mit Ledergürtelschlägen. Schließlich wurde das bekannt, und ich wurde an ein englisches Paar in Hollywood gegeben. (…) Bei ihnen war das Leben sorgenfrei, und es war immer ziemlich viel los.«

Zwischen den Aufenthalten bei verschiedenen Pflegeltern verbrachte sie auch einige Zeit im Waisenhaus von Los Angeles (das später den Namen Hollygrove bekam), einem Ort, der ihr zutiefst verhasst war. Einigen Biografien zufolge soll sie dort Liebe und Respekt erfahren haben, allerdings lässt sich kaum ergründen, was davon wahr ist und was allein Marilyns Wahrnehmung entspricht.

Im Waisenhaus begann sie zu stottern, was sich bis ins Erwachsenenalter nicht ganz legte: »Ich fing an zu stottern. An dem Tag, an dem ich hingebracht wurde, als sie mich schreiend und weinend hineinzogen, fand ich mich plötzlich in einem großen Speisesaal wieder, in dem hundert Kinder aßen und mich anstarrten. Das ließ mich sofort verstummen. Was vielleicht noch zu allem Übrigen dazukam: meine Mutter und der Gedanke, eine Waise zu sein. Jedenfalls stotterte ich.«

1937 nahm eine Freundin ihrer Mutter Marilyn zu sich. Bei Grace McKee Goddard und ihrem Mann verlebte sie eine glückliche Zeit, denn Grace liebte Filme. Häufig verbrachte sie die Nachmittage mit Norma Jeane im Filmtheater, um die Schauspielerin Jean Harlow zu sehen. Sie ermunterte ihren Schützling auch, sich zu pudern und zu schminken und ging mit ihr regelmäßig zum Friseursalon, damit sie sich die Haare machen ließ. Doch als Grace' Mann 1942 an die Ostküste versetzt wurde, konnte es sich das Paar nicht leisten, die Sechzehnjährige mitzunehmen. Norma Jeane hatte zwei Möglichkeiten: zurück ins verhasste Waisenhaus oder heiraten. Mit ihrer psychisch labilen Mutter, wiederholtem sexuellem Missbrauch und diversen Aufenthalten in zusehends verwahrlosten Waisenhäusern hatte Marilyn derart schlechte Karten, dass man ihr nur alle Daumen drücken konnte. Daraus lässt sich jedoch folgendes lernen: Egal ob Sie eine Jackie oder eine Marilyn sind, auch Sie können es schaffen.

Wenn Sie nun darüber sinnieren, wie Ihnen das bei der Entscheidung weiterhilft, ob Sie nun eine Marilyn oder eine Jackie sind, stellen Sie sich folgende Fragen:

Hatten Sie eine schwere Kindheit? (Damit ist übrigens nicht gemeint, dass Sie zu Ihrem 18. Geburtstag keinen BMW bekommen haben, sondern eine Jugend, die Sie zum Kandidaten einer Talkshow machen könnte.) In dem Fall sind Sie wohl eher eine Marilyn. Waren Sie Ihr Leben lang von der inneren Unruhe getrieben, etwas aus sich zu machen, womöglich fast bis zur Selbstaufgabe? Dann spricht das einmal mehr für eine Marilyn.

Oder stehen Sie eher am anderen Ende des Spektrums, und an Ihrer Familiengeschichte, an der es eigentlich gar nichts auszusetzen gibt, muss vielleicht nur ein bisschen poliert werden, um Sie in ein noch besseres Licht zu rücken? Dann sind Sie eindeutig eine Jackie.

Retuschieren Sie die Vergangenheit zu Ihrem Vorteil

Wenn Sie Ihre Kindheit wiedergeben, stehen Ihnen verschiedene Möglichkeiten offen, sich selbst darzustellen. Sie können zum Beispiel beschließen, es Jackie gleichzutun und konsequent bei einer Geschichte zu bleiben. Vielleicht wollen Sie es aber auch halten wie Marilyn und alle möglichen Varianten Ihrer Kindheit durchspielen. Oder, wie jede gute

Schauspielerin, eine Version verbreiten, die den gewünschten Zweck erfüllt. Sollten alle Stränge reißen, können Sie außerdem jederzeit auf die viel bemühte Lieblingslösung der Promis zurückgreifen – die Lüge.

So hat sich zum Beispiel Bob Dylan (wie viele andere Berühmtheiten auch) das Image eines Waisenjungen verpasst, der eines Tages ausriss, um sich auf den Weg von nirgendwo nach irgendwo zu machen. In Wahrheit war er mit dem unscheinbaren Namen Robert Zimmermann in Hibbing, Minnesota, in behüteten Verhältnissen der bürgerlichen Mittelschicht aufgewachsen. Seine Eltern waren übrigens noch quicklebendig, als sich ihr vermeintlicher Waisenjunge damals auf den Weg machte.

Alle Menschen, insbesondere berühmte, gestalten ihre persönliche Geschichte um. Mal mehr, mal weniger. Das war auch bei Jackie nicht anders, die ganz selbstverständlich einiges beschönigte.

Jackies Vater John »Black Jack« Bouvier, den sie gerne als einen glamourösen Schürzenjäger darstellte, war letztlich, im rechten Licht betrachtet, ein Alkoholiker und zügelloser Verschwender, unfähig zur ehelichen Treue, am Vorabend von Jackies Hochzeit derart heftig betrunken, dass er sie nicht vor den Altar geleiten konnte. Obwohl also durchaus Potenzial für einen Vater-Tochter-Konflikt vorhanden war, sah Jackie über all dies hinweg. Sie vergötterte ihn und hob ihn auf ein Podest, ganz im Gegensatz zu ihrer unnachgiebigen und rigorosen Frau Mama. Eines der privaten Besitzstücke von John Bouvier, einen Schreibtisch im französischen Kolonialstil, hielt sie ihr Leben lang in Ehren (nach ihrem Tod wurde er bei Sotheby's für 70000 US$ versteigert). Als ihr Vater 1957 starb, schickte Jackie ihren Mann und damaligen Senator eigens zur *New York Times,* damit er die von ihr verfasste Traueranzeige persönlich überbrachte und ihres Vaters gebührend gedacht wurde. Jackie plante sogar seine Beerdigung. »Ich möchte, dass alles aussieht wie ein Sommergarten. Wie Lasata im August«, eröffnete sie ihren verdutzten Tanten und deckte den Sarg mit einer üppigen Blütenpracht regelrecht zu (Lasata war der Landsitz der Bouviers in den Hamptons).

Anlässlich ihrer Heirat mit JFK erfanden einige ihrer Verwandten die fantasievolle Geschichte, die Familie Bouvier stamme von Karl dem Großen ab und sei den Kennedys, die mit dem Schmuggeln von Alkohol und Gott weiß was noch ihr Vermögen verdient hätten, in gesellschaftlicher Hinsicht haushoch überlegen. »Eine Märchengeschichte«, entlarvte Jackies Cousin John Davis die Story Jahre später. Tatsächlich waren die Bouviers Nachfahren eines französischen Kunsttischlers, der 1815 aus Frankreich nach Amerika ausgewandert war und sich in Philadelphia niedergelassen hatte. Jackies Urgroßvater mütterlicherseits, Dr. James Lee, war Schulinspektor der staatlichen Schulen im Staat New York, obwohl Janet Bouvier es vorzog zu erzählen, er stamme aus Maryland, sei Veteran des Amerikanischen Bürgerkrieges und weitläufig mit dem berühmten General Robert F. Lee verwandt. Am Ende ihres Lebens glaubte sie diese Geschichte tatsächlich selbst und wunderte sich, warum ihr Name nirgendwo in den offiziellen Ahnentafeln der Familie Lee auftauchte.

Im heutigen von Google und Co. geprägten Zeitalter ist es schwierig, wenn nicht gar unmöglich, sich als Harvard-Absolventin auszugeben, wenn man nie an einer Uni war. Werfen Sie deshalb lieber familiären Ballast ab. Jackie ließ ihre irischen Wurzeln zugunsten französischer Aristokratie (die zugegebenerweise viel schicker war) unter den Tisch fallen. Und wozu katholisch bleiben, wenn man in die gesellschaftlich angesehenere Episkopalkirche wechseln kann?

Stehen Sie gleichzeitig über den Dingen. Ignorieren Sie Neider. Geben Sie nichts preis. Lassen Sie hinter den Kulissen andere an Ihrer Geschichte stricken. So wie Jackie, die während ihrer Zeit im Weißen Haus Mary Van Rensselaer Thayer eine Biografie schreiben ließ. (Die damals noch völlig unbekannte Thayer schrieb *Jacqueline Bouvier Kennedy,* »Eine warmherzige, sehr persönliche, mit Familienfotos illustrierte Geschichte der First Lady«, wie der Untertitel verkündete, mit handfester Unterstützung durch »Mrs K«, die für sie seitenweise Bemerkungen auf billigem Papier notierte.)

Sollten Sie gegen Ende Ihres Lebens echte Berühmtheit er-

langt haben, empfiehlt es sich, das (einst verschmähte) familiäre Erbe wieder hochzuhalten. Jackie legte großen Wert darauf, die Parade zur Feier des St. Patrick's Day von ihrem Balkon in der Fifth Avenue aus zu verfolgen.

Im Unterschied zu Jackies Bilderbuchkindheit hatte Marilyn keine schönen Erinnerungen, an denen sie sich hätte erfreuen können – keine Bücher, kein eigenes Pferd und auch keine Rosengärten auf irgendeinem Landsitz. Sie flüchtete sich ins Kino, ins *Graumann's Chinese Theatre,* oder sah aus dem Fenster auf den Wasserturm neben den Filmstudios von RKO Pictures und träumte davon, eines Tages ein Star zu sein. »Die Welt um mich herum war damals ziemlich düster«, erinnerte sie sich. »Ich musste lernen, mir etwas vorzumachen, um … ich weiß nicht … um die Düsterkeit auszublenden. Die ganze Welt schien mir irgendwie versperrt … (ich fühlte mich) von allem ausgeschlossen, und ich konnte nichts weiter tun, als mir eine Art Scheinwelt zu erschaffen.«

Möchten Sie »gerettet« werden?

Jackies Mutter war für ihr aufbrausendes Temperament bekannt – was man höflich mit »leicht nervös« umschrieb – und versetzte ihrer Tochter den einen oder anderen Klaps oder Schlag mit der

Haarbürste, wenn sie unzufrieden war. Nichts, was ihre Töchter taten, war jemals gut genug. Doch ganz gleich, wie streng ihre Erziehung war, nie und nimmer hätte sich Jackie darüber beklagt. Völlig undenkbar. Das war einfach nicht ihre Art.

Marilyn fühlte sich in ihrer Kindheit ständig hin und her geschubst, oft allein und vernachlässigt. In stressreichen Situationen glaubte sie, mutterseelenallein zu sein, ohne einen Menschen, dem sie vertrauen konnte. Mit Journalisten, Liebhabern, Psychiatern oder engen Freunden plauderte sie offen über ihre Kindheit, wobei sie die Details der einzelnen Geschichten gerne ein wenig variierte. Wurde sie wirklich mit elf vergewaltigt? Hatte sie wirklich sechzehnmal abgetrieben? War sie wirklich gezwungen, auf ihrem mühsamen Weg nach oben von einem Dollar am Tag zu leben (und Schauspielunterricht zu nehmen)? War sie wirklich zeitweilig eines der leichten Mädchen auf dem Hollywood Boulevard? Aber am Ende war es die Botschaft, die sie mit ihren Geschichten verband und glaubte, viel wichtiger als handfeste Fakten. Einer ihrer Freunde sagte dazu einmal: »Marilyn hatte die Gabe, jeden dazu zu bringen, Mitleid mit ihr zu empfinden, und das nutzte sie aus. Auch langjährige Bekannte erlagen regelmäßig ihrer Mitleidstour, ihrem ewigen Schrei nach Hilfe.«

Marilyn Monroes Verwundbarkeit sowie der Drang, ihre Lebensgeschichte immer wieder umzufärben (je nachdem, mit wem sie gerade sprach), trugen wesentlich zu ihrem Mythos bei.

SIE ENTSCHEIDEN, WER SIE SEIN WOLLEN!

»Ich werde einmal eine berühmte Filmschauspielerin sein.«

MM

»Ich könnte eine Art Generalintendantin des 20. Jahrhunderts sein und alles von einem Regiestuhl im All aus beobachten.«

JKO

Bereits bevor die Welt überhaupt Notiz von Jackie und Marilyn genommen hatte, gaben sich diese außergewöhnlichen Frauen so, wie sie wahrgenommen werden wollten: Marilyn als Hollywood-Star und Jackie … Nun ja, sie wusste nicht genau, wohin die Reise gehen sollte, aber sie wollte hoch hinaus und ein interessantes Leben führen. Und dementsprechend trat sie auf. Marilyn arbeitete hart und beharrlich für ihre Ziele und ließ sich durch nichts aufhalten. Ihre ersten Gehversuche in Hollywood verliefen eher holprig. Doch sie liebte die Kamera von Anfang an, entdeckte darin schnell ihre große Leidenschaft, ihre Berufung. Als sie eine Chance für sich sah, zog sie nach Hollywood, ließ sich von ihrem ersten Mann scheiden, nahm Schauspielunterricht und färbte sich die Haare blond und blonder, um auszusehen wie ihre Lieblingsschauspielerin Jean Harlow. Sie ging zu Vorsprechproben, machte schonungslose Diäten, lebte von einem Dollar am Tag und posierte für jeden Fotografen, der sie ansprach. Dabei kam sie natürlich herum und bekam schließlich einen Servierjob bei den Pokerpartys des Studiopräsidenten Joe Schenck. Kurz darauf erhielt sie von 20th Century Fox einen Vertrag, der ihr eine wöchentliche Gage von 126 Dollar einbrachte.

Wenn Sie herausfinden wollen, was Sie von Jackie oder Marilyn lernen können, müssen Sie zunächst entscheiden, *wer Sie sein wollen.* Sich selbst und seine Ziele zu kennen wirkt sich in allen Schaffensgebieten positiv aus, in denen Sie sich erfolgreich bewähren möchten – egal ob an der Wall Street, in der Politik oder in der Welt der Mode.

Kleine Charakterstudie

Eine echte Jackie schwärmt für Geschichte, für Ereignisse und Anekdoten, die Charakter haben. Sie fühlt sich zu wichtigen Männern hingezogen, danach, einen Platz inmitten des Weltgeschehens zu finden und Teil von etwas zu sein, das größer ist als sie selbst. Politik interessiert sie im Shakespeare'schen Sinne, will heißen, sie interessiert sich für die agierenden Figuren sowie die Taten, die sie vollbringen oder nicht, vor allem, wenn diese sich hinter den Kulissen vollziehen.

Eine Jackie glaubt, dass Widrigkeiten den wahren Charakter eines Menschen zum Vorschein bringen. Sie verabscheut Feiglinge und Jammerlappen (die sie am liebsten schütteln würde, was sie aber natürlich niemals tut) ebenso wie Rüpel, Fettwänste und Männer ohne Stil (oder solche, die meinen, breite Kragenaufschläge und alberne Krawatten wären männlich). Piepsstimmen

kann sie übrigens überhaupt nicht ausstehen – egal ob bei Mann oder Frau.

Kleine Jungs findet sie süß, erwachsene Männer, die mit Baseballmütze, Cargohose und T-Shirt wie kleine Jungs gekleidet herumspazieren, sind ihr dagegen suspekt. Wenn ein erwachsener Mann in Holzpantoffeln, Plastiksandalen oder (außerhalb von Fitnessstudios) in Turnschuhen daherkommt, dann sagt das ihrer Meinung nach alles über ihn.

Die Marilyn von heute hat eher Verständnis für die Eigentümlichkeiten der menschlichen Natur. Sie kennt sowohl die glamouröse als auch die dunkle Seite dieser Welt und hat insofern weit mehr erlebt und gesehen als ihre stilvolle Schwester namens Jackie. Außerdem nimmt sie die Menschen und Situationen so, wie sie sind: Sie hofft stets auf das Beste im Menschen, wundert sich aber nicht sonderlich, wenn das Gegenteil der Fall ist. Vielmehr lebt sie frei nach dem Motto: *Que sera sera* – es kommt, wie es kommt. Trotzdem ist sie sehr viel verletzlicher als Jackie.

Kleiner psychologischer Exkurs

In der Darstellung ihrer Kindheit, ihrer Beziehung zu ihrem Vater und ihrer Mutter sowie ihrer beider Ehen zeichnete Jackie eine disziplinierte Weltanschauung aus. Sie sah ihr Leben so, wie sie es haben wollte. »Über unschöne Dinge denke ich nicht nach, in der Annahme, dass sie dann auch nicht eintreten werden«, sagte sie einmal.

Marilyn hingegen zeigte eine größere psychologische Bandbreite und deckte die unterschiedlichsten Facetten ab – von betörend, strahlend, charismatisch und himmelhoch jauchzend in einem Moment bis zu Tode betrübt im nächsten. Mit ihren Emotionen ging sie sehr viel offener und freier um als Jackie (bzw. viel stärker als die meisten Menschen), und sie hatte auch keine Angst davor, sie zu zeigen. Tief in ihrem Innern wusste Marilyn wohl, dass sie mit ihrer Gabe, damit durchzukommen, stets das zu tun, *was* sie wollte und *wann* sie es wollte, die Menschen in ihren Bann zog. Neben ihrem Talent und ihrer Schönheit machte letztlich diese Gabe sie zum Star. Denn jeder wahre weibliche Star, dem die Anerkennung seiner Fans gebührt, ist auch eine Diva. Schließlich erwartet man genau das von ihr.

»Ich bin egoistisch, ungeduldig und oft unsicher«, gestand Marilyn einmal. »Ich mache Fehler, bin unbeherrscht und manchmal ziemlich schwierig. Aber wer meine schlimmsten Seiten nicht zu nehmen weiß, der hat auch meine besten nicht verdient.« Welche Aussage könnte besser zu einer Diva passen?

Ist das eine nun besser als das andere? In einer perfekten Welt wäre es sicherlich gut, beides in sich zu vereinen. Führende Psychologen warteten unlängst mit der Erkenntnis auf, dass es im Grunde gesünder sei, sich auf das zu konzentrieren, was man wolle, und alles andere zu ignorieren. Kritiker von Ehe- und Paarberatungen führen an, dass Paare, die endlos um ihre Probleme kreisen, am Ende oft nicht schlauer oder besser dran sind als vorher. Auf der anderen Seite tut es hin und wieder ganz gut, einfach mal Dampf abzulassen und nicht immer alles so verbissen anzugehen, oder?

Klatsch und Tratsch

Obwohl sie in ihrem Umfeld nicht selten Anlass für Spekulationen bietet, und zwar egal ob sie in der Großstadt oder in einem kleinen Dorf wohnt, gibt die Jackie von heute den Ton an. Inmitten ihres sozialen Gefüges scheint sie einerseits über allem zu stehen und sich um so gut wie nichts zu scheren. Auf der anderen Seite findet sie nichts – aber auch gar nichts! – angenehmer als ein Gespräch mit einer Freundin (oder, noch besser, mit einem Mann).

Dennoch ist eine Jackie die Verschwiegenheit in Person, wenn es um ihr eigenes Leben geht. Es mag daran liegen, dass sie als Scheidungskind aufgewachsen ist, oder daran, dass die Erwachsenen, denen sie in jungen Jahren etwas anvertraute, dieses in einem Augenblick der Wut gegen sie verwendeten, jedenfalls behält eine Jackie eine Menge Geheimnisse für sich.

Ihre Fähigkeit, das Vertrauen der Menschen zu erringen und ihr anvertraute ebenso wie eigene Geheimnisse zu wahren und niemanden bloßzustellen, verleiht Jackie ihre Macht. Sie sammelt Anekdoten und Geschichten über Prominente und liest umfangreiche Biografien, um zu erfahren, wie diese Menschen ihre Ziele erreicht haben. Sie saugt so viel wie möglich über andere Menschen auf – egal ob es sich um geschichtliche Persönlichkeiten oder Leute aus ihrer Umgebung handelt. Dennoch weiß sie, wie wichtig Diskretion ist. Und ihre Rechnung geht auf.

Welche Art von Geschichten ihr gefällt? Ehrlich gesagt jede. Allerdings würde sie nie das Internet durchforsten oder Boulevardmagazine ansehen. Das ist ihr zu profan, zu öffentlich und obendrein viel zu bekannt. Sie schätzt eher die richtig guten Storys, die auf Dinnerpartys die Runde machen, wenn die vierte oder fünfte Flasche Wein geleert ist und die Unterhaltung immer deftiger wird. In solchen Momenten werden Geschichten erzählt, die (würden sie gedruckt) den Chefredakteur eines jeden Klatschblattes geradewegs in den Knast befördern würden. Geschichten, bei denen man darauf brennt, sie gleich am nächsten Tag weiterzuerzählen. Streng vertraulich natürlich.

Eine Marilyn wiederum steht nicht auf Klatsch und Tratsch. Viel zu oft war sie selbst schon Opfer von Lügen, Halbwahrheiten und Andeutungen, die andere über sie verbreiteten. Da wäre es zu schmerzvoll, sich mit Tratsch zu befassen.

Jackie oder Marilyn – Schnelltest

Um zu ermitteln, wie viel von Jackie oder Marilyn in Ihnen steckt, lesen Sie bitte die folgenden Aussagen und fragen Sie sich anschließend selbst: Trifft dies auf mich zu? Um ein möglichst authentisches Ergebnis zu erzielen, machen Sie es wie Marilyn. Denken Sie nicht lange nach, sondern folgen Sie Ihrem ersten Impuls.

Marilyn-Schnelltest: Man macht Ihnen immer Geschenke. Sie wissen gar nicht warum.

Jackie-Schnelltest: Abgesehen von Ihrer Mutter tanzen alle nach Ihrer Pfeife. Dabei tun Sie gar nichts dafür.

Geheimnisvoll = voller Geheimnisse

Man kann es drehen und wenden, wie man will, aber sowohl Jackie als auch Marilyn waren bereits in sehr jungen Jahren von einer anziehenden geheimnisvollen Aura umgebene Frauen, und zwar deshalb, weil sie *voller Geheimnisse* waren. Auch heute, zu Zeiten von rund um die Uhr verfügbaren Nachrichten, dem allgegenwärtigen Internet und unzähligen Bloggern, die sämtliche noch so kleine Kleinigkeiten in die Welt hinaustragen, können ein oder zwei tief gehütete Geheimnisse durchaus bestärkend sein.

Warum wohl ist Don Draper aus der Serie *Mad Men* so verdammt verführerisch? Ganz einfach: weil er, wie so viele seinesgleichen, Geheimnisse hat. Wen stört es schon, dass er eigentlich innerlich zerrissen ist – er wirkt schließlich umwerfend! Daniel Craig als James Bond? Er hat Geheimnisse. Angelina Jolie? Sie hat Geheimnisse.

Und warum ist Lieschen Müller komplett uninteressant? Genauso einfach: weil sie keine Geheimnisse hat.

Geheimnisvoll = stille Wasser

Mrs Nash, Marilyns Naturkundelehrerin in der Grundschule, erinnert sich an Norma Jeane als »brav, aber ein wenig entrückt«. Jackie zog sich nach dem Rosenkrieg ihrer Eltern, deren Scheidung sich über vier Jahre hinzog und die für Jack Bouvier noch lange danach nicht ausgestanden war, völlig in sich zurück. Bereits in der Highschool galt sie unter ihren Schulkameraden als verschlossen und war sich selbst genug. Sogar während ihres Studiums am Vassar College war sie an den Wochenenden meist wie vom Erdboden verschluckt.

Geheimnisvoll … bleibt geheimnisvoll

Letzten Endes muss man jede Runde für sich entscheiden. Marilyn mag auf der Kinoleinwand zwar halbnackt gewirkt haben (wie in dem Hauch von Tüll in *Bus Stop*), doch unbekleidet war sie nie. Sie beherrschte das erotische Spiel mit der Andeutung gekonnt und wusste ihre Reize geschickt einzusetzen.

Gleiches gilt für Jackie. Nachdem ihr als Ehefrau Zugang zum inneren Zirkel gewährt wurde, erlebte sie hautnah mit, wie rabiat, ausgekocht und voller Konkurrenz die Kennedys untereinander umgingen. Einmal sagte ihr Mann am Esstisch zu ihr: »Ich würde etwas für deine Gedanken geben.«

Jackie antwortete prompt: »Aber wenn ich meine Gedanken preisgeben würde, wären es ja nicht mehr meine Gedanken.«

Gut gekontert!

JACKIES GEHEIMNISSE – SCHON GEWUSST?

Jackie strebte von jeher nach einem Leben in großem Stil. Eines ihrer obersten Ziele, so schrieb sie in das Jahrbuch ihrer Highschool, sei es, »keine Hausfrau zu werden«.

MARILYNS GEHEIMNISSE – SCHON GEWUSST?

Marilyns Lieblingsfächer in der Schule waren Englisch und Kunst: »Mathe und Zahlen habe ich zutiefst gehasst … ich habe dann immer aus dem Fenster gesehen und mich weggeträumt.«

Stil ist alles

»Ich gehe prinzipiell nicht aus dem Haus, ohne angemessen gekleidet zu sein.«

JKO

»Ich weiß nicht, wer die High Heels erfunden hat, aber das weibliche Geschlecht hat diesem Menschen eine Menge zu verdanken.«

MM

In Sachen Kleidungsstil hätten Jackie und Marilyn nicht unterschiedlicher sein können. Hell und Dunkel. Tag und Nacht. Angemessenheit und Sexappeal. Verhaltene Raffinesse und verspielte Naivität.

Französische Couture und ein ärmelloses Etuikleid, das war Jackie. Ein weißes Seidenkleid, das ihr bei jedem Lachen scheinbar unbemerkt von den Schultern rutscht, gehörte zu Marilyn.

Das Faszinierende am Stil der beiden ist, dass jede ganz genau wusste, was ihre Persönlichkeit unterstrich, und dass sie dabei jedes Detail für sich arbeiten ließen. Nichts blieb dem Zufall überlassen.

Als junges Model, das nach Hollywood strebte, war Marilyn

schon bald klar, dass die Fotografen sie häufiger buchten, wenn sie blond war. Es kostete sie ganze 16 Anläufe, bis sie den richtigen Farbton gefunden hatte, der aus der attraktiven Brünetten eine blonde Sexbombe à la Jean Harlow machte. Doch sie bereute es keine Sekunde lang. Nur wenig später legte Marilyn in bester Diva-Manier großen Wert darauf, sich möglichst immer und überall mit Weiß zu umgeben – angefangen bei ihrer Garderobe bis hin zum Mobiliar ihres Apartments.

Es heißt, Marilyn habe bei jedem Paar ihrer Schuhe den rechten Absatz um sieben Millimeter abgeschliffen, damit ihre Hüften sich beim Gehen noch auffälliger wiegten. Sie tat das wirklich bei jedem einzelnen Schuhpaar, denn sie trug immer High Heels und niemals flache Straßenschuhe, Ballerinas oder – Gott bewahre – Turnschuhe. Wenn wir uns ihren Auftritt in der Szene von *Manche mögen's heiß* vergegenwärtigen, bei dem sie uns nebst Tony Curtis und Jack Lemmon in ihren Bann schlägt, während sie mit ihrem faszinierenden Gang den Bahnsteig hinunterschlendert, dann besteht kein Zweifel: Marilyn wusste ganz genau, was sie tat.

> *»Ich lernte als Baby laufen, seitdem hat mich niemand mehr darin unterrichtet.«*
>
> MM

Mit einigen kleinen Änderungen fand Jackie (genau wie Audrey Hepburn) schon früh zu einem modischen Stil, der genau zu ihr passte, und behielt ihn (mehr oder weniger) für den Rest ihres Lebens bei.

Weil Marilyn und Jackie beide einen so einzigartigen und stilsicheren Geschmack hatten, entwickelten sie unverwechselbare Looks, die der Rest der Frauenwelt (egal ob wir es eher klassisch oder sexy lieben) seither zu kopieren versucht.

Der Look

Wenn es darum geht, den Nimbus von Jackie oder Marilyn zu erreichen, hängen die Bemühungen zu 98 Prozent von einem unverkennbaren Stil ab. Das kann jener sein, den Sie zurzeit haben, oder einer, den Sie haben wollen.

Denken Sie nur mal an Coco Chanel, eine von Jackies Lieblingsdesignerinnen. Obwohl die Präsidentengattin stets beteuerte, sich im Weißen Haus ausschließlich in Oleg Cassini zu kleiden, trug sie nicht selten auch Chanel oder Givenchy, der damals als amerikanischer Cassini durchging. Jackie dürfte Chanel nicht nur wegen ihrer Stoffe und Schnitte bewundert haben, sondern auch wegen ihrer Entschlossenheit und Tatkraft (beide waren übrigens vom Sternzeichen Löwe). Coco Chanels persönlicher Stil war in der Tat so eng mit ihrer Person verwoben, dass sie ihr Modeimperium auf ihrem eigenen Geschmack gründen konnte. Ihr Selbstbewusstsein war so stark, ihr Talent so unbestritten, ihr Ego so groß, dass wir ihre Mode auch ein halbes Jahrhundert später noch tragen und bewundern. Dass Stil mehr ist als bloß ein Kleid, darin waren sich Jackie und Marilyn mit der Designerin einig, auch wenn die beiden von entgegengesetzten Enden auf der sozialen Skala stammten. Stil definiert, wer Sie sind. Würde man lediglich die Silhouetten von Jackie oder Marilyn sehen (Jackie klassisch gewandet, Marilyn im hautengen Mini), wüsste man auf Anhieb, wer von beiden wer ist.

Die jeweiligen Looks, welche sich Jackie und Marilyn zulegten und die ihren Stil ausmachten, bildeten bezeichnenderweise einen Gegensatz wie Tag und Nacht. Marilyn favorisierte weiche, glänzende Stoffe, die sich um ihren Körper schmiegten und ihre atemberaubenden Kurven betonten, während Jackie sich bevorzugt in Schneiderkostüme hüllte. Gewagte, freizügige Schnitte oder enganliegende Stoffe waren ihre Sache nicht. Jackies Figur kam dennoch stets gut zur Geltung, wenngleich eher andeutend als enthüllend. Als junge Gattin von John F. Kennedy, die mit ihrem Mann auf Wahlkampftour zwischen Cape Florida, Georgetown und dem Weißen Haus pendelte, bevorzugte sie schlichte Outfits, die ihren Körper versteckten. Bis Mitte der 1960er Jahre hielt sie an diesem Stil fest. Ihre hochtoupierte Frisur, die kastenförmigen Mäntel und die zwei Zentimeter hohen Absätze wurden bald zu einer Uniform, die die Frau darin versteckte.

Doch kaum hatte sie ihren buchstäblich steifen Staat abgelegt (samt der Strapazen und Erwartungen, welche die Ehefrau eines Präsidenten begleiten), wirkte sie um Jahrzehnte jünger. Ein befreundeter Fotograf, der sie bereits in den 1970er Jahren fotografiert hatte, als sie als Redakteurin bei Doubleday arbeitete, meinte, dass sie mit Mitte 50 jünger aussehe als während ihrer Zeit im Weißen Haus.

Jackie kleidete sich mit einer gewissen klassischen Eleganz, verlieh ihr aber eine individuelle Note, die ihre Persönlichkeit unterstrich. Marilyn hingegen war Hollywood-Glamour pur (und ansonsten auch in Caprihosen und einem schlichten T-Shirt umwerfend attraktiv).

Der Jackie-Look

Sofern Sie eher Jackie zuneigen, denken Sie am besten an einen kultivierten Chic à la amerikanischer Ostküste, mit einem Hauch Paris und einem Schuss Burschikosität. Okay, lassen wir es gut sein mit der Zutatenliste. Der Look ist klar, klassisch und eher schlicht, ohne minimalistisch oder allzu knabenhaft zu sein. Sehr amerikanisch eben. Ralph Lauren, könnte man schlichtweg sagen, außer dass *Sie* (als eine Jackie) wissen, dass Ralph *Ihren* Stil imitiert.

Gleichwohl gilt es auf dem Weg zum perfekten Jackie-Look einige Regeln zu beachten:

Sie tragen Ihre Kleidung – und nicht umgekehrt!

Das ist leichter gesagt als getan, schließlich sollen Sie sich in Ihrer Haut wohlfühlen. Das ist übrigens der Grund, warum Jackie genauso wie Audrey Hepburn oder Elvis Presley nie einen Stylisten engagiert hat. Durch gekonntes Ausprobieren wusste sie, was zu ihr passte und was nicht.

Wenn eine Schauspielerin oder Sängerin sich auf dem Roten Teppich vorkommt, als sei sie verkleidet, dann sieht man das sofort. Wer will das schon. Als eine echte Jackie spiegelt Ihr Stil idealerweise Ihr Leben, Ihre Erfahrungen und (unter Umständen) Ihre Herkunft. Leihen Sie sich ruhig ein paar qualitativ hochwertige Teile Ihrer Mutter, Ihres Vaters oder Ihrer Großeltern. Die älteren Kleidungsstücke sind üblicherweise nicht nur besser verarbeitet, sondern auch ein Teil *Ihrer* Geschichte. Also nur zu, tragen Sie sie!

Ganz wichtig: Kleidung muss gut sitzen!

Es kann nicht oft genug betont werden: Achten Sie auf jeden Fall darauf, dass Ihre Kleidung richtig sitzt und perfekt passt! Bitte tragen Sie keine Hosen, die auf dem Boden schleifen, und keine Jacken, die zu lang sind. Es nimmt nur wenig Zeit in Anspruch, um zum Schneider zu gehen und Taille, Saum und Ärmelaufschlag passgenau ändern zu lassen.

Gönnen Sie sich das Beste, das Sie sich leisten können!

Ehrlich gesagt sind wir nicht darauf erpicht, tonnenweise billige Klamotten zu kaufen. Gut, vielleicht alle paar Jahre mal ein, zwei Teile bei H&M, aber selbst das wäre eine Entgleisung. Als Jackie werden Sie mehr shoppen gehen als die

Herausgeber der *Vogue*. Sie wissen, was Sie wollen, kaufen das Beste, das Sie sich leisten können, gehen pfleglich damit um, tragen die Sachen so lange wie nur möglich und geben sie am Ende Ihres Lebens entweder an einen Vintage-Laden oder an Ihre glücklichen Nichten.

Und noch etwas haben wir Frauen von den Männern in unserem Leben gelernt, die ihre Anzüge bei den exklusivsten Herrenschneidern maßanfertigen lassen: Hochwertige, teure Kleidung sorgt dafür, dass Sie auf Ihre Figur achten, und das allein ist Grund genug, sie zu kaufen. Nicht zuletzt bringt Sie das auch dazu, Ihre Sachen stets pfleglich zu behandeln.

Immer schön locker!

Nicht ganz einfach, aber zur stilvollen Kleidung gehört auch immer eine gewisse Nonchalance. Vermeiden Sie es tunlichst, dass alles, was Sie gerade am Leib tragen, dasselbe Label trägt. Und die Marke darf auf keinen Fall ins Auge springen. Kombinieren Sie edel mit salopp – etwa eine lässige Jeans mit eleganten Schuhen. Ihr Outfit sollte nie krampfhaft ambitioniert wirken. Tragen Sie ruhig in der U-Bahn etwas von Marie Schlumberger. (Es ist so gut wie ausgeschlossen, dass jemand draufkommt, was Sie da anhaben, und versichert sind Sie obendrein.) Aber erst wenn Sie Ballkleid und Badeanzug genauso unbekümmert zu tragen in der Lage sind wie Jeans und T-Shirt (oder umgedreht), können Sie sicher sein, dass Sie in der Jackie-Liga mitspielen.

Jackies Lieblingsdesigner

Jackies Lieblingsdesigner waren zumeist erstklassige europäische Modemacher sowie einige klassische amerikanische Sportbekleidungsmarken. Zunächst die ganz großen: Chanel, Valentino, Givenchy, YSL, Gucci, Giorgio Armani, Carolina Herrera, Hermès-Handtaschen. Nun zu den Herstellern ihrer eher legeren Alltagsmode: Lacoste, Lily Pulitzer, Zoran, Schnallenschuhe von Roger Vivier, Sandalen von Jack Rogers, Manolo Blahnik, Ferragamo, Creed-Fleurismo-Parfüm, Turnschuhe von Tretorn, Zigarettenanzünder von Dunhill, Baumwoll-T-Shirts von Gap sowie Email-Armbänder von Marie Schlumberger. Reiterhosen trug sie gelegentlich auch im Haus. In Sachen Autos legte Jackie ebenfalls Wert auf Stil. Sie schenkte JFK einen Jaguar, als er Senator war, der dann aber gegen eine amerikanische Automarke getauscht werden musste. Jackie selbst fuhr in späteren Jahren einen BMW.

Und wo kaufte sie am liebsten ein? Natürlich nicht irgendwo. Ihr Lieblingsladen in New York war das Kaufhaus Bergdorf Goodman, aber sie stattete auch gerne den exklusiven Häusers in der Madison Avenue einen Besuch ab, etwa Armani, David Webb oder Porthault (für feine Leinenmoden). In Paris – jawohl, wie könnte es anders sein – schätzte sie Hermès, Givenchy und Fogal (für feine Strumpfmoden).

Der Marilyn-Look

Wenn Sie Marilyn nacheifern, dann sind Sie auf der Suche nach Mode, die Sie heiß und sexy wirken lässt – mindestens. Schön und gut, aber vergessen Sie dabei bitte nicht, dass es die Kombination aus dem Bewusstsein von Sexappeal und Unschuld ist, die uns noch heute an Marilyn Monroe fasziniert, dieses gewisse Etwas ist bei der Wahl der Kleidung sehr wichtig. Es macht den Unterschied zwischen einer Marilyn und einer Pamela Anderson oder Anna Nicole Smith aus.

Alles dreht sich um die Taille!

Grundsätzlich gilt: Egal welche Kleidergröße Sie haben, wenn Sie eine schmale Taille haben, dann zeigen Sie diese bitte schön auch. Das wiederum bedeutet vor allem eins: Betonen Sie Ihre Figur!

Sind Sie dagegen weniger begeistert von Ihrer Figur, dann befolgen Sie die Tricks der Ladys aus *Mad Men,* und greifen Sie zu Wäsche, die Ihre Figur wunschgemäß formt.

Zeigen Sie Haut!

Ein paar Dinge vorab: Sie sind umwerfend schön, im Bett fabelhaft, Sie lieben Champagner, und alle Welt reißt sich um Sie. Also, machen Sie etwas daraus! Wenn Sie schöne Beine haben, dann zeigen Sie sie her. Wenn Sie tolle Arme haben, einen schönen Hals, makellose Hände, dann zeigen Sie, was Sie haben. Eine echte Marilyn scheut sich nie, Haut zu zeigen. Aber sie übertreibt es nicht. Kein Bauchnabel-Piercing sollte hervorblitzen. Und ein »Arschgeweih« ist absolut tabu.

Tragen Sie Mode mit Freude und Leichtigkeit

Was für den Stil von Jackie gilt, das gilt auch für den von Marilyn. Nehmen Sie ihn, ebenso wie sich selbst, nicht allzu ernst. Aber das tun Sie als echte Marilyn ohnehin nicht, schließlich macht genau das einen Teil Ihres Reizes aus. Männer, ebenso wie viele Frauen, Kinder und Hunde, mögen es gar nicht, wenn etwas allzu bemüht wirkt. Egal ob beim ersten Date, auf dem Roten Teppich oder mit (wenn auch geliehenen) Diamanten behangen – Leichtigkeit ist Trumpf.

Marilyns Lieblingsdesigner

Marilyns Stil war deutlich vielschichtiger und abwechslungsreicher als der von Jackie. Sie passte nicht ohne weiteres in ein klassisches Schema, sie war ein Filmsternchen aus Hollywood und ließ sich als solches leidenschaftlich gern fotografieren. Deshalb legte sie ungleich mehr Mut an den Tag, wenn sie in hautengen Satin und leuchtende Farben schlüpfte, gepunktete Stoffe trug und Schleifen an süffisanten Stellen platzierte, wenn sie sich in schulter- und rückenfreie Kleider hüllte, Glitzerohrringe herabbaumeln ließ oder mit einer weißen Federboa, Peeptoes und diesem Gottesgeschenk von Dekolleté die Blicke auf sich zog.

Marilyn kombinierte, wie es die meisten modernen Frauen heute tun, legere Sportkleidung mit einigen sündteuren, einzigartigen Hinguckern. Für eine Blondine von ihrem Kaliber hatte sie nicht gerade viele Kleider (im Vergleich zu Jackie praktisch keine), doch was sie hatte, das trug sie, und allein diese Tatsache machte ihren Stil aus. Sie trug die Sachen sogar mehrfach. War sie zu einer Preisverleihung oder einer Gala im Edel-Restaurant *Romanoff's* geladen, verzog sie sich in ihre Garderobe bei 20th Century Fox und lieh sich etwas Passendes aus.

Wenn sie nicht gerade in einem Filmkostüm steckte, bevorzugte sie ganz gewöhnliche Sport- und Freizeitmode von diversen amerikanischen Herstellern: JAX (übrigens auch eine Lieblingsmarke von Audrey Hepburn und Patricia Kennedy Lawford), Madcap, Geistex, John Moore und Levi's, Lee oder J. C. Penney. Emilio Pucci war, wie wir heute wissen, ihr absoluter Lieblingsdesigner. Teile von Billy Travilla, der ihr das berühmte weiße Cocktailkleid auf den Leib schneiderte, das in *Das verflixte siebente Jahr* über dem Lüftungsschacht der U-Bahn aufwirbelt, trug sie ebenfalls sehr gerne. Von ihm ist auch das gewagte rosa Satinkleid, das sie im Film *Blondinen bevorzugt* anhatte, als sie »Diamonds Are a Girl's Best Friend« sang. Marilyn liebte Schuhe mit hohen Absätzen von Ferragamo, wie etwa die weißen, zehenfreien High Heels in der eben genannten Szene aus *Das verflixte siebente Jahr.* Neben zahlreichen Cocktailkleidern von der Stange besaß sie auch einige exklusive, extrem teure Einzelstücke von Luxusdesignern wie Norman Norell, Ceil Chapman oder Galanos.

Wenn sie in Manhattan weilte, trug sie am liebsten einen Kamelhaarmantel oder einen Nerzmantel von Blackglama, den ihr Joe DiMaggio geschenkt hatte.

Marilyn besaß nicht viele echte Schmuckstücke. Sie nannte eine etwa 40 Zentimeter lange Kette aus Mikimoto-Perlen ihr Eigen, die sie auf ihrer Hochzeitsreise nach Japan vom japanischen Kaiser geschenkt bekommen hatte. Später schenkte sie die Kette Paula Strasberg, deren Tochter Susan sie 1998 an den Zuchtperlenmeister aus Japan zurückgab. Das zweite wertvolle Schmuckstück war ihr diamantenbesetzter Ehering aus Platin von Joe DiMaggio. Der Ring mit 35 Diamanten im Baguette-Schliff, von denen einer verloren gegangen war, wurde später für 772 500 Dollar versteigert.

Styling-Einmaleins

Jackies Top Five

Etuikleid: Obwohl Jackie nach 1972 kaum noch Etuikleider trug, griff sie für ihre großen Auftritte immer wieder gerne darauf zurück. Auch heute ist man mit dem ärmellosen Klassiker immer gut beraten (Michelle Obama lässt grüßen). Was es dabei zu beachten gilt? Nun ja, Ihre Arme sollten ansehnlich sein. Achten Sie also auf regelmäßiges Training.

Jeans, weiß oder marineblau: Jackie gehörte ebenso wie Audrey Hepburn, Kate Moss und Amanda Burden zu den von der Natur gesegneten Frauen, die selbst mit über 60 in jugendlich enganliegenden Jeans noch großartig aussehen. Kein Wunder, schließlich war sie ständig auf Trab, um Paparazzo Ron Galella zu entwischen, der sie quer durch Manhattan verfolgte, um sie vor die Linse zu bekommen. Mit 20 trug sie ausschließlich blaue Jeans, erst später im sonnigen Griechenland oder auf Martha's Vineyard sah man sie immer öfter in weißen Jeans, wie es sich für eine Angehörige der privilegierten Oberschicht gehört.

T-Shirt: Wie ihre spätere Schwiegertochter Carolyn Bessette bevorzugte Jackie T-Shirts in Weiß und Marineblau oder die gestreiften von Petit Bateau. Obwohl dieser französische Modeklassiker überall in den Staaten erhältlich war, kaufte sie ihre T-Shirts gleich im Dutzend in Paris.

Traumhafte Schmuckstücke: Wenn hier traumhaft steht, dann ist auch traumhaft gemeint. Atemberaubend sozusagen. Wie die mit Rubinen besetzten goldenen Ohrclips, die sie von ihrem zweiten Ehemann Aristoteles Onassis 1969 bekam. Anlass war der erste Schritt des Menschen auf dem Mond, deshalb zeigten die Clips eine Mondlandschaft inklusive goldenem Raumschiff und Kratern aus Rubinen. Der griechische Reeder hatte sie eigens von seinem griechischen Stammjuwelier anfertigen lassen. Doch abgesehen von solchen Spielereien schenkte Ari ihr etliche äußerst wertvolle Diamanten von Harry Winston und Van Cleef & Arpels.

Hermès-Tuch: Man binde es unter dem Kinn zusammen und setze eine opulente Sonnenbrille auf. Jeder weiß, dass Sie es sind, trotzdem sind Sie quasi inkognito unterwegs. Praktisch auch, wenn man gerade vom Friseur kommt, natürlich vom Kenneth Salon oder von Thomas Morrissey's.

Marilyns Top Five

Da Marilyn eine echte Traumfigur hatte, konnte sie praktisch alles tragen und sah einfach immer umwerfend aus. Daher lautet das Motto einer jeden Marilyn: »Zeig, was du hast!«

Atemberaubende Abendkleider: Billy Travilla kreierte die meisten von Marilyns geradezu göttlichen Abendkleidern. Die beiden lernten sich 1950 kennen, als sie ihn fragte, ob sie seine Garderobe benutzen dürfe, um ein Filmkostüm anzuprobieren.Danach arbeiteten sie in acht Filmen zusammen – und in was für welchen: *Liebling, ich werde jünger* (1952), *Versuchung auf 809* (1952), *Blondinen bevorzugt* (1953), *Wie angelt man sich einen Millionär?* (1953), *Rhythmus im Blut* (1954), *Fluss ohne Wiederkehr* (1954), *Das verflixte 7. Jahr* (1955) und *Bus Stop* (1956). Zwei dieser Filme waren für einen Oscar nominiert: *Rhythmus im Blut* und *Bus Stop*.

Travilla entwarf die meisten von Marilyns unvergessenen Kostümen und gehört zu der Crew, die ihr das goldfunkelnde Lamé-Kleid auf den Leib schneiderte, das sie in *Blondinen bevorzugt* trug und das kurzzeitig auch die Zensur auf den Plan rief.

Da überrascht es nicht, dass auch Marilyn sein Talent erkannte und ihm in lebenslanger Freundschaft verbunden war. Einen Kalender mit Nacktfotos signierte sie für ihn mit den Worten: »Billy, mein Liebling, bitte zieh mich immer an. Ich liebe dich, Marilyn.«

Tages-/Cocktailkleid: Marilyn konnte mit ihren Kurven selbst in einem schlichten weißen Kleid für einen unvergessenen Auftritt sorgen. Tagsüber durfte es gerne auch mal lässig und bunt sein – Pucci oder ein lindgrünes Kleid für eine weiche Silhouette. Am Abend bevorzugte sie Schwarz (was sonst?), entweder aus Wolle oder Samt.

Bikini: Bikinis mit Stringtanga gab es zu Marilyns Zeiten noch nicht. Insofern hatten ihre Modelle eine recht hohe Taillenlinie und wirken nach heutigem Standard eher züchtig, obwohl der Bauchnabel zu sehen war. Ein Foto von Marilyn im Bikini, auf dem sie nicht lacht und überglücklich aussieht, gibt es nicht. Weniger ist nicht immer mehr!

Weißer Frotteebademantel (und nichts darunter): So lief Marilyn zu Hause oder am Filmset herum, während man ihr Haare und Make-up machte. Der weiße, dicke Frotteebademantel war vorne stets fest gebunden. Auch Sie können darin zu einem echten Star werden. Nehmen Sie doch einfach beim nächsten Besuch den Bademantel aus dem Chateau Marmont oder dem Beverly Hills mit.

Seiden-Dessous, mit Spitze besetzt: dienen als Negligee, da eine echte Marilyn kein Nachthemd trägt.

Hier noch ein Tipp von Joan Holloway aus der Erfolgsserie *Mad Men,* dem Jackie und Marilyn sofort zustimmen würden: »Lassen Sie ein winziges bisschen Spitze hervorlinsen, wenn Sie sich hinsetzen, das wirkt ausgesprochen verführerisch.«

SCHUHE

Schuhe (und Füße) an sich sind in der Welt einer Marilyn gar nicht zu überschätzen. Weniges ist für sie so wichtig wie hohe Absätze (und rot lackierte Zehen). Würde man sie um ihre Autobiografie bitten, würde sie wahrscheinlich den Titel *Schuhe. Ein Muss* wählen.

Marilyn trug am liebsten Schuhe von Ferragamo. Heute würde sie zweifelsohne Manolo Blahnik, Christian Louboutin oder Jimmy Choo tragen. Jackie besaß einige Schuhe von Manolo Blahnik (damals eine kaum bekannte Marke), die so gut wie nirgendwo zu erstehen waren außer in einem winzigen Laden in einer Seitenstraße der Londoner King's Road und einem weiteren Shop in New York.

Welche Schuhe also? In Sachen Stil ließ sich Marilyn mehr Spielraum. Ihr Schuhwerk wirkte einfach immer sexy: Zu einem gestreiften Hemd und Shorts hätte sie Peeptoes, Espadrilles mit Keilabsatz oder sogar Cowboystiefel wählen können.

Pelz oder kein Pelz?

Wie würden Jackie und Marilyn heute wohl zum Thema Tierschutz stehen? Vorab sei erwähnt, dass das Tragen von Pelz in ihrer Welt noch bis in die 1990er Jahre ein Zeichen von Erfolg war, dafür, dass man es geschafft hatte. Ein Pelzmantel hatte zudem etwas Romantisches, da es sich nicht selten um ein sündteures Geschenk des Gatten, Liebhabers oder eines Verehrers handelte. In einem dunklen Nerz ist Marilyn *die* blonde Ikone schlechthin.

Auf der anderen Seite waren sowohl Jackie als auch Marilyn leidenschaftliche Tierliebhaberinnen. Beide besaßen Hunde, Jackie von klein auf sogar Pferde und ihre Kinder Goldfische, Hamster und einiges mehr. Nachdem Jackie sich als First Lady in einem Leopardenfellmantel gezeigt hatte (ein Geschenk des Kaisers von Äthiopien), lief der Leopard Gefahr, von all den Möchtegern-

Jackies ausgerottet zu werden, die ihren Stil zu kopieren suchten. Das wiederum machte Jackie tieftraurig. Insofern steht zu vermuten, dass sie beide auf der Seite der Tierschützer gestanden hätten.

Allerdings waren sie auch höchst individualistische Freigeister und scherten sich nicht um das, was andere von ihnen erwarten mochten.

Die Frage bleibt also: Pelz oder kein Pelz? Fest steht, dass sowohl Marilyn als auch Jackie im Laufe ihres Lebens sehr oft Pelz getragen haben. Würden sie heute noch leben, so würden sie sich vermutlich auf das Recht des Einzelnen berufen und grundsätzlich selbst über ihr Tun und Lassen bestimmen.

Jeans

Natürlich machte auch Jackie in Jeans eine ausgesprochen gute Figur (im Sommer vor allem in halblangen weißen), aber Marilyn und Jeans, das war eine sexy Symbiose.

Der Unterschied? Offenbar drehten sich nicht alle Köpfe nach Jackie um, wenn sie vorüberging, und offensichtlich sind Jackies Jeans heute auch kein Thema mehr. Marilyns Jeans hingegen waren Kult, und zwar so sehr, dass der Modedesigner Thomas Hilfiger 1999 im Rahmen einer Auktion bei Christie's in New York gleich drei Jeans, die sie im Film *Fluss ohne Wiederkehr* (1954) getragen hatte, für 42 550 Dollar ersteigerte. Bei derselben Auktion erstand er auch mehrere Stiefel aus dem Film *Misfits – Nicht gesellschaftsfähig* (1961) für 85 000 Dollar.

Eine Jeans schenkte er Britney Spears, eine zweite Naomi

Campbell. Falls Sie je das Glück haben sollten, ihn zu besuchen, die dritte hängt gerahmt in seinem Büro – wie ein Schrein.

Marilyns Credo in Sachen Jeanspflege

Wenn Sie sich mit Ihrer Jeans nicht gerade im Matsch wälzen oder sie als Arbeitskleidung in der Kohlengrube tragen, dann sollten Sie sie nicht allzu häufig waschen. Bei normalen Tragegewohnheiten reichen ein- bis zweimal im Monat völlig aus.

Richtig getragen, davon sind Modeexperten überzeugt, offenbart eine Jeans Ihre Identität wie ein Fingerabdruck. Dementsprechend lautet ihr Rat – und das ist kein Witz! –, eine neue Jeans mindestens sechs Monate lang (oder noch länger) nicht zu waschen. Da das wahrscheinlich nicht sehr praktikabel ist, falls Sie nicht gerade in einer Rockband spielen, sei der goldene Mittelweg empfohlen: Tragen Sie Ihre Jeans vor dem ersten Waschen so lange, wie Sie sich darin wohlfühlen.

Soll die Jeans möglichst lange ihre dunkle Färbung behalten, dann ziehen Sie die Hose vor dem Waschen auf links. Und denken Sie daran, dass neue Jeans extrem abfärben, ehe Sie Ihr weißes Lieblings-T-Shirt mit in die Maschine geben. Schließlich wollen Sie es nicht hellblau wieder herausholen.

Soll die Hose möglichst lange perfekt sitzen, ziehen Sie sie vor dem Waschen auf links und waschen Sie sie kalt. So behält sie die Passform, und die Farbe läuft nicht aus. Ich persönlich wasche meine Jeans in heißem Wasser, wenn sie noch etwas eingehen sollen.

Und nun zum Thema Trocknen: Einige Jeansexperten raten

(und das ist ebenfalls kein Witz!), sich mit der frisch gewaschenen Jeans am Leib für eine Weile in die volle Badewanne zu legen, damit sie sich perfekt an den Körper schmiegt. Danach sollte man in der nassen Jeans umhergehen, bis sie die ideale Passform hat. Puh! Ich liebe meine Jeans, und ich gehe gern mit der Mode (mehr oder weniger jedenfalls). Aber diesen Rat halte ich für völlig absurd. Also befolgen Sie ihn bitte nicht, es sei denn, Sie wollen sich eine Lungenentzündung holen (was nicht gerade dem Stil einer Jackie oder Marilyn entspräche). Benutzen Sie lieber einen Trockner für einen engen Sitz.

Zum Schluss noch ein letzter Rat: Bringen Sie Ihre Jeans niemals in die Reinigung, wo man ihr bloß eine furchtbare Bügelfalte verpasst.

Selbst im Kartoffelsack umwerfend

»Sie macht selbst in einem Kartoffelsack noch eine gute Figur« – kennen Sie diese Redewendung? 1952 kam die Werbeabteilung der 20th Century Fox auf die Idee, aus einem Kartoffelsack ein mit Fransen besetztes Minikleid zu fertigen und die 26-jährige Marilyn hineinzustecken. Wie nicht anders zu erwarten, war das Ergebnis fantastisch. Mit ihrer perfekten Frisur, ihrem wundervollen Lächeln und den Riemchensandaletten sah Marilyn genauso glamourös aus wie in einem Abendkleid von Patou.

Jackie oder Marilyn – Schnelltest

Marilyn-Schnelltest: Einen Bad-Hair-Day kennen Sie nicht. Niemals. Außerdem sehen Sie immer toll aus, egal was Sie tragen.

Jackie-Schnelltest: Sonnenbrille, ob Tag oder Nacht. Darüber gibt es keine Diskussion.

Hatte Marilyn Konfektionsgrösse 42?

Mit einem Wort: nein. Doch aus irgendeinem Grund haben wir Frauen von heute eine fixe Vorstellung von Marilyns Gewicht und Konfektionsgröße. Dabei war man zu Marilyns Zeiten weniger auf ihre Kleidergröße fixiert als auf ihre Figur, denn die war schön kurvig.

Nur um es einmal festzuhalten: Marilyn war 1,65 Meter groß, wog im Laufe ihres Lebens zwischen 53 und 63 Kilogramm und hatte mit 91-61-86 echte Modelmaße.

Ohne sie leibhaftig vor sich zu haben, lässt sich nur schwierig sagen, welche Größe sie nach heutigem Standard getragen hätte. Schließlich waren ihr all ihre Kleider auf den Leib geschneidert. Nach ihrer Schneiderbüste zu urteilen, hatte Marilyn einen eher schmalen Rücken und

Brustkorb und eine BH-Größe von 75 D. Was ihren Körper so außergewöhnlich attraktiv machte, war ihr Taillen-Hüft-Verhältnis von 0,67 sowie ihre extrem schmale Taille. Das ergab ihre typische Sanduhrfigur.

Modedesigner Jeffrey Banks sagte einmal: »Die Einteilung nach Konfektionsgrößen war in den 1950er Jahren sehr viel großzügiger als heute. Erst 1967 begann Anne Klein die Frauen zu umschmeicheln – was damals noch eine 38 gewesen wäre, war plötzlich eine 34.« Heute, so glaubt Jeffrey, würde Marilyn Größe 36 oder auch mal 38 tragen (und mit einem Taillenmaß von 61 hätte man ihre Kleider in der Taille meist ändern müssen).

Machen Sie sich also nichts vor. Marilyn war eine extrem anziehende Frau. Sie entsprach zwar keineswegs dem androgyn-mageren Ideal heutiger Models, aber sie hatte (und hat) eine ganz eigene Anziehungskraft. Sie wurde zu einer der größten (Sex-)Ikonen des 20. Jahrhunderts, von der Millionen Menschen begeistert waren.

Material Girl

Eines muss man Jackie lassen: Wenn es ums Shoppen ging, war sie schlicht Weltklasse.

Ein Bediensteter von Ari Onassis beschrieb sie einmal (nicht gerade wohlmeinend) als Schnelleinkäuferin. »Sie betrat einen Laden, und wenn sie zehn Minuten später wieder herauskam, hatte sie im Extremfall 100 000 Dollar ausgegeben.« Truman Capote begleitete sie ebenfalls einmal bei »einer ihrer Einkaufsorgien« und meinte hinterher: »Sie stürmte in eine Boutique, orderte zwei Dutzend Seidenblusen in verschiedenen Farben, ließ ihre Adresse da und ging wieder.« Einmal kaufte sie auf einem einzigen Beutezug zweihundert Paar Schuhe für insgesamt 60 000 Dollar.

Ihr extremes Kaufverhalten rührte wohl teilweise daher, dass sie mit Aristoteles Onassis einen der reichsten Männer der Welt geheiratet hatte und sich alles leisten konnte, was sie wollte. Außerdem trug es zu Aristoteles Onassis' Mythos bei, eine der glamourösesten Frauen der Welt geheiratet zu haben, sodass er sich nicht lumpen ließ. Insofern musste Jackie ihre Ausgaben für Mode nie einschränken, sie ließ notfalls die Rechnungen direkt an Ari schicken oder verkaufte ihre »gebrauchten« Kleider (viele davon ungetragen) bei New Yorker Secondhandläden wie Michael's oder Encore und holte so wieder Geld herein, um fröhlich weiter shoppen zu können.

Jackie und Marilyn: Wo würden sie heute shoppen?

Jackie

Michael Kors

Lisa Perry (nach 1967)

The Town Shop oder La Petite Coquette (für Dessous)

J. Crew

Bergdorf Goodman

Lanvin

Charvet, Paris (Männermode für den Glücklichen an ihrer Seite)

Roger Vivier

Tory Burch

D. Porthault

Jason Wu

Petit Bateau

Van Cleef & Arpels

MIHO Blumen (besser bekommen als verschenken)

Marilyn

Juel Park Lingerie LA (Marilyns Lieblings-Dessousmarke gibt es heute noch)

Diane von Fürstenberg (MM würde die Wickelkleider auf ein ganz neues Niveau heben)

Paris Review T-Shirts (fallen sehr klein aus, daher entsprechend größer bestellen)

La Petite Coquette
J. Mendel, Paris
Barneys New York
Oscar de la Renta (für den ganz großen Auftritt)
Harry Winston
Brooks Brothers (Kamelhaarmantel)

Selbstverständlich würden die beiden außerdem regelmäßig Hemden, Kaschmirpullover und Blazer aus den Schränken ihrer (Ehe-)Männer entwenden.

Jackies Geheimnisse – schon gewusst?

Obwohl ihre Garderobe es ohne Zweifel mit einer ganzen Etage des Luxusmodehauses Bergdorf Goodman aufnehmen konnte, trug Jackie die meiste Zeit Jeans und T-Shirt.

Marilyns Geheimnisse – schon gewusst?

Obwohl sie für ihren glamourösen Stil bekannt war, trug sie in ihrer Freizeit kaum Make-up oder Schmuck.

Die Macht der Schönheit

> *»Ich fühle mich nun mal gerne gänzlich blond.«*
>
> MM auf die Frage, warum sie sich nicht bräunte
>
> *»Ich bin in erster Linie eine Frau.«*
>
> JKO

Marilyn wie Jackie wussten um die Macht der Schönheit. Kurioserweise (wenn auch kaum verwunderlich) hielt sich jedoch keine von beiden als heranwachsendes Mädchen für hübsch. In Jackies Familie galt ihre Schwester Lee als die Attraktive, während Jackie die Intelligente war.

Marilyn hingegen war ihre Schönheit. Sex pur. Das war einerseits ein machtvolles Werkzeug (mit dem sie die Männer in der Hand hatte), andererseits aber auch lähmend. Denn was wäre sie ohne ihr Aussehen? Sie wollte immer als Mensch wahrgenommen werden, nicht nur als Sexobjekt.

Als Hollywood-Star war Marilyn sich der Vergänglichkeit körperlicher Schönheit durchaus bewusst. Ebenso war sie sich darüber klar, dass Schönheit in ihrer Welt unabdingbar war. »Irgendwann holt die Schwerkraft uns alle ein«, sagte sie einmal.

Vielleicht ist das der Grund, warum es umso wichtiger für sie war, etwas von bleibendem Wert zu hinterlassen – etwa ihr eigenes Bild auf der Leinwand.

Unter dem Aspekt der individuellen Schönheit verkörperten Jackie und Marilyn geradezu gegenteilige Archetypen – die eine blond und kurvig, die andere dunkler und kantig. Jackie trug ein Chanelkostüm im Weißen Haus, Marilyn trug Chanel No. 5 im Bett. Beide machten sie das Beste aus dem, was sie hatten. Millionen Frauen weltweit kopierten Jackies Stil, denn die First Lady brachte den Glamour französischer Couture von den Laufstegen zur Vorstadthausfrau. Marilyn dagegen brachte eine gewisse Leichtigkeit in die Beziehungen zwischen den Geschlechtern, mied die Sonne, liebte hautenge Kleider und trug nicht gerne Unterwäsche.

So wurde jede auf ihre eigene Weise zu einer Stilikone.

Wahre Schönheit

Ganz gleich, wie sie sich der Welt präsentierten – Jackie an einer griechischen Pier in weißen Jeans, T-Shirt und Sandalen, Marilyn in weißer Seidenrobe, Pelzstola und mit Diamanten behangen auf dem Roten Teppich –, beide waren sich ihrer Wirkung in der Öffentlichkeit deutlich bewusst. Sie wussten sich entsprechend zu kleiden und ihren natürlichen Stil zu unterstreichen, ob in Southampton oder Hollywood. Ebenso hatten sie einen angeborenen Schönheitssinn, den Herkunft, Notwendigkeit und Anspruch geschliffen hatten.

Es mag leicht und unbekümmert ausgesehen haben, wenn Marilyn für ein Shooting für *Vogue* aus ihren Bettlaken hervorgrinste oder Jackie auf der Straße lächelnd für einen Fotografen posierte. Doch machen wir uns nichts vor: Beide achteten stets sehr auf ihr Äußeres. Zwar hatten sie in der genetischen Lotterie das große Los gezogen, aber sie verwöhnten Haut, Haare und Körper, soweit es ihr jeweiliges Budget nur zuließ.

Jackies massgeschneiderte Perfektion

Als Tochter von Jack Bouvier, Debütantin, Vassar-College-Absolventin, First Lady, Ehefrau eines steinreichen Mannes (und das gleich zweimal) und als die »berühmteste Frau der Welt« erwartete ein jeder von ihr ein entsprechendes Auftreten. Nie hätte man sie in schlabberigem Freizeit-Look mit Werbeaufdruck auf dem Rücken oder sogar in Flipflops zum Supermarkt gehen sehen. Oder mit ungewaschenen Haaren. Wie die modernen Damen der Gesellschaft heutzutage, so hielten auch die Bouvier-Schwestern Jackie und Lee eine strenge Diät ein. Hatte Jackie auch nur ein Kilo zugenommen, bekam sie das von ihrer (ebenfalls streng Diät haltenden) Mutter *schlankweg* gesagt.

Marilyns Schönheit = Sex

Ihre Schönheit war für Marilyn buchstäblich die Fahrkarte aus einem ärmlichen, anonymen Dasein, wie sie es bei ihrer Mutter erlebt hatte. Um es auf der Hollywood-Leiter bis ganz nach oben zu schaffen, und zwar ohne eine helfende Hand, ohne Familienbande und ohne die Bildung, die Jackie genossen hatte, blieb ihr letztlich nichts anderes übrig, als schön zu sein. Nur so konnte sie überhaupt einen Ausweg finden aus dem Elend, dem sie entstammte. Sie war mit beneidenswerten körperlichen Reizen ausgestattet, keine Frage, dennoch betrachtete und analysierte sie ihre Züge ganz genau, um sie noch vorteilhafter zu unterstreichen. Nichts überließ sie dem Zufall. In Sachen Selbstinszenierung war sie (ebenso wie Jackie) eine Perfektionistin.

Der Fotograf David Conover, der Marilyn einst als Fotomodell »entdeckte«, sagte einmal, er könne sich nicht erinnern, jemals ein so »selbstkritisches« Model vor der Linse gehabt zu haben. Schon gar nicht eines, das jeden Kontaktabzug, jedes Negativ und jeden Druck auf den allerkleinsten Mangel genau überprüfte. »Wie sehe ich denn hier aus?«, fragte sie. Oder: »Das ist ja grässlich. Was habe ich denn da gemacht?«

Norma Jeane brauchte in der Regel anderthalb bis drei Stunden, um sich in Marilyn zu verwandeln, was einer der Gründe war, warum sie chronisch zu spät kam, und zwar egal ob zum Set, zu einer Besprechung oder einer Cocktailparty. Sie wollte stets perfekt aussehen. Sie wusste, was ihr Publikum von ihr erwartete (jenen Look, den sie selbst geschaffen hatte), und sie tat alles dafür. Das musste sie auch. »Wenn ich ein Star bin, dann haben mich die Menschen zu einem Star gemacht.« Davon war sie überzeugt.

Geheime Schönheitspflege

Auf dem Rückflug von London, wo sie als Fotoreporterin für den *Washington Times-Herald* der Krönungsfeier von Königin Elizabeth II beigewohnt hatte, fragte die junge Jackie Hollywood-Star Zsa Zsa Gabor nach dem Geheimnis ihrer schönen Haut. Gabor weihte sie bereitwillig ein, nannte ihr Erno Laszlo, einen Hautpflegespezialisten aus Hollywood, der in der breiten Öffentlichkeit kaum bekannt war, obwohl Marilyn Monroe, Audrey Hepburn und Ava Gardner zu seinen Kundinnen gehörten. Fortan zählte auch Jackie zu den begeisterten Anhängerinnen Laszlos. (Zsa Zsa Gabor riet ihr außerdem, für eine schöne Haut täglich eine rohe grüne Paprika zu essen. Ob Jackie diesem Rat tatsächlich folgte, ist nicht bekannt.)

Laszlo hatte ein Pflegesystem entwickelt, das auch heute noch Anwendung findet. Es ist bekanntlich sehr komplex und erfolgt in mehreren Phasen: Die Haut wird nach dem Konzept des »Clocking« analysiert, das ihre Trockenheit oder Öligkeit bestimmten Uhrzeiten zuordnet, und anschließend systematisch behandelt – mit Meerschlammseife, 30 Spritzern lauwarmem Wasser und regulierendem Active-pH-Elityl-Öl, das zusammen mit einem Puder über Nacht adstringierend wirkt. Dazu gibt es eine auf den Hauttyp abgestimmte getönte Tagespflege, etliche Feuchtigkeitsspender für die Tages- und Nachtpflege, mattierendes Puder und vieles mehr.

Marilyn und Jackie schworen auf diese Methode.

Die Ernährung

Machen wir uns nichts vor: Auch wenn die Gene eine gewisse Rolle spielen, richtig gut würde heutzutage keine Frau aussehen, wenn sie nichts dafür tun würde – und zwar egal ob sie nun eher eine Jackie oder eine Marilyn ist. Beide kannten ihren Körper ziemlich gut und wussten genau, was sie sich erlauben durften und was nicht.

Diät für ein Sexsymbol

Marilyn wusste zum Beispiel, dass ihre Oberschenkel aus den Fugen gerieten (zumindest in ihren äußerst kritischen Augen), sobald sie sich zu viele Croissants oder industriell verarbeitete Lebensmittel wie Kartoffelchips, Eis und anderes Naschwerk einverleibte. Aber sie schätze Essen und einen guten Tropfen. Vor allem Champagner – und zwar zu jeder Tageszeit. Der Fotograf Bert Stern ließ 1962 für sein unvergessenes Fotoshooting für die *Vogue* eine Kiste Dom Pérignon in Marilyns Suite im Hotel Bel-Air liefern, um sie in eine lockere und gelöste Stimmung zu versetzen. Und sein Plan ging auf! Während der Fotoserie zog Marilyn sich immer weiter aus, bis schließlich alle Hüllen gefallen waren und sie sich unter den weißen Bettlaken ungezwungen räkelte. Auf den Bildern streichelt ihr platinblondes Haar die Kissen, sie lächelt frivol in die Kamera, die Lippen knallrot, ein wunderschöner Arm entblößt.

Als Schauspielerin musste Marilyn anfangs ums Überleben kämpfen. Sie war arm und hatte oft nicht mehr als einen Dollar am Tag zur Verfügung (auch wenn das in den 1940er Jahren mehr Geld war als heute), was gerade so reichte für Hamburger, Erdnussbutter, Hot Dogs, Chili, Kekse, Haferbrei oder Orangensaft. Aufgewachsen in den mageren Zeiten der Großen Depression war Marilyn kein Gourmet. Bei ihr zu Hause gab es einfache Gerichte … und mit *einfach* ist kein Rührei aus Eiweißen oder fettfreier Cappuccino gemeint, sondern ein Gemisch aus Erbsen und Karotten, weil ihr die Farbkombination gefiel. Mit 26 sprach sie in einem Interview über ihre »sonderbaren Essgewohnheiten«. Das Interview führte übrigens der Fotograf, der mit ihr die erotische Fotoserie für die *Vogue* gemacht hatte. Sie erzählte ihm, dass sie sich in ihrem Hotelzimmer zum Frühstück eine Tasse Milch warm mache, zwei rohe Eier hineinschlage, alles mit einer Gabel verrühre und trinke, während sie sich anziehe. Danach gebe es noch eine Multivitamintablette.

Tagsüber ging sie zum Schauspielunterricht oder zum Vorsprechen. Oder sie klapperte die Filmstudios ab, um einen Nebenjob zu ergattern. Hin und wieder gönnte sie sich auf dem Nachhauseweg einen Eisbecher mit heißer Karamellsauce in Will Wrights berühmter Eisdiele (interessanterweise hatte Audrey Hepburn die gleiche Angewohnheit). »Ich weiß, dass ich mir diese Schlemmerei nicht erlauben könnte, wenn ich mich nicht sonst fast ausschließlich von proteinreicher Kost ernähren würde.«

»Zu Hause«, so sagte sie, »koche ich recht einfach. Jeden Abend hole ich mir im Supermarkt neben meinem Hotel ein Steak, Lammkoteletts oder ein bisschen Leber. Das schiebe ich dann in den kleinen Ofen in meiner Miniküche. Dazu esse ich normalerweise vier bis fünf rohe Karotten, mehr nicht. Ich muss ein halber Hase sein, Karotten schmecken mir einfach immer.«

Auch später, als erfolgreiche Schauspielerin, behielt sie diese schlichten Mahlzeiten bei. Erst durch Joe DiMaggio entdeckte sie die italienische Küche, die sie sich auch nach ihrer Ehe mit ihm noch oft und gerne schmecken ließ. Und als sie mit Arthur Miller verheiratet war, probierte sie auch die jüdische Küche aus.

Wenn sie nicht gerade für eine Filmrolle ihre Figur halten musste, bevorzugte sie Hot Dogs, Kaviar, mexikanisches Essen, Steaks (ihre Lieblingsspeise) und Vanilleeis (ihr Lieblingsdessert). Während den Dreharbeiten zu *Machen wir's in Liebe* Ende der 1950er Jahre aß sie bergeweise Spaghetti und Lammragout, das sie mit Wodka und Champagner hinunterspülte, am liebsten mit einem 1953er Dom Pérignon. Wie jedes Starlet der 1950er und 1960er Jahre oder andere Prominente wie Babe Paley, Jackie Kennedy und die legendäre *Vogue*-Herausgeberin Diana Vreeland aß auch sie zum Frühstück häufig eine Grapefruit. Grace Kelly verspeiste ihre sogar gegrillt.

Selbst nach heutigem Standard war Marilyn jedoch nie übergewichtig, denn ihr Gewicht schwankte meist zwischen 52 und 55 Kilogramm. Nur während ihrer Ehe mit Joe DiMaggio und der turbulenten Jahre mit Arthur Miller von 1956 bis 1961 brachte sie zeitweise auch mal 64 Kilogramm auf die Waage. Warum sie damals so stark zulegte, lässt sich im Nachhinein schwer sagen. Manche vermuten, dass es an ihren drei (erfolglosen) Schwangerschaften gelegen haben könnte, an der Belastung, die die Anhörung ihres Mannes Arthur Miller vor dem Untersuchungsausschuss für unamerikanische Aktivitäten mit sich brachte oder gar daran, dass die Ehe wenige Jahre danach zerbrach. Zum Zeitpunkt ihres Todes 1962 im Alter von 36 Jahren wog sie übrigens wieder 55 Kilo.

Wenn sie für eine Filmrolle abnehmen musste, hielt sich Marilyn an einen Ernährungsplan, den man heute als Atkins-Diät bezeichnen würde. Ihr Frühstück bestand dann zumeist aus in Distelöl gebratenem Eiweiß auf Toast, aus hartgekochten Eiern oder einer Grapefruit. Zum Mittagessen gab es beispielsweise ein gegrilltes Steak und grünes Gemüse. Ihren Alkoholkonsum schränkte sie zwar drastisch ein, wenn sie, wie sie es nannte, »im Training war«, auf ihren Wodka aber konnte und wollte sie nicht verzichten. Bei den Vorbereitungen zu *Marilyn – Ihr letzter Film* (1962) speckte sie zehn bis zwölf Kilo ab und erschien zu den Dreharbeiten schlanker und fitter denn je.

Jackies Schlankheitstricks

Jackie war äußerst pingelig, was ihr Gewicht betraf, ebenso ihre Ernährung und ihr äußeres Erscheinungsbild. Nackt im Bel-Air mit einer Kiste Champagner und Bert Stern, der sie für die *Vogue* ablichtete? Undenkbar!

Zur Stressbewältigung rauchte Jackie, seit sie 15 war, zwei Packungen Zigaretten am Tag. Außerdem knabberte sie ihre Fingernägel bis auf die Haut ab. Ihre gelb verfärbten Finger und abgekauten Nägel waren mit ein Grund, warum sie in der Öffentlichkeit stets Handschuhe trug und so einen neuen Modetrend setzte. Wenn sie während ihrer Zeit im Weißen Haus das Gefühl hatte, mehr als die gewünschten 55 Kilogramm zu wiegen, hungerte sie die überschüssigen Pfunde in ein bis zwei Tagen mit Brühe und Obst wieder herunter. Auch John F. Kennedy war übrigens alles andere als erfreut über seine Midlife-bedingte Gewichtszunahme und schluckte vor den Mahlzeiten Metamucil, aus Sorge, sonst nicht wiedergewählt zu werden. Dieses Verhalten übertrug sich selbstverständlich auf die nächste Generation. Als Jackie mit der jugendlichen Caroline beim Mittagessen im Ritz in Boston saß, befahl sie in mütterlich autoritärem Ton: »Den Nachtisch lässt du besser ausfallen, sonst wirst du fett, und kein Mann wird dich wollen.« Aua!

Dass Jackie bei einer Größe von 1,55 Metern ihre schlanke Figur halten konnte, verdankte sie also dem extrem effektiven Diktat, das man als Prominente damals zu befolgen hatte: Sport, Rauchen, bewusste Ernährung. Natürlich war sie auch genetisch im Vorteil, genauso wie ihre ebenfalls gertenschlanke Schwester Lee. Junkfood oder industriell verarbeitete Lebensmittel waren demzufolge tabu. Ab und zu gönnte Jackie sich ein Schokoladeneis, aber sie feierte keine Fressorgien bei McDonald's oder dergleichen. Kleine Zwischenmahlzeiten waren selbstredend auf einen Karotten- oder Sellerieschnitz beschränkt.

Schon bevor sie ins Weiße Haus einzog, war ihre strikte Diät Jackie eine selbstverständliche Gewohnheit. Sie verfügte nicht nur über ernährungswissenschaftliche Grundkenntnisse, sondern hielt sich auch stets mit den neuesten Meldungen aus den Bereichen Medizin und Gesundheit auf dem Laufenden, und zwar mit etablierten Forschungsergebnissen ebenso wie mit weniger fundierten Behauptungen. Sie hätte ohne weiteres alle Fragen

Morgendliche Muntermacher: grüne Smoothies

Jedes Model, jede Schauspielerin und jeder gesundheitsbewusste Mensch schwört heutzutage darauf. Zudem sind Smoothies der ideale Gemüsedrink, wenn es morgens mal schnell gehen muss. Während John F. Kennedy Junior sich seinen Protein-Shake am Morgen nicht nehmen ließ, hätten Jackie und Marilyn an dieser modernen Rezeptidee bestimmt Gefallen gefunden.

Für einen grünen Smoothie lassen sich alle möglichen rohen Grüngemüsesorten verwenden, etwa Salat, Stangensellerie, Spinat oder Grünkohl. Dazu kommen Wasser und etwas Obst für die Süße (und einen milden Geschmack). Ein paar Löffel Proteinpulver und Leinsamen runden das Ganze ab. Wer will, kann am Ende ein paar Eiswürfel hineingeben.

Jackie-Marilyn-Smoothie

Zutaten

1 Handvoll Blattspinat
2 Stangen Sellerie
½ Salatgurke
1 Handvoll Grünkohl (Stiele und Strunk entfernen)
½ Apfel
1–2 Bananen
4–5 tiefgefrorene ganze Erdbeeren
¼–½ l Wasser, je nach gewünschter Konsistenz

Zubereitung
Rohes Grüngemüse und Obst bitte vor der Verwendung immer gut waschen. Tiefkühlobst ist verzehrfertig. Alle Zutaten in den Küchenmixer geben und pürieren. Ein gutes Gerät zaubert übrigens besonders cremige Drinks. Aber geben Sie immer ausreichend Wasser hinein, damit der Smoothie nicht zu dick wird.

Unzählige Varianten für Gemüse-Smoothies sind im Internet zu finden. Besonders lecker schmeckt er mit Ananas, aber auch mit tiefgefrorenen Blaubeeren (aber die sind in allen Kombinationen köstlich).

rund um das Thema gesunde Ernährung beantworten können, etwa warum Vitamin D oder Proteine zum Frühstück so wichtig sind und wieso Kohlenhydrate und weißer Zucker süchtig machen können. Nachdem ihre Lieblingstante Edith Bouvier Beale und ihre Mutter erste Anzeichen von Alzheimer zeigten, quälte Jackie der Gedanke, auch sie könne einmal ihr Gedächtnis verlieren (was nie eingetreten ist). Daraufhin verbannte sie sämtliche antihaftbeschichteten Pfannen aus ihrer Küche.

Jackie reichte meist ein mageres Hühnchen oder fettarmer Fisch und abends ein leicht angemachter Salat. Ihre Selbstdisziplin kam der eines Topmodels gleich, wenn auch ohne die enormen Mengen an Kaffee und Vitamin-C-Pulver. Zwar gab es auch mal Pommes frites zum Mittagessen, dafür den Rest des Tages nur noch Karottensaft. So ähnlich macht es die moderne Jackie heute auch noch. Wenn sie vorhat, abends schick essen zu gehen, nimmt sie tagsüber eben nur leichte Kost zu sich. Sitzt ihr der Feiertagsspeck von Weihnachten und der Silvesterparty auf den Hüften, zwingt sie sich Anfang Januar aufs Laufband oder zum Yoga. Wenn sie in Paris ist, kann sie den Croissants nicht widerstehen, schließlich ist sie in Frankreich, dem Land mit den weltbesten Croissants, nicht wahr? Zurück zu Hause wird sie dann allerdings für eine Weile auf Kohlenhydrate verzichten.

Wenn sie zum Abendessen eingeladen ist oder (besser noch) ein Mann für sie kocht, dann isst sie, was auf den Teller kommt, und zwar samt Nachschlag. Wenn es obendrein eine hausgemachte Nachspeise gibt (insbesondere eine, die sie selbst normalerweise nicht zubereitet, wie Windbeutel oder Crème brûlée), sagt sie erst recht nicht Nein.

Eine echte Jackie lässt sich auch den Genuss von frischer Schlagsahne nicht entgehen. Niemals! Jackie selbst war kein Fan von fettarmen, industriell verarbeiteten oder künstlichen Lebensmitteln. Wenn sie in Martha's Vineyard war, gehörte ein leckeres Eis in der Waffel aus *Mad Martha's Ice Cream Shop* stets dazu. Schließlich wusste sie, wie wichtig etwas Fett in der Ernährung ist, damit Haare und Haut gesund und schön bleiben.

Dank ihrem intuitiven Körpergefühl und einem geradezu traumhaften Stoffwechsel konnte sie genau einschätzen, was ihr guttat, und geriet nie völlig aus den Fugen – ebenso wenig wie der Jackie-Typ heute.

Jackie oder Marilyn – Schnelltest

Jackie: Den Brotkorb könnte man ausrangieren. Am besten gleich für immer.

Marilyn: Natürlich können Sie behaupten, Sie halten Diät, aber eigentlich mögen Sie sich lieber mit Kurven.

Im Fitnessstudio

Obwohl Marilyn im Vergleich zur eher knabenhaften Jackie weicher und fülliger wirkte, war sie schon früh sehr sportbegeistert. Als junges Starlet trainierte sie regelmäßig mit Zweikilohanteln, um ihren Busen straff zu halten, und ging jeden Morgen joggen. Außerdem befolgte sie die Anleitungen ihres Masseurs Ralph Robert und badete in mit ein paar Spritzern Chanel No. 5 versetztem Eiswasser, um ihre ohnehin strahlende Haut frisch und geschmeidig zu halten und Zellulitis vorzubeugen.

Sportliche Betätigung war auch der Grund, warum Jackie ihr Leben lang in Kleidergröße 36 passte. Sie war fast süchtig nach Bewegung. Reiten, Wasserski, Jogging, Yoga, Bergwandern und Kajakfahren gehörten zu ihrem Standardprogramm. Darüber hinaus war sie Mitglied zweier Fitnessclubs in New York.

Doch wie genau sah das Trainingsprogramm der beiden aus? Marilyn hätte wahrscheinlich einen wahren Aufruhr verursacht, wäre sie einfach in ein Fitnessstudio marschiert. Wahrscheinlich

wäre sie nicht einmal vom Parkplatz bis in die Trainingsräume gekommen, ohne dass eine ganze Meute Männer sie verfolgt hätte. Nichtsdestotrotz legte sie Wert darauf, in der privaten Atmosphäre ihrer eigenen vier Wänden Gewichte zu stemmen. Als sie gerade dabei war, als ehrgeiziges (sprich hungriges) Hollywood-Sternchen durchzustarten, bat sie einen Ausbilder beim Militär, der einen Meisterschaftstitel im Gewichtheben hatte, ihr den richtigen Umgang mit Hanteln und anderen Sportgeräten beizubringen.

Selbstverständlich übernahm er den Job.

Wie Cary Grant, der seine Garage zum Fitnessstudio umfunktioniert hatte, stellte Marilyn sich ihr persönliches Trainingsprogramm zusammen, was für eine Frau in den späten 1940er und frühen 1950er Jahren eine große Ausnahme war. Wer sie zu Hause besuchte, sah die Trainingsgeräte in einer Ecke ihres Wohnzimmers stehen. In einer Zeit, da so gut wie niemand joggen ging, um sich körperlich fit zu halten, trabte Marilyn regelmäßig in aller Herrgottsfrühe durch die abgelegenen Straßen von Beverly Hills.

Sie selbst sagte dazu einmal: »Jeden Morgen, nachdem ich mir die Zähne geputzt, das Gesicht gewaschen und den ersten Schlaf aus den Gliedern geschüttelt habe, mache ich Frühsport. Dazu lege ich mich auf den Rücken, greife die Zweikilohanteln, hebe die Arme und beschreibe kleine Kreise, bis ich nicht mehr kann. Ich zähle nicht, wie oft ich das mache, so wie die Trainer im Radio das immer tun. Ein reglementierter Ablauf würde mir überhaupt keinen Spaß machen.«

Auch wenn Marilyn es liebte, am Strand von Malibu herumzutollen (vor allem, wenn ein Fotograf des Magazins *LIFE* in der Nähe war) oder sich in der freien Natur zu bewegen, konnte sie organisierten Sportarten wie Golf oder Tennis nichts abgewinnen. »Solche Sachen überlasse ich den Männern«, sagte sie.

Jackie hingegen war derart gut trainiert, dass sie selbst bei den Olympischen Spielen nicht schlecht abgeschnitten hätte. Der gesellschaftliche Unterschied in der Erziehung der beiden zeigt sich hier sehr deutlich. Zu Jackies Lieblingssportarten gehörten die Fuchsjagd, das Joggen und Skifahren – und natürlich ungezwungene Flirts, feines Essen und ausgedehnte Shoppingtouren. Dennoch wusste sie sich auch auf dem Tennisplatz zu bewegen und liebte das Segeln.

Wenn sie in New York war, lief sie am späten Vormittag mehrere Runden um den großen See im Central Park (der heute ihren Namen trägt), gelegentlich verfolgt von ihrem Erzfeind, dem Paparazzo Ron Galella. Zweimal die Woche trainierte sie mit einem Personal Trainer im Vertical Club an der East 56th Street. In den letzten 17 Jahren ihres Lebens bekam sie zweimal wöchentlich Besuch von Tillie Weitzner, einer renommierten Yogalehrerin. Jackie, die immer einen »alten löchrigen Gymnastikanzug trug«, habe sich nie beklagt, wenn es in ihrer Altbauwohnung ohne Klimaanlage heiß und stickig wurde, berichtete die Trainerin. »Sie war stets mit Ernst bei der Sache und trieb sich zu immer höheren Leistungen an.«

Auch während der Sommermonate in Martha's Vineyard hielt Jackie ein strammes Trainingsprogramm ein. Nach dem Frühstück ging sie Kajakfahren, nach dem Mittagessen Schwimmen oder Wasserskifahren. Sie überredete sogar ihre Schwägerin Joan Kennedy, Schwimmflossen zu benutzen, um ihre Beinmuskeln zu kräftigen.

Den Herbst verbrachte Jackie meist in Bernardsville, New Jersey, wo sie ausgiebige Ausritte machte. In der Woche vor dem 22. November, dem Jahrestag der Ermordung von John F. Kennedy, hielt sie sich häufig in Middleburg, Virginia, auf, wo sie sich auf dem Anwesen von Mrs Paul »Bunny« Mellon einquartierte und an der Fuchsjagd teilnahm.

Im Winter drehte sie dann fast täglich ihre Runden durch den

Central Park oder erledigte Besorgungen in der Madison Avenue. Nach dem Weihnachtstrubel flog sie schließlich nach Antigua und erholte sich im Luxushotel Curtain Bluff.

Die Jackie-Methode

Als echte Jackie sind Sie eigentlich eine Sportskanone und deshalb absolut versiert, wenn es um effektives Training geht. Keine Frage, ein gewöhnliches Fitnessstudio ist nicht Ihre Sache, ein Personal Trainer, der zu Ihnen nach Hause kommt, schon eher. Oder Sie melden sich in einem renommierten Studio wie dem Reebok Sports Club in New York an. Als Jackie brauchen Sie jede Menge Accessoires – vom Privatsee über die Privatinsel mit einem eigenen Sicherheitsdienst bis hin zu Yachten, Stallungen, Turnschuhen und Reitausrüstung (oder sogar einen verschlissenen, löchrigen Gymnastikanzug).

Die Marilyn-Methode

Als echte Marilyn gehen Sie das effektive Training wohl eher nachlässig an und trainieren nach Ihrer eigenen Fasson. Wenn nicht gerade eine Filmrolle oder ein Fotoshooting ansteht, sind Sie ein ziemlicher Sportmuffel. Was also tun für die Schönheit? Gönnen Sie sich zwischendurch, besonders nach einer langen Nacht, ruhig ein Nickerchen, machen Sie einen ausgedehnten Nachmittagsspaziergang (idealerweise am

Strand) und stemmen Sie ab und zu ein paar Gewichte. Aber wirklich nur, wenn Ihnen danach ist.

Abgesehen davon wissen Sie als echte Marilyn ganz genau, dass es völlig egal ist, wie und was Sie trainieren, weil Sie immer – und daran gibt es nichts zu rütteln – mehr Sexappeal haben werden als andere.

ZEIGEFREUDIG

»Ich fühle mich nur wohl, wenn ich nackt bin«, sagte Marilyn einmal. Auch die Marilyns von heute können oft gar nicht schnell genug aus den Klamotten kommen. Sie lieben es einfach, nackt zu sein. Und selbst angezogen verströmen sie irgendwie das Gefühl, es nicht zu sein.

Marilyn war nackt sogar noch schöner (wenn das überhaupt möglich ist) als angezogen – egal ob mit Badeanzug, Zobel, T-Shirt, Jeans oder einem Kleid von Travilla. Ihr Schauspiellehrer Lee Strasberg formulierte es so: »Ihre ganze Erscheinung ist von beinahe überirdischer Schönheit, wenn sie fotografiert wird.«

Jackie zeigte sich ebenfalls gerne oben ohne, wenngleich nicht überall. Eigentlich wagte sie es nur in Südfrankreich oder Griechenland, die Hüllen fallen zu lassen, wo es höchst unwahrscheinlich war, dass sie zufällig auf Freunde ihrer Eltern oder Bekannte aus dem Sportclub stieß.

In jungen Jahren ließ es Jackie während ihrer Zeit in Europa ordentlich krachen, so wie viele junge Amerikanerinnen es heute noch tun. Angeblich verlor sie in einem antiken Fahrstuhl einer

Pension in Paris ihre Unschuld. »Und um das bisschen machen alle so ein Gedöns?«, soll sie hinterher gesagt haben. Nacktbaden im Meer von Skorpios gehörte damals ebenso dazu wie keinen BH unter dem T-Shirt zu tragen. Die Jackie von heute, die in Amerika zumeist puritanische Vorfahren hat, trägt schöne, sündteure Dessous und hohe Hacken – verflucht sei das Kopfsteinpflaster!

Die Marilyn von heute geht sehr viel weiter. Sie hat keinerlei Probleme mit Sex oder Nacktheit, denn sie liebt ihren Körper und fühlt sich am wohlsten, wenn sie unbekleidet ist. Außerdem badet sie für ihr Leben gern und verbringt ihre Zeit am liebsten am Meer und am Strand.

Sonnengebräunt oder nicht?

> *»Auch wenn es in Kalifornien groß in Mode ist, ich denke nicht, dass gebräunte Haut attraktiver ist als weiße.«*
>
> MM

Jackie war vom Gegenteil überzeugt. Beim Gedanken an sie oder ein beliebiges anderes Mitglied der Familie Kennedy hat man sofort den Sommer auf Cape Cod oder Skorpios und sonnengebräunte Haut vor Augen. Letztere holt man sich bestimmt nicht bei langen Arbeitstagen im Büro.

Plastische Chirurgie?

1950 ließ Marilyn sich von einem Schönheitschirurgen die Nase korrigieren, allerdings sind kaum Einzelheiten über den Eingriff bekannt. Davon abgesehen scheint sie Schönheitsoperationen eher abgelehnt zu haben. Ganz sicherlich half sie ihrer Schönheit nicht mit Brust- oder Lippenimplantaten, Fettabsaugungen, Botox, Hyaluronsäure oder anderen Hilfsmittelchen nach, die heute bei fast jedem Hollywood-Star oder aufstrebenden Playboy-Bunny jenseits der 20 gang und gäbe sind. »Ich will ohne Gesichtsstraffung alt werden«, erklärte sie einmal. »Ich will den Mut haben, zu meinem Gesicht zu stehen.«

Jackie hingegen hatte keine Berührungsängste mit der Schönheitschirurgie, wie sie in ihren Kreisen üblich war. Im Frühjahr 1989 unterzog sie sich einer sehr dezenten Gesichtsstraffung bei Dr. Michael Hogan, einem plastischen Chirurgen an der Park Avenue.

Körpertypen

»Anatomie ist Schicksal« – an diesem Satz von Sigmund Freud ist durchaus etwas Wahres dran. Den eigenen Körpertyp herauszufinden ist leicht, und ihm gemäß Schmuck, Garderobe, Karriere, Lebensstil und vielleicht sogar den Ehemann zu wählen, ergibt sich dann von selbst.

Aus der jeweiligen Perspektive von Jackie oder Marilyn gibt es nur zwei Möglichkeiten: kurvige Sanduhrfigur oder gerade Linie.

Lassen Sie sich in diesem Punkt von irgendwelchen Modezeitschriften oder Modeverkaufsshows im Fernsehen nicht beirren, und zwar egal wie groß oder klein Sie sind. Welchen Taillenumfang, welche Konfektionsgröße, welche Schuhgröße Sie auch haben oder was Sie wiegen, wenn Sie morgens auf die Waage steigen, es gilt die Regel: Wenn Sie weibliche Kurven haben, sind Sie eine Marilyn. Wenn nicht, sind Sie eine Jackie.

Die Marilyn-Methode

Haben Sie Kurven? Dann geizen Sie nicht mit Ihren weiblichen Reizen und zeigen Sie, was Sie haben. So einfach ist das. Betonen Sie Ihre Taille mit extra knapp geschnittenen Kleidungsstücken, etwa mit einem eng anliegenden Rock. Ein höher angesetzter Hosenbund macht die Taille schmaler und gestreckter. Lassen Sie Ihre Jeans daher bei einer Schneiderin entsprechend ändern. Keine Sorge, das ist relativ preiswert. Noch besser: Stecken Sie Ihre frisch gewaschene Lieblingsjeans in den Trockner und stellen Sie die höchste Temperatur ein, damit sie ganz sicher einläuft. Lassen Sie die oberen drei bis vier Knöpfe an Pulli oder Bluse offen stehen und tragen Sie nichts darunter. Zeigen Sie ruhig etwas Haut. Ein Unterhemd ist nicht gerade das Lieblingskleidungsstück einer echten Marilyn.

Eine der Grundregeln in der Welt einer Marilyn lautet: Wenn Sie in Ihren Schuhen schnell und bequem gehen oder (Gott bewahre!) sogar damit rennen können, ohne sich den Knöchel zu verdrehen, dann machen Sie garantiert etwas verkehrt. Immer mit der Ruhe. Schön locker bleiben. Stolzieren Sie langsam an *ihm* vorbei, und brechen Sie ihm dabei das Herz. Tänzeln Sie über die Prachtstraße des Lebens und genießen Sie die Blicke, während Sie Ihren großen Auftritt haben!

Jackies Rezept

Haben Sie eine eher burschikose, gerade Silhouette? Auch dann gilt: Unterstreichen Sie sie. Tragen Sie all jene Sachen, von denen sich Ihre fülligeren Schwestern und Freundinnen wünschten, sie könnten sie tragen. Und bitte freuen Sie sich darüber, dass Sie es sich leisten können, auch mal keinen BH zu tragen. Der schlichte Modus operandi lautet: kleines Extra, große Wirkung, etwa eine halb- oder knöchellange Hose ohne Strümpfe dazu oder eine weiße Jeans oder Kordsamt. Um Ihre tollen Beine zu betonen, dürfen Sie die Latte gerne hochlegen und zum Minirock greifen (sollten Sie Schuhe mit Absatz tragen, wählen Sie Strumpfhosen im gleichen Ton).

Auch klassische Mode steht Ihrer geraden Linie gut, etwa Cowboystiefel für den Stadtbummel, eine hüftlange Marinejacke und Sonnenbrille bei Regen oder eine flache Pelzmütze. Letztere muss nicht unbedingt echt sein und ist in jedem gut sortierten Kaufhaus erhältlich.

Abschließend noch ein paar Worte zum Gang einer echten Jackie: Sie geht prinzipiell mit ausgreifenden Schritten, und zwar egal in welchem Alter. Man kann sie sich gut als leichtfüßige, junge Studienanfängerin vorstellen, die zu spät dran ist und mit schnellen, gezielten Schritten über das Hochschulgelände zum Seminarraum eilt. Ob in der Großstadt oder in ländlicher Umgebung, eine echte Jackie ist stets zügig unterwegs, als wolle sie den (echten oder eingebildeten) Paparazzi davonlaufen, die ihr unweigerlich an den Fersen kleben.

Frisurentipps der Stilikonen

Jede Frisur hat ihren Zauber, auch Ihre, und dabei ist es egal, ob Sie nun eher wie Marilyn oder eher wie Jackie aussehen. Auch wenn Sie morgens vor dem Spiegel vermutlich keinen Gedanken daran verschwenden, ist Ihre Haartracht dennoch ein Ausdruck Ihrer Persönlichkeit, und zwar so sehr, dass sie beinahe einen eigenen Charakter hat. Wie alt Sie auch sind, Ihr Haar ist so weich wie das eines Kindes. Mit Ausnahme meines absoluten Lieblingsmodels Carmen Dell'Orefice wird sich weder eine Jackie noch eine Marilyn damit abfinden zu ergrauen. Nie und nimmer! Jackie hat den natürlicheren Look. Dass sie sich die Haare färbt, ist nicht zu erkennen. Aber selbst wenn Sie platinblond sind, würden Sie es nicht zugeben.

Mein Tipp: Waschen Sie sich die Haare nicht allzu häufig. Übrigens scheint das gute alte Trockenshampoo, ein puderfeines Styling-Produkt, das in den späten 1960er Jahren schwer angesagt war, als echter Geheimtipp für schöne Haare ein (kleines) Comeback zu feiern. Marilyn erzielte die gleiche Wirkung mit fein gesiebtem Babypuder, das sie auf die Kopfhaut auftrug. Vor allem auf Reisen oder wenn Sie frisch vom Friseur kommen und die neue Frisur ein paar Tage halten soll, ist ein Trockenshampoo sehr zu empfehlen, zumal diese heute mit verbesserter Rezeptur erhältlich sind.

Der Hairstylist

Bis heute kursieren zahlreiche Verschwörungstheorien um Marilyn und Jackie. Dabei hätte längst jemand auf das wahre Bindeglied kommen können – auf Kenneth Battelle, seines Zeichens Friseurmeister, der die unverwechselbaren Frisuren der beiden Stilikonen kreierte.

Im Jahr 1954 kümmerte sich Battelle, der damals im Helena-Rubinstein-Salon in New York arbeitete, um die Haare der jungvermählten Jacqueline Kennedy. Sie wurden mit der Zeit immer geschmeidiger und länger, und damit war Schluss mit der früheren Audrey-Hepburn-Frisur, die an *Ein Herz und eine Krone* erinnert.

Marilyn kam 1958 zu Battelle, unmittelbar nach dem Ende der Dreharbeiten zu *Manche mögen's heiß*. Sie folgte dem Tipp des Designers Norman Norell nur zu gern, da ihre Haare vom vielen Bleichen und den zahlreichen Dauerwellen völlig kaputt waren. Battelle machte sie erst zu der unverwechselbaren Marilyn, indem er jenes göttliche Blond in ihr Haar zauberte, mit dem wir sie bis heute verbinden. Von da an kam sie in seinen Salon, wann immer sie in New York war. Schon im Jahr darauf reiste Battelle mit nach Chicago zur Weltpremiere von *Manche mögen's heiß*.

1960 kreierte der Starfriseur für Jacqueline Kennedy einen Bouffant, eine toupierte Frisur mit ein paar losen Strähnen, die für einen mittleren Aufstand unter den konservativen Damen der feinen Gesellschaft sorgte. Jackies Mutter, Mrs Auchincloss, war der Look ihrer Tochter viel zu »salopp« und zu modern und deshalb völlig unangemessen.

Zum Tag des Amtsantritts von Präsident Kennedy 1961 kümmerte sich Kenneth Battelle übrigens um die Haare beider Eheleute.

Im Jahr darauf frisierte er Marilyn für ihren Auftritt im New Yorker Madison Square Garden zum 45. Geburtstag des Präsidenten. Einige Monate später, im Sommer, machte er ihr die Haare für die Fotostrecke mit Bert Stern für die Vogue, die ihre letzte werden sollte. Und am 21. November 1963 hatte Jackie um sieben Uhr morgens noch einen Friseurtermin bei ihm, ehe sie unmittelbar danach mit ihrem Mann nach Dallas fuhr.

1963 erfüllte sich Battelle einen Traum, als er seinen eigenen Salon in der East 54th Street eröffnete, in einem knapp 1000 Quadratmeter großen Stadthaus, dem einstigen Domizil der Unternehmerfamilie Vanderbilt. Billy Baldwin, der bevorzugte Innenarchitekt der feinen Gesellschaft, den auch Jackie liebte, übernahm die Inneneinrichtung. In den folgenden 30 Jahren galt Kenneth Battelle bei prominenten Damen wie Babe Paley, Diana Vreeland und Happy Rockefeller als der Haarkünstler schlechthin, der zudem die Frisuren der Covergirls für Vogue, Glamour und Harper's Bazaar gestaltete.

Bis zum heutigen Tag steht Kenneth Battelle höchstpersönlich tagtäglich in seinem nach wie vor gut gehenden Salon im New Yorker Hotel Waldorf Astoria und zaubert ein bisschen Glamour in die Haare einer neuen Generation von Trendsetterinnen.

Marilyns Look

Wenn wir Frauen uns zwischen Jackies und Marilyns Frisur entscheiden müssten, würden viele vermutlich Letztere wählen (und sei es nur wegen der unglaublichen Wirkung auf das andere Geschlecht).

Diese stellt aber auch die größere Herausforderung dar. Kevin Lee, der Chef-Stylist des New Yorker Salons von Kenneth Battelle, erklärt: »Für den perfekten Marilyn-Look braucht man die richtigen Utensilien. Mit Heißwicklern lässt sich durchaus ein bisschen Volumen in die Frisur bringen, aber einen richtig starken Halt bekommt man damit nicht hin. Außerdem sollte man das Talent besitzen, die Wickler im richtigen Muster zu legen. Dann erst geht es unter die Trockenhaube. Natürlich kann man die Haare auch an der Luft trocknen lassen, aber das dauert gut und gern sechs bis sieben Stunden.« Für eine echte Frisur à la Marilyn ist es also ratsam, einen Haarkünstler wie Kenneth Battelle oder jemanden wie Gladys Rasmussen, die sich ebenfalls viele Jahre lang um Marilyns Haare kümmerte, jederzeit abrufbereit zu haben. Das aber ist nicht jeder Frau vergönnt. Was also tun?

In diesem Fall rät Kevin Lee zu Schaumfestiger und Folgendem: »Es gibt heute zahlreiche moderne Varianten, schließlich sollen die Haare nicht exakt so aussehen wie bei Marilyn. Man kann ein bisschen spielen, das Ganze moderner wirken lassen. Eine Frisur à la Marilyn sollte weich sein, locker. Dann erst wirkt sie sexy. Es muss aussehen, als käme man am Morgen danach gerade aus dem Bett. Wenn die Frisur zu steif und zu perfekt gerät, dann wirkt sie schnell ein wenig eisig.«

Die Entstehung einer blonden Göttin

Alle Welt kennt Marilyn Monroe mit platinblondem Haar. Tatsächlich aber fand sie wie weiter vorne erwähnt erst nach und nach zu diesem Farbton. In ihren Anfangsjahren als Model wies sie die Inhaberin der Blue Book Agency, Emmeline Snively, darauf hin, dass sie als Blondine mehr Aufträge bekäme. Die Fotografen könnten dann besser mit Licht und Beleuchtung spielen, um den Look immer wieder zu verändern.

Marilyn begann ihre Verwandlung in eine Blondine 1946 im Frank-Joseph-Salon in Hollywood, wo sie sich die Haare goldblond färben und ihre Naturkrause glätten ließ. Im Laufe ihrer Karriere probierte sie praktisch jeden Blondton aus, den Clairol erfand, von Goldblond über Aschblond, Champagnerblond und Honigblond bis hin zu Sonnenblond, Erdbeerblond und Platinblond. Sie hörte erst auf, als sie das wirkungsvolle und makellose Bild einer weißblonden Schönheit erreicht hatte – Marilyn pur. Sie ließ sich auch das Schamhaar aufhellen, da sie sich bekanntlich gerne »gänzlich blond« fühlte.

Als sie zum Weltstar geworden war, wurde die Pflege ihrer Haare ungemein aufwendig, da alle drei Wochen nachgefärbt werden musste, um den typischen Marilyn-Look zu erhalten. Das strapazierte ihr feines Haar extrem, weshalb es spröde und brüchig wurde. Zum Glück hauchte ihm Wunderfriseur Kenneth mit seinen Zaubermittelchen immer wieder Leben ein. 1962, im Jahr ihres Todes, war Marilyns Haar völlig pigmentfrei und hatte einen Farbton angenommen, den sie liebevoll als »kopfkissenweiß« bezeichnete.

Was die Hände einer Frau verraten

Die Frauen von heute, ob Marilyn oder Jackie, haben zumeist schöne Hände, auf deren Pflege sie großen Wert legen, da sie (wenn auch unbewusst) wissen, dass ein jeder darauf schaut. Als First Lady bevorzugte Jackie zunächst die Baby Lotion von Johnson's und später dann eine One-&-All-Handcreme zur Feuchtigkeitspflege. Die Jackie von heute trägt klaren oder hellrosa

Nagellack. Da sie viel mit ihren Händen macht, sind ihre Nägel relativ kurz – lange Nägel wie die von Barbra Streisand sind nichts für sie.

Die Marilyn von heute dagegen bevorzugt kräftig lackierte Nägel – passend zum Abendkleid entweder Dunkelrosa oder Tiefrot.

Duftmarken

Marilyn Monroe: Chanel No 5, Fracas, Joy

Jackie: Jicky von Guerlain, Joy, Fleurissimo, Jean Patou 1000

Schönheit mit System

Jackie und Marilyn hatten beide ihre eigene Trickkiste. Dass sie einige Geheimnisse teilten, etwa Erno Laszlo oder Kenneth Battelle, lag vermutlich daran, dass sie der gleichen Generation angehörten. Einige ihrer Tricks muten heute eher seltsam an. So wandte Marilyn gelegentlich Darmspülungen an, um rascher abzunehmen. Jackie ließ sich in den späten 1950er und frühen 1960er Jahren von Max Jacobson alias Dr. Feelgood Vitaminspritzen verabreichen, im Wesentlichen Amphetamine und Vitamine der B-Gruppe. Dr. Feelgood war damals der Modearzt der feinen New Yorker Gesellschaft, dessen Ruf bis an die amerikanische Westküste hallte. »Es ist mir egal, ob es Pferdemist ist. Hauptsache, es funktioniert!«, sagte John F. Kennedy, nachdem

Jacobson ihm Rückenschmerzen weggespritzt hatte. Zu Dr. Feelgood kam alles, was Rang und Namen hatte, von Marlene Dietrich über Truman Capote bis zum Fotografen Mark Shaw und Leonard Bernstein. »Bei ihm im Wartezimmer trifft man *jeden«*, hieß es damals.

Marilyns Schönheitsgeheimnisse

Eine wahre Diva wie Marilyn verrät ihre Geheimnisse nur ungern. Dennoch konnten einige entschlüsselt werden. Einem ihrer Fans schrieb sie einmal, sie habe nur sehr wenige Schönheitstricks auf Lager, aber sie tauche ihr Gesicht jeden Morgen und jeden Abend in ein Waschbecken mit heißem Wasser – so heiß, wie sie es gerade noch aushalte.

Als Anhängerin des Hautpflegesystems von Erno Laszlo spülte sie ihr Gesicht nach jeder Reinigung 30 Mal mit Wasser nach. Wenn sie kein Make-up trug, rieb sie ihre Haut entweder mit Vaseline, Olivenöl oder einer Hormoncreme ein.

Marilyn war berühmt für ihre verführerischen Augen. Kurz bevor die Kamera klicke, so verriet sie einmal, lasse sie die Lider ein klein wenig sinken, um den Blick geheimnisvoller wirken zu lassen. Natürlich trug sie falsche Wimpern und zählte zu den ersten Frauen, die sie säuberlich zurechtschnitten und nur am äußeren Oberlid anklebten.

Marilyn war, ebenso wie Jackie, ein Fan der Cold Cream von Ponds. Obwohl es korrekter wäre zu sagen, dass Jackie sich diesen Trick bei Marilyn abgeguckt hat. Sie rieb ihr Gesicht gerne dick damit ein und setzte sich dann mit einem Stapel Manuskripte auf die Veranda ihres Hauses auf Martha's Vineyard, um ungestört zu arbeiten. Der kleine John musste dann auf seine Spielstunde verzichten.

Jackies Schönheitsgeheimnisse

Jackie verbiss sich nie in einen bestimmten Look, vielmehr hielt sie stets Ausschau nach den neuesten Schönheitstipps. Als das American Ballet Theatre in den 1980er Jahren zu einer Gala lud, bat Jackie eine Woche zuvor eine Kosmetikerin in ihre New Yorker Wohnung, um ihr Make-up vorab auszuprobieren. Dafür zog sie ein weißes Kleid an, damit sie einen ersten Eindruck bekam, wie das Make-up zu ihrer geplanten weißen Abendgarderobe wirkte. Nach jedem Handgriff, den die Kosmetikerin vornahm, griff Jackie zu ihrem Handspiegel und notierte die einzelnen Schritte penibel genau auf einen gelben Notizblock, um sich später selbst schminken zu können.

Jackie hatte ursprünglich eine leichte Naturkrause, daher ließ sie sich für den perfekten damenhaft eleganten Look zweimal pro Woche von Thomas Morrissey in der Upper East Side die Haare glatt föhnen. Massagen schätzte sie übrigens ebenso sehr wie Marilyn.

Der perfekte Look

Make-up-Guru Darac gab die folgenden Tipps für den perfekten Look à la Jackie und Marilyn. Beide Frauen experimentierten für ihr Leben gern mit Make-up. Nur zu, tun Sie es ihnen nach!

Jackie

Der Look à la Jackie besticht durch klassische Eleganz – weiche Formen, nahbare Schönheit, edelmatte Haut.

Brauen: Die Brauen sollten natürlich schön geschwungen sein, und alles Natürliche weist niemals einen 45-Grad-Winkel auf. Sie sollten außerdem einen weichen Ansatz haben, bogenförmig verlaufen und über dem äußeren Augenwinkel enden.

Augen: Für weiche, rauchige Smokey Eyes sollten Sie Lidschatten in natürlichen Beige- sowie dunklen Graublau- und Brauntönen verwenden, dazu einen weichen Augenkonturenstift und verdichtende Wimperntusche.

Wangen: Stimmen Sie das Rouge auf die Farbe Ihres Wangenapfels (das sind die Rundungen, die beim Lächeln an den Wangen hervortreten) ab, klopfen Sie Cremerouge ein und verstreichen Sie es gut.

Teint: Bestäuben Sie das ganze Gesicht mit einem weichen rosa- oder pfirsichfarbenen Puder.

Lippen: Tragen Sie zuerst Lippenstift oder Lipgloss auf und zeichnen Sie dann die Ränder mit einem weichen Konturenstift nach, damit die Lippen voller, aber nicht definiert wirken.

Marilyn

Marilyn ist gleichbedeutend mit Femme fatale. Ihr Look ist daher eindeutig und provokativ. Er ist ausdrucksstark und hebt sich von ihrer elfenbeinfarbenen Haut ab.

Brauen: Der Bogen sollte streng, dicht und klar sein. Hier gilt: Definition ist alles!

Augen: Der Lidschatten sollte auf den Hautton abgestimmt sein, das betont den Wimpernansatz.

Verwenden Sie Mascara, das die Wimpern verlängert, und kleben Sie am äußeren Auge falsche Wimpern an. Mit einem flüssigen Konturenstift ziehen Sie nun einen Lidstrich von innen nach außen und führen ihn am Ende des Lids in einem leichten Bogen nach oben zu den Wimpern hin.

Wangen: Tragen Sie nur einen Hauch von Farbe auf die Wangenäpfel auf. Heben Sie die Wangenknochen hervor.

Gesichtshaut: Porzellanfarben, sauber und makellos.

Lippen: Zeichnen Sie zuerst die äußere Lippenkontur nach und begrenzen Sie dann die Oberlippe mit einem feinen, bogenförmigen Strich. Danach tragen Sie Lippenstift auf und tupfen überschüssige Farbe mit einem Kosmetiktuch leicht ab und pudern sie mit einem Pinsel nach. Das macht die Lippen matt und sorgt dafür, dass die zweite Schicht Lippenstift, die Sie im letzten Schritt auftragen, besser haftet.

Knallrot und sexy

Marilyn zeigte sich nur mit roten Lippen. Es war ihr Markenzeichen.

Roter Lippenstift liegt heute Gott sei Dank wieder im Trend. Jeder trägt ihn, von Madonna über Gwen Stefani bis hin zu Scarlett Johanson und Christina Hendricks. Marilyn verwendete damals einen Farbton von Shiseido, der heute nicht mehr erhältlich ist. Allerdings haben sich die Farbformeln gegenüber jenen der 1950er Jahre um einiges verbessert, sodass Sie kaum einen Unterschied bemerken werden. Hier einige Tipps für verführerisch rote Lippen:

Hautton: Das Wichtigste ist herauszufinden, welcher Rotton zu Ihrem natürlichen Hautton passt. Eher ein warmes oder ein kaltes Rot? Hat Ihre natürliche Hautfarbe einen rosa Unterton, sollten Sie ein Rot wählen, das einen rosafarbenen Grundton hat. Hat Ihre natürliche Hautfarbe einen warmen, eher gelblich-braunen Unterton, sollten Sie ein Rot mit einem gold- oder rotbraunen Grundton wählen. Geht Ihr natürlicher Teint eher in ein klassisches Weißrosa über, dann passt ein Lippenstift mit einem Hauch von Blau am besten.

Zarte Frische: Achten Sie stets auf eine gute Feuchtigkeitspflege, auch bei den Lippen!

Kaschieren und pflegen: Da rote Lippen klare Konturen brauchen, sollten Sie unbedingt einen Konturenstift verwenden. Damit beugen Sie nicht nur einem Verwischen der Farbe, sondern auch der ultimativen Beauty-Katastrophe vor, dem Auslaufen der Farbe. Der Konturenstift eignet sich auch sehr gut als Grundierung. Malen Sie die Lippen dünn damit aus, damit die Farbe besser hält. Wählen Sie aber unbedingt eine Nuance, die Ihrem Lippenstift entspricht, damit es am Ende nicht unnatürlich wirkt. Oder nehmen Sie eine Nuance, die zu Ihrer natürlichen Lippenfarbe passt.

Pinselstriche: Zum Ausmalen der Lippen mit roter Farbe sollten Sie einen Lippenpinsel benutzen, da sich die Farbe viel exakter auftragen lässt als mit dem Lippenstift. Tragen Sie die Farbe auf, tupfen Sie Überschüssiges mit einem Kosmetiktuch ab und tragen Sie anschließend noch eine Farbschicht auf. Nun nicht mehr abtupfen! Das Ergebnis: lang anhaltend rote Lippen.

Hier noch einige sehr schöne rote Lippenstifte:

Lancôme, Chris and Tell (inspiriert von Marilyn)

Jemma Kidd

Makeup School

Collection, Scarlett

Chanel Rouge Allure Laque, Dragon

Jackies Geheimnisse – schon gewusst?

Jackie schaffte locker zehn Liegestütze hintereinander. Jederzeit. Überall. Und zwar echte und keine Damenliegestütze.

Marilyns Geheimnisse – schon gewusst?

Zu Beginn ihrer Modelkarriere ließ Marilyn sich ihren spitzen Haaransatz oberhalb der Stirn mittels des Elektrolyseverfahrens entfernen.

Das gewisse Etwas: Sexappeal

»Ich fühle mich nur wohl, wenn ich nackt bin.«

MM

»Es gibt zwei Arten von Frauen – solche, die Macht in der Welt wollen, und solche, die Macht im Bett wollen.«

JKO

Damit hielten sowohl Jackie als auch Marilyn das Trumpf-Ass in der Hand, denn sie hatten beide einen Grundsatz des Lebens begriffen: Sex ist Macht.

Jackie und Marilyn genossen es, sich weiblich zu geben, und wussten viele Vorteile daraus zu ziehen. Ob beim unverbindlichen Dating oder beim Heiratsantrag, wir Frauen halten eben ein echtes Druckmittel in der Hand, denn es ist an uns, Ja oder Nein zu sagen. Und wie jeder weiß, kann die Frau einem Mann den Himmel auf Erden bereiten oder ihm das Leben zur Hölle machen. Gleichwohl gingen beide mit dem Thema Sex völlig unterschiedlich um und hatten wohl auch völlig verschiedene Meinungen dazu.

Marilyn spielte jederzeit unverhohlen damit – im wirklichen

Leben, auf Fotos, auf der Leinwand. Offen. Freizügig. Bei ihr wusste man sofort, worum es ging.

Jackie war das genaue Gegenteil. Zwar war auch sie sexy, allerdings weniger offen, eher verborgen. Vielleicht öffnete sie sich einem, vielleicht auch nicht, aber sie machte es einem auf keinen Fall leicht. Und das war ihr sehr wohl bewusst. Ihre Ehe mit John F. Kennedy verglich sie mit einem Eisberg: »Das öffentliche Leben findet über dem Wasser statt, das private darunter.«

Marilyns Sexualität war omnipräsent, offensichtlich und im Vordergrund: Marilyn, das war Sex pur.

Jackies Sexappeal dagegen lag in ihrer Zurückhaltung. Gehörte das vielleicht zur feinen Gesellschaft dazu? Oder zu den 1950er Jahren? Gut möglich. Man denke nur an Grace Kelly, die in ihrer Jugend für viele ein Sexidol war.

Marilyn ging vollkommen auf in ihrer Sexualität, hatte keinerlei Bedenken oder Skrupel damit. Auf die Frage, was sie im Bett trage, witzelte sie: »Chanel No. 5 natürlich.« Der Satz war für 1955 ganz schön frivol. Und dass es auch noch stimmte, machte das Ganze umso frivoler.

Während Jackie für das vornehme Establishment an der amerikanischen Ostküste stand, jener Gesellschaft also, die das Establishment vertrat, jener rasch schwindenden Bastion der Etikette und guten Sitten, war Marilyn genau das Gegenteil. Sie stand für Ausbruch und Befreiung, für »Wen kümmert's?«. Marilyn wusste um ihre anziehende Wirkung und nutzte sie. »Männer lieben glückliche Mädchen«, bemerkte sie und legte daher stets großen Wert darauf, bei einer Verabredung leicht und unbeschwert zu wirken, egal wie es in ihrem Privatleben gerade aussah. Ob sie nun Liebeskummer hatte, pleite oder halb verhungert war – nie hätte sie auch nur einen Ton darüber verlauten lassen.

Während Jackie sich mit ihrem geheimnisvollen Lächeln, ihrer atemlos wirkenden Stimme und der guten Haltung einer Primaballerina in der Öffentlichkeit weitaus disziplinierter gab (wer wusste schon, was sie hinter all dieser betonten Förmlichkeit wirklich dachte), vermittelte Marilyn einem immerzu das Gefühl, dass sie zu allen Schandtaten bereit sei. Das hatte in den 1950er Jahren eine gewaltige Anziehungskraft, da »brave Mädchen so etwas nicht taten«, zumindest nicht ohne Trauschein. Und selbst dann nicht unbedingt.

Marilyn erweckte jederzeit den Eindruck, dass sie für jeden Spaß zu haben sei. »Ist Ihnen je aufgefallen, dass ›Da pfeif ich drauf‹ fast immer die richtige Antwort ist?«, bemerkte sie einmal scharfsinnig. Jackie war auch für jeden Spaß zu haben … nicht sofort, aber später. Sie zeigte es eben nicht gleich. Auf dem College beschrieben die jungen Männer in ihrem Umfeld sie als jemanden, bei der man »die Taxiuhr ruhig laufen lassen konnte«. Sie wussten ganz genau, dass sie den Fahrer getrost warten lassen konnten, wenn sie Jackie noch bis zur Haustür begleiteten, denn es würde in der Nacht ohnehin nichts passieren.

Lasst Männerherzen schmelzen

Unterschätzen Sie niemals die Macht von Schönheit und Sexappeal. Der Fotograf Lawrence Schiller stellte hierzu Folgendes fest: »Marilyn war sehr sinnlich. Sie wusste ihren Körper einzusetzen. Sie wusste ihre Lippen einzusetzen. Bei Marilyn gab es keine Einzelelemente, vielmehr spielte alles zusammen. Bei ihr stimmte einfach alles – Harmonie pur. Außerdem wusste sie, wie man jemandem tief in die Augen blickte, und das war extrem wirkungsvoll.«

Ihr Sinn für Humor, gepaart mit einer Prise Verletzlichkeit – Marilyn war als öffentliche Person weitaus verletzlicher als Jackie –, machte sie für die Männer einfach unwiderstehlich.

> *»Ein Sexsymbol ist eine Sache, und ich hasse es, eine Sache zu sein. Natürlich regt man die unbewusste Fantasie der Menschen an. Es ist schön, in diesen Fantasien vorzukommen, aber man möchte auch um seiner selbst willen geliebt werden. Ich selbst sehe mich nicht als Objekt, aber ich bin sicher, dass mich ganz viele Menschen so sehen ... Das klingt nach ›ausgenutzt werden‹, und ich denke, das werde ich.«*
>
> MM über sich selbst als Sexsymbol

Beim Poker unschlagbar

Die Jackies und Marilyns von heute sind beide ausgesprochen sinnliche Typen. Allerdings gibt sich eine Jackie zurückhaltender und kokettiert weniger mit ihren sexuellen Reizen. Dass diese aber durchaus vorhanden sind, weiß die erfahrene Männerwelt sehr wohl.

Während Marilyn überaus freizügig war im Umgang mit dem anderen Geschlecht, war es für Jackie eine Art Spiel – eines, auf das sie sich blendend verstand. Als Kind hatte sie unter der Scheidung ihrer Eltern gelitten. Damals waren Scheidungen gesellschaftlich stigmatisiert und höchst selten, zudem lebte ihr überaus zynischer Vater ihr das klassische Rollenmodell von Frau und Mann vor.

Der Modus operandi einer Jackie im Umgang mit Männern ist folgender: Eine Beziehung gleicht einem Pokerspiel (zumindest in der Anfangsphase). Man muss jederzeit aussteigen und die

Karten auf den Tisch legen können. Ein anderer Grundsatz einer Jackie lautet, dass Männer ziemlich schnell gelangweilt sind. Es gilt also, den Mann bei der Stange zu halten:

1. Werfen Sie sich ihm nicht gleich an den Hals.
2. Seien Sie so präsent wie möglich.
3. Machen Sie sich zwischendurch immer wieder rar.
4. Okay – werfen Sie sich ihm doch an den Hals.

Geben Sie sich souverän und variieren Sie Ihr Spiel. Rufen Sie ihn gleich morgens an, um ihm einfach nur einen schönen Tag zu wünschen, dann machen Sie sich rar, amüsieren Sie sich mit Freunden und ignorieren Sie ihn für eine Weile. Was auch immer Sie tun, lassen Sie sich nicht in die Karten schauen!

Sexy Jackie?

Jackie war sehr wohl sexy, wenn auch in verhaltener Weise. Sie war in dieser Hinsicht so ziemlich das Gegenteil von Marilyn. Während Marilyn mit ihren weiblichen Reizen offen umging (und wie!), war Jackie reserviert.

Sie pflegte einen zurückhaltenden, eleganten Stil, ähnlich wie Grace Kelly, ihr romantisches Gegenstück. Dennoch konnte sie beispielsweise bei einem Staatsempfang im Weißen Haus einen alternden Tischgast mit einem Satz derart schockieren, dass er sich fast an seinem Drink verschluckt hätte.

Aristoteles Onassis, der ganz genau wusste, wie man eine Frau verführt, brachte genau dies zum Ausdruck, als er über Jackie einmal sagte: »Sie wird völlig missverstanden. Vielleicht missversteht sie sich sogar selbst. Man verehrt sie als ein Muster an Anstand, an Treue, an so vielen anderen langweiligen typisch amerikanischen Tugenden, und nimmt ihr so alles Geheimnisvolle. Sie braucht dringend einen kleinen Skandal, um an Lebendigkeit zu gewinnen – eine kleine Sünde, ein Fehltritt. Irgendetwas, damit man an ihrer Person Anteil nimmt. Die Menschheit gefällt sich darin, gefallene Göttinnen zu bemitleiden.«

Nicht einmal ein Jahr später waren die beiden verheiratet.

Nacktheit? Alles kein Problem! Akzeptieren Sie Ihren Körper so, wie er ist. Fast alle Männer sind beim Anblick einer nackten Frau, egal welche Figur oder Konfektionsgröße sie hat, derart hin und weg, dass Sie kein Fotomodell sein müssen, um reizvoll zu sein. Es geht allein um die Energie und darum, wie Sie sich selbst sehen.

Dabei hilft es, das Ganze und sich selbst nicht allzu ernst zu nehmen. Auf die Frage, was sie denn anhatte, als sie für Nacktfotos für einen Kalender posierte, erwiderte Marilyn einst scherzhaft: »Das Radio.«

90-60-90

Egal ob Sie vorhaben, jemanden zu verführen, oder ob Sie (Gott bewahre!) von einem Bus überrollt werden und in der Notaufnahme landen, mit Sicherheit wollen Sie in jeder Situation selbst in Unterwäsche gut aussehen.

Wer wäre in dieser Frage eine bessere Ratgeberin als die Expertin für schöne Unterwäsche schlechthin – Rebecca Apsan, Inhaberin von La Petite Coquette, dem Lieblingsladen von Stars wie Cindy Crawford, Sarah Jessica Parker, Anjelica Huston, Uma Thurman sowie modebewussten Frauen auf der ganzen Welt.

Apsan geht davon aus, dass 85 Prozent der Frauen den falschen BH anhaben, weil »sie seit ihrem 14. Lebensjahr die gleiche Größe tragen«. Hinzu kommt, dass es keine normierten Größeneinteilungen für Büstenhalter gibt. Kein Wunder also, dass BHs in den meisten Fällen nicht gerade figurfreundlich wirken. Sie empfiehlt, sich im Dessousladen ausreichend Zeit zu nehmen und verschiedene Modelle anzuprobieren, um herauszufinden, welches am besten passt. Zur Grundausstattung der Unterwäscheschublade einer jeden Frau gehören laut ihr vier bis sechs ständige Begleiter: praktische BHs für jeden Tag, auch T-Shirt-BHs ohne Bügel, zwei bis drei Halbschalen- oder Push-up-BHs aus feiner Spitze oder einer speziellen Farbe sowie zwei trägerlose BHs. BHs sollten im Allgemeinen hautfarben oder schwarz sein, weiß wirkt zu aufdringlich.

Weitere pikante Fakten: Laut Apsan »sind die eher klassisch eleganten Frauen, also die Jackies, im Bett frivoler als andere. Sie wollen es offenbar richtig wissen. Jene, die einen eher braven Eindruck machen, tragen darunter also Strapse und Strümpfe. Die Marilyns, also jene Frauen, die vermeintlich nur das eine wollen, sind am wenigsten auf Sex aus.«

»Ein guter BH ist wie ein guter Mann«, schließt Apsan: »gut aussehend, stützend, und er lässt seine Trägerin niemals hängen.« Da kann man ihr nur zustimmen.

Das Spanx-Geheimnis

Wie machen diese Promifrauen zwischen 20 und 80 das bloß, dass sie bei jedem Anlass eine unglaublich perfekte Figur machen? Fragen Sie sich das manchmal? Nun, dann kennen Sie Spanx noch nicht, die geniale figurformende Unterwäsche der Extraklasse. Höchste Zeit, dass Sie sie kennenlernen.

Die lange Reihe der Spanx-Fans reicht von Oprah Winfrey über Gwyneth Paltrow und Mode-Stylisten bis hin zu den vornehmen Damen der New Yorker Upper East Side. Allesamt schwören sie auf die Wäsche, die kleine Speckröllchen einfach wegschummelt. Zunächst brachte Spanx einen überraschend bequemen Bodyformer auf den Markt, um sein Sortiment dann aber rasch auf Mieder, Leggins und Büstenhalter auszuweiten. Manche Frauen tragen angeblich sogar zwei Leggins übereinander, um eine perfekte Wespentaille zu erreichen. Alle Achtung!

Sara Blakely hat mit Spanx seit der Erfindung des Lippenstifts einen der wichtigsten Beiträge zur Schönheit der modernen Frau geleistet – und das ganz allein, bei sich zu Hause auf dem Wohnzimmerfußboden. Abgesehen davon ist sie auf dem Teppich geblieben und hat ihre eigene Wohltätigkeitsorganisation gegründet, um Frauen rund um den Globus zu unterstützen. »Ich fühle mich sehr privilegiert, meinen Aha-Moment in Amerika gehabt zu haben, wo man auch als Frau die Freiheit hat, ein eigenes Unternehmen zu gründen«, sagt sie. Große Worte einer wahrlich großartigen Frau.

Das Spiel zu spielen wissen

Wie die meisten Frauen wusste Norma Jeane ihre weiblichen Reize jederzeit auszuspielen. Marilyn Monroe war für sie eine Kunstfigur, die sie selbst erschaffen hatte.

In New York sagte sie einmal zu einer Freundin: »Ich kann jederzeit einen Rollkragenpulli überziehen und ohne Make-up aus dem Haus gehen, ohne dass das jemandem auffällt. Soll ich es dir vormachen?« Genau das tat sie dann auch.

Der Filmproduzent Lawrence Schiller sagte einmal über sie: »Marilyn war eine echte Schauspielerin. Das dumme Blondchen war bloß eine Rolle, in die sie je nach Bedarf schlüpfte. Ich weiß noch, wie ich einmal mit ihr vom Parkplatz zu ihrer Garderobe lief. Sie hatte eine übergroße schwarz-weiße Strickjacke an. Sie sprach sehr leise, und wir unterhielten uns darüber, was sie am Nachmittag noch so alles vorhatte. Da bogen ein paar Typen um die Ecke und liefen uns entgegen. Mit einem Schlag wurde sie zur Marilyn Monroe, dem dummen Blondchen, ihre Haltung und ihr Gesicht veränderten sich. Als die Männer an uns vorbeiliefen, drehte sie sich nach ihnen um und warf ihnen ihr berühmtes kokettes Lächeln zu. Sie flirtete hemmungslos mit ihnen, denn sie wusste genau, die Kerle wollten ›Marilyn Monroe‹ sehen.«

Ein bezaubernder Hauch von nichts

In Sachen Stil, Benimm und Kleidung gibt sich eine Marilyn ein klein wenig lockerer als eine Jackie, und das gleich auf mehreren Ebenen.

Obgleich ihre Kleidung nahezu perfekt passt, ein Träger scheint ihr immer fast von der Schulter zu rutschen. Und wenn es mal nicht der Fall ist, so hat man stets den Eindruck, es könnte jeden Moment dazu kommen. Auch völlig korrekt und normal bekleidet, beispielsweise in einer Vorstandssitzung, springen einen ihre Kurven förmlich an, selbst wenn sie eine bis oben zugeknöpfte Wolljacke trägt.

Anders als die Jackies unter uns Frauen sind die Marilyns nach wie vor eher selten. Eine echte Marilyn verströmt eine erotisch aufgeladene Atmosphäre. Allein bei ihrem Anblick (eine Augenweide!), selbst wenn sie nur still dasitzt, liegt stets ein leichtes Knistern in der Luft. Jeder in ihrer unmittelbaren Nähe gerät aus dem Lot. Und genau darum geht es. Sogar ihre Frisur ist sexy. Vielleicht hat sie sich die Haare für eine Verabredung am Vorabend frisieren lassen, aber heute, einen Tag danach … einfach umwerfend!

Eine Marilyn trägt Absätze, ganz selbstverständlich und so gut wie immer. Sie hat die wunderbare Angewohnheit, beim Gehen leicht aus den Riemchen zu rutschen. Strumpfhosen trägt sie so gut wie nie, auch nicht bei Minusgraden im Februar, und wenn, dann nur die halterlose Sorte. Sie kauft sie in einer kleinen Edelboutique im siebten Arrondissement, die sie gerade zufällig entdeckt hat, ausschließlich in Tiefschwarz oder höchstens mal Netzstrumpfhosen, niemals jedoch gemustert oder blickdicht. Wieso sollte sie ihre schönen Beine verstecken? Den ganz großen Auftritt mit Straps, Corsage & Co. schenkt sie aber nur dem einen Mann, den sie wirklich liebt.

Wenn eine Marilyn mal keine High Heels trägt, dann geht sie barfuß, entweder zu Hause oder am Strand von Malibu. Aber nie ohne knallroten Nagellack! Ob solo oder in Gesellschaft, sie gehört zu den seltenen Frauentypen, die allein durch ihre Blicke und Hintergedanken sämtlichen Paradiesvögeln am Strand den Verstand rauben.

Trotz alledem, es ist nichts Ungehöriges an ihr. Marilyn Monroe, das war ein echtes Stück Amerika. Mit ihrer lebensfrohen, sexy, kindlichen, vertrauensseligen Art brach sie die verklemmte Seele des Landes auf. Sie war so aufgeschlossen, so eindeutig, dass sie keinen Zweifel über ihre Absichten ließ. Und das macht am Ende ihren Zauber aus.

> *»Marilyn ist nicht irgendein Star, sie ist einzigartig. (…) Sie schafft es, dass ein Mann stolz darauf ist, ein Mann zu sein.«*
>
> Clark Gable

SITTENSTRENG – IRGENDWIE

Die typische Jackie ist immer »angemessen«. Das haben wir bereits festgestellt. Wer zu einem Empfang geladen ist, zu einem Geschäftsessen oder anderen wichtigen Terminen muss, der hat sie gern an seiner Seite. Aufgrund ihrer umfassenden Kenntnisse und Erfahrung weiß sie stets zu präsentieren.

Spricht sie französisch? Natürlich! Und zwar besser als jeder andere. Kann sie reiten? Aber klar doch! Traut sie sich irgendwo am Ende der Welt, wo man jemanden wie sie noch nie gesehen hat, in eine Spelunke und trinkt Bier aus der Flasche? Selbstverständlich! Obendrein schwingt sie noch das Tanzbein. Das Beste an einer Jackie ist, dass sie die Dinge nimmt, wie sie kommen. Ob ein Kleid von Valentino oder Jeans mit T-Shirt – sie trägt das eine wie das andere gewohnt souverän.

Eine echte Jackie lässt sich außerdem niemals in die Karten schauen. Ihr Spiel in vertrauter Runde hat etwas von leiser Ironie, von stummem Sarkasmus. Auf diese Weise ist sie eine ebenso großartige Schauspielerin wie Marilyn. Von der echten Jackie ist das berühmte Zitat überliefert: »Sex ist schlecht, weil er die Kleidung zerknittert.« Man kann ziemlich sicher sein, dass das ein guter Witz von ihr war.

Aber wie ist sie denn nun im Bett? Unvergesslich. Wahrscheinlich weil alles möglich ist, wenn sie einem erst mal vertraut. Wie die meisten Frauen ist auch für sie Sex gleichbedeutend mit Liebe. Trotzdem ist sie nicht leicht herumzukriegen. Sie ist stolz, wie es sich für eine echte Löwegeborene gehört. Sie erwartet, anständig behandelt zu werden, denn das ist sie sich wert. Eine echte Jackie würde zwar kein Wort darüber verlieren, aber wehe, man ignorierte sie oder vergäße ihr Weihnachtsgeschenk. Dann wird es einige Mühe kosten, um ihr Vertrauen zurückzugewinnen. Und bis dahin ist sie längst weg.

Macht über die Männer

Jackie mag zwar von den beiden Frauen die gesellschaftlich akzeptablere (was in der damaligen Zeit sehr viel galt) oder die mit der besseren Schulbildung (dito) gewesen sein, Marilyn aber beherrschte die Männerwelt (sexuell, emotional, psychisch). Manch einer sagt, dass es allein auf die Kontrolle über das andere Geschlecht ankomme, aus der sich dann alle weiteren Erfolge ergeben.

»Es macht mir nichts aus, mit Glamour und Sex belastet zu sein. Aber was damit einhergeht, kann zur Last werden. Schönheit und Weiblichkeit, genauso wie Glamour, sind zeitlos und können nicht künstlich erzeugt werden. Nicht der echte Glamour – denn er beruht auf Weiblichkeit. Für mich ist einzig und allein die natürliche, spontane Sexualität attraktiv. Wir werden alle als sexuelle Geschöpfe geboren – Gott sei Dank! –, aber viele verachten und unterdrücken diese natürliche Gabe, und das ist schade. Aus ihr kommt die Kunst, die wahre Kunst … letztlich alles.«

Marilyns Macht erwächst aus einer grundlegenden Tatsache: Sie konnte einem Mann in die Augen sehen, lächeln (oder auch nicht, ganz egal) und bekam, was sie wollte. Und das wusste sie. Ihre verführerische Macht, ihr unbedingtes Verlangen, geliebt zu werden, wirkte allerdings auch beim weiblichen Geschlecht. Ihre erste Schauspiellehrerin Natasha Lytess himmelte Marilyn jahrelang an, sie bekundete sogar ihre Liebe und war wie besessen von ihr. Gleiches gilt für Paula Coach, eine andere Schauspiellehrerin, sowie ihre Haushälterin Eunice Murray.

Weil sie es nicht anders kannte, befürchtete Marilyn, dass ihr diese Macht mit zunehmendem Alter verloren gehen könnte. Aber das geschah nie, mit 30 nicht und auch danach nicht. Schließlich ist die Schönheit zwar ein großer Teil von Marilyns sexueller Energie, aber sie ist nicht alles.

Im Unterschied zu Jackie brauchte Marilyn immer Publikum. Sie war darauf angewiesen, gesehen und erkannt zu werden. Sie wollte auf Biegen und Brechen ihrer Herkunft entfliehen, nicht um anonym zu leben, sondern um hervorzutreten und sich einen Namen in der Welt zu machen. »Liebt mich«, schien sie immerzu zu rufen. Im Unterschied zu Jackie brauchte Marilyn auch ihre Arbeit. Ebenso war sie darauf angewiesen, einem breiten Publikum bekannt zu sein – letztlich war es das Einzige, was zählte. Und dennoch war ihr all das nie genug.

Jackies Macht über die Männer

Wie machte sie das bloß? Wie konnte sie diese enorme Macht erlangen? Nun denn, sie mochte Männer, was ein riesiger Vorteil ist. Sie wusste zudem, dass sie einen Gewinn für den Mann, der sie an seiner Seite hatte, darstellte. Außerdem hatte sie das besondere Geschick einer Kurtisane: Wenn Sie einem in die Augen sah und zuhörte, dann gab es nichts anderes im Raum. Sie hörte zu. Nahm teil. Fast immer wusste sie auch viel später noch, was man ihr erzählt hatte.

Wie die meisten cleveren Ehefrauen war sie ausgesprochen aufmerksam und einfühlsam. Als Jackie im Auftrag des *Washing-*

ton Times-Herald 1953 nach London reiste, um als Fotoreporterin bei der Krönung von Königin Elizabeth II. dabei zu sein, war sie bereits seit einem Jahr mit John F. Kennedy liiert, aber noch nicht verlobt. Trotzdem brachte sie ihm einen Koffer voll mit seltenen Büchern mit, was sie 100 Dollar Gepäckaufschlag kostete (damals eine Menge Geld), nur um ihm eine Freude zu bereiten.

Ähnlich verhielt sie sich in ihrer zweiten Ehe mit Onassis. Sie wusste, dass er völlig verrückt nach dem Schokokuchen von Duncan Hines war. Klar hatte er auf Skorpios, seiner Privatinsel, einen französischen Koch, aber dessen Künste reichten nicht an den Geschmack des Originals heran. Daher sorgte Jackie dafür, dass stets genügend Kuchen vorrätig war, den sie eigens aus New York einfliegen ließ.

Es ist der aufmerksame Sinn für Details, für die kleinen Freuden im Leben, auf die es ankommt. Und darauf verstand sich Jackie meisterlich.

Auf der anderen Seite hatte Jackie nicht viele Freundinnen. Nach dem Besuch sowohl einer reinen Mädchenschule als auch eines reinen Mädchen-Colleges waren ihr Frauengrüppchen später ein Graus. Sie konnte sie nicht ausstehen, und sie gingen ihr schlicht auf die Nerven.

Die Jackie von heute muss gut aufpassen, denn sie zieht dank ihrer starken Ausstrahlung jede Menge Verehrer an. Das weiß sie. Und das gefällt ihr. Deshalb zieht sie Männer vor.

Alle Männer wollen nur das eine!

Die Marilyn von heute hat Sex. Viel Sex. Und jede Menge sexuelle Energie. Daher kann sie sich kaum retten vor Verehrern. Wer sie kennenlernen durfte, dem geht sie nicht mehr aus dem Kopf, der hofft und betet, ihr irgendwann wieder zu begegnen. Unvergessen sind ihr Parfüm, ihre Haare, ihr Kleid und ihre Worte, und zwar jedes einzelne, das sie von sich gab. Sie hingegen erinnert sich in der Regel hinterher nicht an ihn.

Einige Frauen schwärmen ebenfalls für sie, dennoch tut sie so, als würde sie es nicht bemerken, denn sie will sich damit nicht aufhalten.

Nebenbei bemerkt, die Menschen neigen dazu, von ihrer Leidenschaft für Marilyn deutlich besessener zu sein als von ihrer Leidenschaft für Jackie. Das war übrigens schon immer so. Männer tun oft verrückte Dinge, um ihre Aufmerksamkeit zu erheischen: Sie schreiben Gedichte (auch wenn sie es gar nicht können), laden sie nach London zu einer Matinee ein oder schenken ihr einen Hundewelpen.

Natürlich weiß eine Marilyn, dass alle Welt verrückt nach ihr ist, und dennoch hat sie manchmal das Gefühl, dass es nicht wirklich etwas mit ihr zu tun hat, wenn die Männerwelt ihr nachläuft. Sie schiebt es vielmehr auf die von ihr erschaffene Kunstfigur und die Rolle, die sie nach Belieben spielt. Aber sie kennt es seit frühester Jugend nicht anders.

In Gesellschaft von Frauen und Schwulen fühlt sich eine Marilyn meist pudelwohl, denn die wollen nichts von ihr. Kinder liebt sie sehr. Genau wie Tiere, für die sie sich gerne beim Tierschutzbund engagiert. An einem Zoogeschäft kann sie kaum vorbeigehen, denn am liebsten möchte sie all die süßen kleinen Welpen im Schaufenster gleich mitnehmen.

Ein ganzer Haufen an Männern ängstigt sie eher.

Welcher Typ sind Sie?

Um sich selbst einordnen zu können, müssen Sie sich klarmachen, dass Jackie an Sex nicht minder Spaß hatte als Marilyn, auch wenn die beiden mit ihren Reizen sehr unterschiedlich umgingen.

Letztlich gilt: Lassen Sie sich vom ersten Eindruck nicht täuschen, sondern werfen Sie einen Blick hinter die Kulissen. Die Marilyn von heute kann durchaus an einer Elite-Uni studieren. Genauso gut kann die stets auf Etikette bedachte Jackie bei Starbucks jobben.

Auf das Wesentliche kommt es an

Keine Frage, Sexappeal ist nicht definierbar, aber für Jackie und Marilyn gehören die folgenden Punkte einfach dazu.

Die Stimme

Sowohl Jackie als auch Marilyn redeten mit gedämpfter, wohlklingender Stimme, egal ob in der Öffentlichkeit oder vor der Kamera. Freunde von Jackie erzählen, dass ihre »echte« Stimme dunkel und fast ein bisschen männlich geklungen habe. Als sie Jackie bei einem offiziellen Abendessen kennenlernte, berichtete eine Freundin, sei sie erstaunt gewesen, wie geradeheraus und offen sie war. Die feenhafte, etwas atemlose Stimme ergab sich aus ihrer Scheu, in der Öffentlichkeit zu sprechen. Einen guten Eindruck von ihrer wirklichen Stimme bekommt man übrigens, wenn man sie in einer Fremdsprache reden hört, etwa Französisch oder Spanisch.

In ähnlicher Weise war Marilyns Filmstimme im Grunde eine Fälschung. Wie Lawrence Schiller feststellte, fiel ihre Stimme »ein bis zwei Oktaven tiefer aus«, als man es erwartet hätte. Ihre Filmstimme klangt beinahe unwiderstehlich: hingehaucht, träge, von leichter Unsicherheit geprägt. Selbst wenn sie nur einen Kaffee bestellte, klang es wie ein hingehauchtes süßes Versprechen.

Der Gang

Die Stimmen der beiden waren ähnlich, der Gang allerdings unterschied sich sehr. Während Jackie in ihrer Funktion als First Lady wie eine Geisha fast unmerklich durch die Zimmer des Weißen Hauses zu gleiten schien und dabei nur wenig von sich preisgab, hatte sie als Privatperson in den Jahren davor einen sehr forschen, athletischen Gang. Marilyn dagegen, die häufig mehrere Stunden zu spät kam, legte jedes Mal einen großen Auftritt hin, wenn sie einen Raum betrat, und war stets sehr darauf bedacht, dass ihre Kleidung ihre weiblichen Reize unterstrich.

Jackie gab sich bedeckt. Marilyn zeigte, was sie hatte.

Worte sind mächtig

Jackie, die sich in diesem Punkt vermutlich eine Scheibe von Marilyn in *Manche mögen's heiß* abgeschnitten hat, nahm sich heraus, den mächtigsten Männern dieser Welt, die zumeist älter und es gewohnt waren, dass alle Welt nach ihrer Pfeife tanzte, die ungehörigsten Dinge an den Kopf zu werfen. Als sich das Ehepaar Kennedy 1961 zum politischen Gipfel in Wien einfand und dort auf Nikita Chruschtschow traf, sagte dieser: »Ich möchte zuerst *ihr* die Hand geben.« Später, beim offiziellen Abendessen, unterhielt sich Jackie mit Chruschtschow und sagte mittendrin: »Ach Herr Premierminister, langweilen Sie mich bitte nicht mit albernen Statistiken.«

Eine Jackie weiß, mit einem Lächeln in der Stimme kann man die ungehörigsten Dinge aussprechen – weshalb sie sich mit einer E-Mail oft großen Ärger einhandeln kann, da den Worten der Ton fehlt.

Jackies Geheimnisse – schon gewusst?

Wie man gemeinhin weiß, war John F. Kennedy kein besonders guter Liebhaber. Ari dagegen schon!

Marilyns Geheimnisse – schon gewusst?

Marilyn wusste, dass ein Mann das Herz einer Frau nur durch Humor erobern kann, denn sie sagte: »Wer eine Frau zum Lachen bringt, der bringt sie auch zu allem anderen.«

FLIRTEN

»Keine ernsten Absichten, aber immer offen …«

MM auf die Frage, ob sie gerade verliebt sei

»Jackie hatte mehr Männer pro Quadratzentimeter als jede andere Frau, die ich je gekannt habe.«

Jackies Privatsekretärin Letitia Baldridge

Jackie und Marilyn trieben beide ihre Spielchen mit den Männern, wenn auch auf unterschiedliche Weise. »Marilyns vermeintliche Hilflosigkeit war ihre größte Stärke«, sagte Arthur Miller einmal. Jackie verstand sich ebenfalls auf die Nummer des kleinen, hilflosen Mädchens, wenn auch nicht in demselben Maße wie Marilyn.

Ihr Vater vergötterte sie und gab ihr bewusst das Gefühl, etwas ganz Besonders zu sein. Unter anderen erteilte er ihr Ratschläge für die Partnersuche und redete ihr ein, dass »alle Männer Ratten« seien. Marilyns Vater hingegen war nicht greifbar, und so schulte ihre schwierige Kindheit sie für ihr späteres Leben, in dem es ihr unmöglich war, den Männern nicht schönzutun. In der Rolle des anrührend hilflosen Mädchens törnte sie die Männer an und genoss die Macht, die sie dabei hatte.

Beide Frauen fühlten sich zu mächtigen Männern hingezogen, und beide fanden mächtige ältere Beschützer: Marilyn wurde von Hollywoods einflussreichstem Agenten Johnny Hyde entdeckt, und Jackie wusste den Patriarchen Joseph P. Kennedy hinter sich. Marilyn war dreimal verheiratet, mit James Dougherty, Joe DiMaggio und Arthur Miller, Jacqueline Kennedy Onassis zweimal, mit John F. Kennedy und Aristoteles Onassis, der 23 Jahre älter war als sie. Man munkelt, sie habe ihn ihrer Schwester Lee Radziwill weggeschnappt, die vorher mit ihm zusammen war. (Einer berühmt-berüchtigten Anekdote nach soll Janet Auchincloss auf der Suche nach ihrer Tochter Lee einmal völlig aufgelöst in die Suite von Onassis im Londoner Claridge's Hotel gestürmt sein. Der Reeder, in einen Bademantel gehüllt und eine Zigarre im Mund, fragte in aller Seelenruhe: »Und wer ist Ihre Tochter?« »Prinzessin Radziwill!«, schnaubte Mrs Auchincloss. »Wenn das so ist, Madam«, sagte Onassis, »die ist gerade gegangen.«)

Nach dem Tod von Aristoteles Onassis hatte Jackie eine langjährige Beziehung mit dem amerikanischen Diamantkaufmann Maurice Templesman.

Für die Jackies und Marilyns von heute kommt es vor allem darauf an, das richtige Maß in der jeweiligen Situation zu finden. Mal ist es vorteilhafter, eher wie Jackie zu sein, zum Beispiel beim Antrittsbesuch bei der Schwiegermutter in spe, dann wieder ist es besser, 100-prozentig wie Marilyn zu sein, beim dritten Date etwa, wenn sich entscheidet, wie es weitergeht.

Jedenfalls gibt sich weder eine Jackie noch eine Marilyn als schüchternes Mäuschen, wie es *Er steht einfach nicht auf Dich* vorschlägt. Marilyn und Jackie behielten stets die Oberhand über das andere Geschlecht, ganz egal mit wem sie gerade verkehrten – ob Regisseur, verheirateter Mann oder Nikita Chruschtschow.

Bisher haben wir bereits zwei Faktoren erörtert, die den Reiz von Jackie und Marilyn ausmachen – Sex und Schönheit. Intelligenz wäre übrigens der dritte, nur falls Sie sich jetzt wundern. Doch Sex und Schönheit spielen bei Männern die Hauptrolle, wenn es um knisternden Spaß, Flirts und Liebesabenteuer geht.

GOLDENE DATING-TIPPS

Jackie und Marilyn kannten so ziemlich jeden, den es in der zweiten Hälfte des 20. Jahrhunderts zu kennen galt. Egal wer und egal woher – ob aus Paris, London, Skorpios oder Dublin –, die beiden waren mit ihm bekannt, befreundet, gingen mit ihm aus, arbeiteten mit ihm, bewunderten ihn, poussierten mit ihm, schliefen mit ihm, waren mit ihm verlobt und/oder verheiratet.

Winston Churchill? Ja. Bill Holden? Ja. Hubert de Givenchy? Walter Winchell? Darryl Zanuck? Marlon Brando? Der Maître de Plaisir im New Yorker Stork Club? Die Kennedys? Joe Di Maggio? Truman Capote? Ja, ja, ja! Und da Jackie länger lebte als Marilyn, kommen bei ihr noch Valentino, Bill Clinton, Mikhail Barischnikow, Mick Jagger und Deepak Chopra hinzu.

Aber was heißt das nun für Sie, liebe Jackies und Marilyns von heute? Nun ja, zuallererst heißt es nichts wie raus aus dem Haus. Gehen Sie unter Leute! Es kommt nicht darauf an, was Sie tun – ob Sie reisen oder eine Freundin oder einen Freund zum Essen einladen –, Hauptsache, Sie unternehmen etwas. Wer weiß, was Sie alles erleben werden!

Flirten Sie, was das Zeug hält! Die Jackies und Marilyns von heute können gar nicht anders, als anderen den Kopf zu verdrehen. Mit ihrer bezaubernden Art wirken sie auf so ziemlich jedes menschliche Wesen ansprechend – egal ob Mann oder Frau, ob Alt oder Jung.

Die Welt ist eine Bühne, und sobald Marilyn aus der Tür tritt, beginnt sie zu spielen. Machen Sie es ebenso! Jeder Tag ist eine neue Aufführung. Jeder Augenblick steckt voller romantischer Möglichkeiten. Wenn eine Marilyn an einer Baustelle vorbeigeht, und keiner pfeift ihr nach, dann hat sie etwas falsch gemacht. Sie weiß, dass Männer visuelle Wesen sind, die auf ihren Anblick automatisch reagieren, warum auch immer. Aus Marilyns Sicht ist das völlig in Ordnung, schließlich ist das Leben hart genug. Wenn es da jemandem gelingt, andere zum Lachen zu bringen oder aufzuheitern, dann ist das immer eine schöne Sache.

Zu Großmutters Zeiten nannte man so etwas Charme. Glauben Sie mir: Charme funktioniert auch heute noch. Aber bitte nicht gleich übertreiben, denn richtig Flirten will gelernt sein. Lassen Sie sich am besten von dem Film *Der Prinz und die Tänzerin* inspirieren, in dem es Marilyn vortrefflich gelingt, den grantigen Laurence Olivier mit ihrem Charme ein ums andere Mal aus der Fassung zu bringen.

Jackie hingegen witzelte mit den Männern, trieb ihren Ulk und frotzelte mit ihnen, und zwar trotz ihres staatsmännischen Erfolgs und ihrer Macht. 1957 hatte Aristoteles Onassis Senator Kennedy samt Gattin auf seine Yacht eingeladen, wo sie Winston Churchill trafen, eines der Idole von John F. Kennedy. Der einstige Premierminister war bereits recht betagt und schien den Amerikaner zu ignorieren oder nicht genau zu wissen, wen er da vor sich hatte. Am Ende des Abends war Kennedy unzufrieden, da er es nicht geschafft hatte, mit seinem Idol in Kontakt zu treten. »Vielleicht hat er dich für einen Kellner gehalten«, witzelte Jackie in Anspielung auf seinen weißen Smoking.

Heiß umschwärmt. Ob ein 70-jähriger eingefleischter Junggeselle, ein Modedesigner, ein alternder Gigolo oder der 17-jährige Lieferant aus dem Fleischerladen unten im Haus – na und? Ob verheiratet, liiert oder Single – was Sie wollen, ist männliche Energie. Die macht Sie glücklich und hält Sie auf Trab, ob nun bei einem Fußballspiel, im Karneval oder im Fitnessstudio.

Grundsätzlich gilt: Die Marilyn von heute geht morgens aus dem Haus, und der Tag gehört ihr! Vergessen Sie teure Feuchtigkeitscremes oder zweifelhafte Schönheitsoperationen. Wie lautet ein schönes französisches Sprichwort? *Elle doit être amoureuse, elle a arrêté de porter la fondation* – Sie muss verliebt sein, sie braucht kein Make-up mehr. Und noch etwas: Viele Verehrer zu haben hält jung und auf Trab. Das war bereits Jackie und Marilyn durchaus bewusst.

Nichts verraten. Mit wem Sie sich verabreden, geht niemanden etwas an. Halten Sie sich also taktvoll zurück und üben Sie vornehme Diskretion. Was auch immer die Presse berichtete, Marilyn sprach von Joe DiMaggio und Arthur Miller (ihre Ehemänner Nummer zwei und drei) stets als »Mr DiMaggio« und »Mr Miller«. Auch Jackie war noch mit John Husted liiert, als John F. Kennedy ihr bereits den Hof machte. »Glaub nicht alles, was du über Jack Kennedy hörst«, beteuerte sie gegenüber Husted.

Geben Sie sich geheimnisvoll. Das tut niemandem weh und Ihrer Beziehung keinen Abbruch. Darauf kommt es am Ende nämlich an, nicht wahr?

Willst du gelten, mach dich selten. Bekommen Sie nicht die gewünschte Aufmerksamkeit, die Sie verdient zu haben glauben, dann ziehen Sie sich zurück und nehmen Sie sich eine Auszeit. Ignorieren Sie seine E-Mails. Sagen Sie ihm, der Akku Ihres iPhone sei leer, oder erzählen Sie ihm sonst irgendetwas. Oder besser noch: Machen Sie sich auf und davon. Verreisen Sie einfach für ein paar Tage!

Ausnahmen bestätigen die Regeln

Nun haben Sie, die Jackies und Marilyns von heute, bereits einige Flirtregeln kennengelernt. Eines aber müssen wir Marilyn lassen: Sie war so begehrt, dass sie selbst keine Regeln brauchte. Sie machte einfach jederzeit, was sie wollte.

Sie gab es sogar selbst zu: »Als ich elf war, tat sich plötzlich die ganze Welt vor mir auf. Alle standen Schlange. Und die ganze Welt lächelte.« Sobald Marilyn aus der Tür trat, liefen ihr die Männer buchstäblich hinterher (was in der heutigen Zeit ein bisschen unheimlich wäre).

Nach der Scheidung von ihrem ersten Ehemann James Dougherty machte sie sich auf nach Hollywood, wo sie als Kleindarstellerin begann und einflussreiche Studiobosse wie Jack Warner, Joseph Schenck oder Produzenten wie Darryl Zanuck auf sie aufmerksam wurden. Auch wenn all die gewichtigen Agenten und Filmstudiobosse ihre Karriere durchaus fördern konnten, verfuhr sie mit jedem, der ihr den Hof machte, nach dem Prinzip »gleiche Chancen für alle«. Ein Reporter des Magazins *LIFE*, der Marilyn zu einem ihrer ersten Interviews im Hotel Chateau Marmont am Sunset Boulevard in West Hollywood traf, erinnert sich, dass plötzlich irgendein armer Kerl mit einem Strauß Rosen in der Tür stand – offenbar einen Tag früher als verabredet. Vielleicht hatte sich aber auch Marilyn im Datum vertan. Jedenfalls überreichte der arme Tropf ihr die Rosen und zog todtraurig wieder von dannen. Und wissen

Sie, was? Er gab nicht auf, sondern stand am nächsten Tag erneut mit einem Strauß Rosen vor der Tür. Eine attraktive Frau kann sich nun mal alles erlauben. Wozu also sich an irgendetwas halten?

Glauben Sie, was er sagt!

Ein Mann wird Ihnen immer erzählen, wer er ist, ebenso welche Position und welche Pläne er hat (insbesondere was Sie angeht). Als kluge Frau hören Sie ihm selbstverständlich zu. Jackie brauchte selten mehr als wenige Sekunden, um die Lage zu erfassen, besondere wenn es um potenzielle Liebhaber ging. Das nutzte sie dann weidlich zu ihrem Vorteil aus.

Nach ihrer Zeit am College hatte sie zunächst eine Liaison mit John Husted. Er war ein netter Kerl. Börsenmakler. Yale-Absolvent. Seine Familie gehörte zur gehobenen Gesellschaft. Außerdem war er ein Freund der Familie, väterlicherseits wie mütterlicherseits. Kurzum: rundherum akzeptabel. Nach wenigen Monaten verlobten sich die beiden, wie es damals üblich war. Kurz darauf erschien die Bekanntmachung in der *New York Times.*

Im Mai 1951, kurz vor der Verlobung, lernte Jackie den jungen Kongressabgeordneten John F. Kennedy kennen. Sie trafen sich bei einer Dinnerparty von Charles und Martha Bartlett, einem mit beiden befreundeten Paar, das seit Monaten versucht hatte, sie zusammenzubringen. Eine Zeit lang fuhr Jackie zweigleisig (behielt es aber selbstverständlich für sich). Sie traf sich auch während ihrer Verlobungszeit mit Husted regelmäßig mit Kennedy und gab den Verlobungsring schließlich zurück. Ihre Mutter schaltete daraufhin eine kleine Auflösungsanzeige in der Zeitung.

Ihr Ex-Verlobter sei zu unreif und zu gesittet für ihren Geschmack, vertraute sie Freunden an. Nun ja, er war eben Börsenmakler. Husted selbst hatte im Nachhinein das Gefühl, dass Jackies Mutter sich zwischen sie gedrängt hatte, da sie immer wieder durchblicken ließ, er verdiene nicht genug, um Jackie ernähren zu können. Dabei war ein Jahresgehalt von 17 000 Dollar in den 1950er Jahren durchaus ein Spitzeneinkommen.

Marilyn dagegen betrachtete ihr amouröses Leben nie derart strategisch, besser gesagt, überhaupt nicht strategisch. Auf den sonntäglichen Pokerpartys im Haus von Joe Schenck, dem Filmboss von 20th Century Fox, lachte und scherzte sie, fühlte sich aber ebenso wohl (wenn nicht sogar wohler) beim Chili-Essen mit einem Kommilitonen aus ihrem Schauspielkurs in einem Imbiss am Times Square.

Marilyn ging ihre Herzensbeziehungen sehr viel weniger planvoll an als Jackie. Mehr als alles andere glaubte sie an die Liebe, und niemals hätte sie ihre Seele verkauft. »Oft reicht es, einfach neben jemandem zu sitzen. Ich muss ihn gar nicht berühren. Nicht einmal mit ihm sprechen. Aber das Gefühl ist da. Das Gefühl, nicht allein zu sein.«

Eine echte Herzensbrecherin

Johnny Hyde war ein einflussreicher Filmagent, mit seinen 53 einige Jahre älter als die 23-jährige Marilyn, als deren Entdecker er gilt. Gut befreundet mit sämtlichen Studiochefs in Hollywood konnte er Marilyns Karriere befördern, was er auch tat. Er finanzierte ihr eine kleine Nasenkorrektur und redete ihr zu, sich die Haare platinblond färben zu lassen. Außerdem verschaffte er ihr Probeaufnahmen sowie einige kleinere Filmrollen und vermittelte ihr einen Vertrag mit 20th Century Fox, die sie zwei Jahre zuvor noch abgelehnt hatten.

Hyde war nicht nur einflussreich und angesehen, sondern auch bis über beide Ohren in Marilyn verliebt. Er bat sie wiederholt, seine Frau zu werden. Vergebens. Sie war schlicht nicht in ihn verliebt.

Hyde flehte sie förmlich an. Eines Tages zog er sogar von zu Hause aus und verließ Frau und drei Kinder, um Marilyn zu zeigen, wie ernst es ihm mit ihr war. Hyde hatte ein Herzleiden und war davon überzeugt, nicht mehr lange zu leben. Er versicherte Marilyn, dass sie als seine Witwe eine reiche Frau wäre und obendrein hoch angesehen in der Filmindustrie. Sie lehnte trotzdem ab. Sie schätze ihn sehr als Freund, das ja. Aber mehr nicht.

Kurze Zeit später starb Joe Hyde an einem Herzinfarkt. Seine Familie stand fest zusammen und verweigerte Marilyn die Teilnahme am Begräbnis. Sie war deshalb am Boden zerstört.

Man kann einen Menschen nicht umkrempeln

Seinen Partner oder Freunde sollte man stets weise wählen. Ein Mann ist kein Auto, man kann ihn nicht neuer und besser machen oder so zurechtbiegen, wie man ihn gerne haben möchte. Gewiss, kleinere Veränderungen sind möglich, etwa eine schicke

Frisur, eine neue Brille oder gute Kleidung. Aber Rücksichtnahme, Anstand, Freundlichkeit, Sinn für Stil oder Humor kann man niemandem im Nachhinein beibringen.

Wenn Sie nicht glücklich sind, ziehen Sie einen Schlussstrich. Hart, aber wahr. Ohne allzu sehr ins Detail gehen zu wollen: Liebe sollte glücklich machen. Sie sollte etwas Schönes sein. Etwas Positives. Das soll nicht heißen, dass es nicht auch mal schwierig werden darf, jedoch bitte nicht schon während der ersten Flirt- und Kennenlernphase. Die sollte rundherum guttun und für Schmetterlinge im Bauch sorgen.

Selbstverständlich ist ein richtiger Waschbrettbauch toll, aber Sie sollten auch auf den Charakter des Mannes Ihrer Wahl achten. Ist er spielsüchtig? Drogenabhängig? Wird er manchmal ausfallend? Beobachten Sie zum Beispiel, wie er im Restaurant mit der Bedienung umgeht. Wird er schnell laut, wenn er mit Ihnen spricht? Zeigt er sich Ihnen gegenüber abschätzig, wenn Sie versuchen, sensible Themen anzuschneiden? Sofern er geschieden ist – wie geht er mit seinen Kindern um? Mit seiner Exfrau? Kommt er seinen Unterhaltsverpflichtungen nach, oder speist er sie mit einem Taschengeld ab?

Das verflixte siebte Jahr – im echten Leben!

»Ehemänner sind hauptsächlich dann gute Liebhaber, wenn sie ihre Frauen betrügen.« MM

Kehren wir zurück auf den Boden der historischen Tatsachen und stellen wir fest, dass sowohl Jackie als auch Marilyn mehrfach Liebschaften mit verheirateten Männern hatten. Jackie machte dies übrigens öffentlicher als Marilyn, obgleich nie während einer ihrer Ehen. Das mag an ihrer Vergangenheit gelegen haben, denn sowohl ihr Vater als auch ihre späteren Ehemänner waren notorische Schürzenjäger. Für die Männer, mit denen Jackie sich nach der Ermordung von John F. öffentlich zeigte, gab es meist nur eine Beschreibung: verheiratet, steinalt, extrem eigen. Es schien sie weiter nicht zu stören, dass viele ihre Begleiter verheiratet waren. So traf sie sich unter anderem mit Mike Nichols, Peter Duchin, Gianni Agnelli oder Frank Sinatra. Ihre Beziehung zu Ros Gilpatric, dem zweiten Verteidigungsminister unter Kennedy, wurde bekannt, als ein Liebesbrief von ihr an ihn der Presse zugespielt wurde. Pikanterweise schrieb sie ihm aus den Flitterwochen mit Aristoteles Onassis und versuchte ihm ihre gerade erfolgte Heirat mit Ari zu erklären, die sie nach Möglichkeit geheim halten wollte. Gilpatrics dritte Ehefrau Madelin reichte daraufhin prompt die Scheidung ein.

Und Marilyn? Nun ja, sie war Marilyn Monroe, die wohl

begehrteste Frau der Welt. Damals wie heute. Die Männer lagen ihr zu Füßen, und sie hatte sie alle: von T. S. Eliot über Orson Welles, Yves Montand (ihren Filmpartner aus *Machen wir's in Liebe*) und Arthur Miller bis hin zu John F. und dessen Bruder Robert F. Kennedy.

»Wie soll so etwas heute funktionieren?«, fragen Sie sich womöglich. Ganz einfach: Für echte Jackies und Marilyns gibt es nur wenige Regeln einzuhalten, wenn es um Liebesdinge geht: Blumen für ihn? Klar, warum nicht. Sex beim ersten Date? Sex beim 70. Date? Alles völlig egal.

Nur eines ist ganz und gar nicht egal: Lassen Sie sich niemals auf einen verheirateten Mann ein, genauso wenig wie Männer sich auf eine verheiratete Frau einlassen sollten.

Übrigens haben Sie ganz allein in der Hand, ob Sie etwas Ernstes suchen oder nicht. Sie sind der Boss. Daran gibt es nichts zu rütteln. Da draußen im großen Meer schwimmen viele tolle Hechte, das wissen Sie als Jackie oder Marilyn von heute ganz genau. Sie müssen sich nur einen davon angeln. Tolle, attraktive, einfach wunderbare Männer, die ganz verrückt sind nach einer so fabelhaften Frau wie Ihnen, gibt es zuhauf. Sollte einer davon wider Erwarten verheiratet sein, dann sollte er sich für Sie ins Zeug legen und sich scheiden lassen, bevor Sie ernsthaft mit ihm anbändeln. Sie jedenfalls spielen nicht mit. Sie wollen keine Familie zerstören.

Falls doch, so bedenken Sie bitte, welch schweres Päckchen Sie sich mit einer solchen Entscheidung aufladen.

Jackies Dating-Tricks

Von frühester Jugend an stellte Jackie ihr Licht unter den Scheffel, wenn sie mit einem Mann zusammen war. Hatte man den jungen Mädchen in den 1950er Jahren ein solches Verhalten anerzogen, um einen potenziellen Bräutigam nicht zu verschüchtern? Jackie war nicht nur attraktiv, sondern auch klug und hatte laut *Time Magazine* fast schon Angst davor, ihre Freunde damit zu vergraulen. Daher verbarg sie ihre Intelligenz hinter der unschuldigen Maske eines Schulmädchens.

Jonathan Isham, ein Angehöriger der feinen Gesellschaft und ein Freund von Jackie, erinnert sich: »Sie war so viel klüger als die meisten Menschen um sie herum, ließ sich das aber nie anmerken. (…) Bisweilen wirkte sie gar kindlich naiv. Purer Selbstschutz. Einmal nahm ich sie mit zum Football, zur Yale Bown, und als nach vier Downs automatisch ein Ballwechsel stattfand, meinte sie: ›Warum bekommen die denn jetzt den Ball?‹ Ich sagte daraufhin bloß: ›Komm schon, Jackie. Tu nicht so.‹ In Wirklichkeit wusste sie vermutlich mehr über Football als ich.«

John F. Kennedy, der ebenfalls nicht auf den Kopf gefallen war, merkte schnell, wie gebildet und intelligent Jackie war, und fühlte sich nicht zuletzt auch deshalb von ihr angezogen. Aber leicht machte sie es ihm nicht. Ein Freund Kennedys sagte einmal, Jackie hebe sich von allen anderen seiner bisherigen Freundinnen deutlich ab: »Sie war keine von diesen lauten Cheerleadern. (…) Jackie hatte Klasse.« Seiner Sekretärin Anne Lincoln fiel auf, dass er stets Jackie anrief und sie um ein Rendezvous bat, nie umgekehrt.

Was gar nicht geht …

Die drei großen Tabus

1. **Drogen-/Alkoholmissbrauch**
2. **Entwürdigendes Verhalten** Dazu gehört, dass er Sie vor anderen herunterputzt oder zurechtweist, Sie betrügt und hintergeht, dass er Sie respektlos behandelt, unverhohlen nach anderen Frauen schielt und auf sexuellen Praktiken besteht, die Ihnen nicht behagen.
3. **Unehrlichkeit** Lügen. Nicht Wort halten. Das Leben ist offen gestanden viel zu kurz, um sich mit derlei aufzuhalten. Wenn er sich schwertut und ständig um den heißen Brei herumredet, ist das eine Sache. Etwas ganz anderes aber ist es, wenn er nicht ansatzweise ehrlich zu Ihnen ist oder immer wieder Versprechungen macht, die er von vornherein nicht halten wollte.

Die unverzeihlichen Faux-pas:

- **Er vergisst Ihren Geburtstag** Als Löwegeborene war Jackie ihr Geburtstag sehr wichtig. Es war »Weihnachten im Juli«. Offen gesagt vermögen wir uns gar nicht vorzustellen, dass man den Geburtstag seiner Liebsten vergessen kann, aber wenn es tatsächlich der Fall sein sollte … dann adieu!
- **Er ist gemein zu Ihrem Hund** Dieses Vergehen steht auf einer Ebene mit dem vergessenen Geburtstag. Wenn es nicht gar schlimmer ist. Adieu! Auf Nimmerwiedersehen!
- **Er gibt kein Trinkgeld oder behandelt Personal schlecht** Selbst in den harten Anfangsjahren ihrer Karriere gab Mari-

lyn immer Trinkgeld. Machen Sie es ebenso, auch wenn er keines gibt … Und dann adieu!

- **Echte Flirtkiller** Voreingenommenheit, Kleinkariertheit, Schwarzseherei, Verdrossenheit, Katzenjammer, Streitlust, aus allem und jedem ein Drama machen. Drama Queens müssen nicht sein.

Alle unsere zwischenmenschlichen Beziehungen, egal ob zu unserer Mutter, zum Fleischer, Fitnesstrainer, Steuerberater oder Friseur, sollten erbaulich und positiv sein. Wenn nicht, sollten Sie sie überdenken und gegebenenfalls beenden (was im Falle von Eltern oder engen Verwandten zugegebenerweise schwierig sein dürfte).

Solange *Mr Negativ* Ihnen Zeit und Energie raubt, werden Sie *Mr Right* nicht finden. Darum lautet die eigentliche Frage für alle echten Jackies und Marilyns: »Wieso wollen Sie Ihr wunderbares Leben mit so einem Typen vergeuden?« Oder glauben Sie wirklich, dass Sie Ihre umwerfende Ausstrahlung behalten, wenn Sie sich dauerhaft mit negativer Energie umgeben? Eben!

Meisterin der Konversation

Bei ihren Dates erzählte Jackie kaum etwas über sich, da sie wusste, dass Männer gerne über sich reden und eine Frau, die sie dazu ermutigt, für eine großartige Gesprächspartnerin halten. In ihrem »Waffenschrank« barg Jackie deshalb zwei Geheimnisse, die auch heute noch anwendbar sind:

Erstens: Richten Sie alle Aufmerksamkeit auf Ihr Gegenüber,

hören Sie ihm zu und geben Sie ihm das Gefühl, er sei der einzige Mensch im ganzen Universum. Verführungskünstler wie John F. Kennedy, Pamela Harriman, Peter Duchin und Bill Clinton wussten diese Waffe mit durchschlagender Wirkung einzusetzen.

Zweitens: Jackie beachtete jedes einzelne Wort, das jemand sagte, und nutzte selbst die leichteste Unterhaltung, um sich ein Bild von ihrem Gesprächspartner zu machen.

Also aufgepasst, was Sie von sich geben, meine Herren, denn die Jackie von heute merkt sich alles und kommt zu gegebener Zeit (wenn es sein muss) darauf zurück. Keine Sorge, sie platzt nicht einfach mitten in einem Streit damit heraus oder fängt damit an, wenn Sie nach einem anstrengenden Tag nach Hause kommen. Dafür ist sie viel zu nett und viel zu klug! Und dennoch ist eine Jackie wie ein kleines Mädchen: ein kleines Versprechen, eine beiläufige Bemerkung … und sie merkt es sich für immer!

Jackie oder Marilyn – Schnelltest

Marilyn-Schnelltest: Der Mann sagt als Erster: »Ich liebe dich.« Ohne Ausnahme.

Jackie-Schnelltest: Das Spiel zwischen Mann und Frau ist für Sie das faszinierendste überhaupt. Nicht nur deshalb beherrschen Sie es meisterlich.

Wie schreibt man einen Liebesbrief?

Die Jüngeren unter Ihnen können es sicher kaum glauben, aber zu Zeiten von Jacqueline Kennedy und Marilyn Monroe gab es genau drei Möglichkeiten, um mit jemandem in Kontakt zu treten und ihn wissen zu lassen, was gerade so los ist.

Möglichkeit eins: **Das Telefon.** Wenn man nicht gerade ein Ortsgespräch führte, war Telefonieren sehr teuer. Zudem gab es in jedem Haushalt normalerweise nur ein Telefon. Man griff nicht alle drei Minuten zum Hörer, um jemanden wegen irgendwelcher Belanglosigkeiten anzurufen, etwa um die neueste Folge von *DSDS* zu diskutieren. Führte man ein Ferngespräch, verhieß das normalerweise nichts Gutes, sondern höchstens, dass jemand im Koreakrieg gestorben oder eingezogen worden war.

Möglichkeit zwei: **Das Telegramm.** Das verhieß zumeist ebenfalls schlechte Neuigkeiten. Ein Telegramm wurde normalerweise persönlich von einem Mitarbeiter der Post überbracht.

Möglichkeit drei: **Der Brief oder die Postkarte.** Der langen Rede kurzer Sinn: Wollte man sich damals mit jemandem treffen, galt es, gut zu planen, sich fest zu verabreden und nicht ständig alles wieder über den Haufen zu werfen. Wenn man also unpünktlich war, der Zug Verspätung hatte, man keine Lust oder eine Verabredung »vergessen« hatte, dann konnte es passieren, dass der andere stundenlang wie auf glühenden Kohlen saß. Oder man verpasste sich, weil einer von beiden am falschen Treffpunkt wartete. Oder er/sie traf während der ganzen Warterei eine/n andere/n und verliebte sich in die/den – was für praktisch jede Liebesschnulze in den 1940er Jahren eine gute Drehbuchvorlage abgab.

Dass Jackie eine leidenschaftliche Briefeschreiberin war, dürfte wohl kaum verwundern. Aber nicht nur sie, sondern auch Marilyn griff gerne zum Briefpapier. Selbstverständlich verwendeten beide nur exklusives Papier. Marilyns Prägelogo auf Briefkopf und Rückseite des Kuverts bestand lediglich aus ihrem Namen (und dem Zusatz »weltberühmte Schauspielerin«). Jackie hingegen ließ ihre vollständige Adresse aufdrucken: 3307 N Street, Washington, D. C.; 1095 North Ocean Boulevard, Palm Beach, Florida; The White House.

Beide schrieben ihre Briefe per Hand. Marilyn, die es gewohnt war, Autogramme zu geben, hatte eine sehr dynamische Handschrift, Jackie hingegen hatte die kultivierte, nach links geneigte Schrift eines wohlerzogenen Schulmädchens (wie man es auch von Diana Vreeland, Babe Paley oder Prinzessin Diana kennt).

Beide waren originelle Briefeschreiberinnen, erzählten von täglichen Geschehnissen in sehr einfühlsamer oder gar humorvoller

Weise. Jetzt mal ehrlich: Wir hätten alle gerne einen Brief von Jackie oder Marilyn bekommen und ihn ganz bestimmt aufgehoben – was die meisten Empfänger getan haben.

Aber zurück zur Ausgangsfrage: Wie schreibe ich einen Liebesbrief à la Jackie oder Marilyn?

Nun gut. Mein spontaner Rat lautet: Vergessen Sie Handy, E-Mail, Twitter und endlose Chats. Stecken Sie alles, was über zwei Sätze hinausgeht, in ein Kuvert und ab damit auf die Post. Damit sind Sie garantiert ganz weit vorn.

Schreiben Sie leserlich, und beenden Sie Ihren Brief in bester Marilyn-Manier mit Ihrem schwungvoll geschriebenen Namen. Legen Sie alles Herzblut hinein – als wären Sie ein echter Hollywood-Star. Erwecken Sie stets den Anschein, als wäre es das Selbstverständlichste der Welt, als hätten Sie Übung darin. Bei all Ihren Verehrern!

Auf den Inhalt dagegen kommt es nicht weiter an. Sie können nur einige wenige Sätze schreiben oder zweieinhalb Seiten füllen (sollten Sie ihn am PC tippen, dann bitte mit einfachem Zeilenabstand). Ganz wie Sie wollen. Sie können Descartes zitieren. Oder über ein Paar tolle Schuhe sprechen, die Sie unlängst im Schaufenster gesehen haben. Solange Sie amüsant und unterhaltsam schreiben, ist das alles völlig egal.

Doch was auch immer Sie schreiben, erwähnen Sie ja niemals das Wort »Liebe«. Sagen Sie ihm bloß nicht, wie wunderbar Sie ihn finden (das sollte er vielmehr Ihnen sagen). Wie sehr Sie ihn vermissen. Oder wie froh Sie sind, ihn zu kennen. Fragen Sie bitte auch nie, wie er sich die Zukunft Ihrer Beziehung vorstellt. Niemals!

Wenn Sie etwas Nettes sagen wollen, dann danken Sie ihm für seine Freundschaft. Das wird ihn verunsichern. Was, bloß Freundschaft? Er wird ins Grübeln kommen. Das ist viel effektiver!

Oder schreiben Sie ihm, dass Sie für ein paar Tage nach Paris fahren und ihm nur kurz Bescheid geben wollen. Oder dass Sie gerade auf dem Weg nach Paris sind. Oder dass Sie *momentan* in Paris sind. Ihnen wird schon etwas einfallen.

Beenden Sie den Brief nicht mit »In Liebe«, es sei denn, Sie sind fest zusammen oder verlobt. Dann haben Sie natürlich buchstäblich freie Hand.

Damit nicht aus Versehen seine Sekretärin den Brief öffnet, sollten Sie das Kuvert mit dem Vermerk: »Persönlich« versehen. Marilyn besprenkelte ihre Briefe mit Parfüm. Das aber ist etwas zu viel des Guten, außer der Empfänger ist gerade irgendwo auf der Welt im Kriegseinsatz.

Schicken Sie den Brief grundsätzlich an seine Büroadresse. Männer finden die Kombination aus geschäftlich (getippte Adresse auf dem Kuvert) und privat (handschriftlicher Brief) besonders unwiderstehlich.

Eines steht fest: Die meisten Männer langweilt ihr wenn auch stressiger Büroalltag zu Tode, und sie sehnen sich geradezu nach etwas Abwechslung, die die Eintönigkeit durchbricht. Entdeckt er also inmitten der Geschäftspost einen Brief von Ihnen, dann wird er ihn in die Hand nehmen, die Tür hinter sich schließen, seiner Sekretärin sagen, dass er bis auf Weiteres nicht zu sprechen sei, ihn mit dem Brieföffner öffnen (wissen Sie noch, was das ist?), die Füße auf den Schreibtisch legen und ihn sich in aller Ruhe zu Gemüte führen.

Nachdem er die Zeilen ein paar Mal gelesen hat, wird er den Brief sorgfältig zusammenfalten, ihn zurück in das Kuvert stecken, aus dem Fenster in den blauen Himmel schauen und sich freuen wie ein Schneekönig. Dann nimmt er die Zeilen vielleicht noch einmal zur Hand, liest sie erneut und genießt seinen ganz persönlichen Cary-Grant-Moment.

Welcher Mann würde sich nicht gerne mal fühlen wie Cary Grant? Auch heute noch.

Was wäre wenn …

Keine Ahnung, ob die folgende Geschichte wahr ist, aber toll ist sie allemal.

Albert Einstein und Marilyn saßen bei einem Abendessen nebeneinander. Nach ein paar Gläsern Champagner säuselte sie ihm in sein geneigtes Ohr: »Ich will ein Kind von Ihnen. Mit Ihrem Aussehen und meiner Intelligenz wird es der perfekte Mensch!«

Einstein antwortete: »Aber was, wenn es mein Aussehen und Ihre Intelligenz bekommt?«

Vermutlich ist das Gespräch erfunden, denn a) ist nirgendwo belegt, dass Einstein und Marilyn sich tatsächlich kannten, und b) kursiert die gleiche Geschichte über George Bernard Shaw und Isadora Duncan. Trotzdem: Was wäre wenn …

Wer zahlt im Restaurant?

Dass die Marilyn von heute auch mal die Rechnung für das Abendessen übernimmt, ist gut möglich und keinesfalls ausgeschlossen. Erst recht, wenn es sich bei ihrem Gegenüber um einen darbenden, jedoch ausnehmend schnuckeligen Künstler handelt. Schließlich weiß sie aus eigener Erfahrung, wie es ist, am Hungertuch zu nagen.

Und die Jackie von heute? Nein. Völlig ausgeschlossen. Niemals. Nie und nimmer. Unter gar keinen Umständen. Es käme ihr gar nicht erst in den Sinn, für einen Mann zu bezahlen, der sie ausführt. Immerhin geht es um Anstand und Respekt. Außerdem hat dieser Mann das seltene Privileg, ihr gegenübersitzen und ihre volle Aufmerksamkeit genießen zu dürfen, und wird obendrein in der Öffentlichkeit mit ihr zusammen gesehen. Dafür achtet die Jackie von heute stets darauf, ihre Bestellung preislich im Rahmen zu halten, damit das Thema gar nicht erst aufkommt. Dabei bräuchte sich der geneigte Verehrer keineswegs mit einem großen Menü zu verausgaben. Sie würde sich auch mit ihm auf eine Parkbank setzen und ein Eis schlecken.

Wie man einem Mann Blumen schenkt

Einem Mann Blumen zu schenken ist ein bisschen so, wie ihn zu küssen. Halt, bitte nicht gleich weiterblättern! Und zwar ihn so zu küssen, wie man es sich von ihm wünschen würde. Sprich, Sie sollten ihm nur Blumen schenken, die Sie sich von ihm wünschen würden. Jackie und Marilyn haben im Laufe ihres Lebens so viele Sträuße bekommen, dass sie damit einen eigenen Blumenladen hätten eröffnen können. Allein am Valentinstag erhielt Marilyn oft so viele Blumen, dass sie kaum in ihre Wohnung passten. Still und heimlich legte sie am folgenden Morgen einige davon ihren Nachbarn vor die Tür, denn sie sollten nicht wissen, von wem sie stammten.

Schenken Sie Blumen nur dann, wenn Sie selbst gerne welche geschenkt bekämen, und nur einem Mann, den Sie wirklich gut kennen, also Ihrem festen Freund oder Ehemann. Blumen sollten ein seltenes Geschenk sein, einmal im Jahr reicht durchaus – wenn überhaupt. (Er hingegen kann Ihnen natürlich so oft Blumen schenken, wie er möchte – einmal im Monat oder gar einmal pro Woche.)

Kompakte Blumengebinde eignen sich besonders gut, da sie weniger aufdringlich sind und nicht übertrieben wirken. Völlig unpassend sind dagegen meterlange, stark verzweigte Exemplare … und Schleierkraut. Kurzum: Wählen Sie nichts, womit er sich blamieren könnte. Ebenfalls ganz gut geeignet sind fest gebundene Sträuße einer Blumensorte in der gleichen Farbe – Rosen oder Tulpen, Narzissen im Frühling oder auch Tausendschön. Zur Sicherheit noch einmal: Blumen stehen für Worte, darum soll Ihr Strauß durchaus wirken, zugleich aber natürlich und unauffällig erscheinen, so als wäre es keine große Sache, das Selbstverständlichste der Welt. Was die Farbe angeht, gibt es im Grunde nur eine Einschränkung: Schenken Sie einem Mann niemals ein Dutzend langstielige rote Rosen. Das ist einen Tick zu romantisch, beinahe schon kitschig.

Wenn Sie beim Floristen anrufen, um die Bestellung aufzugeben, sagen Sie ihm, für wen die Blumen bestimmt sind und wohin sie geliefert werden sollen. Vielleicht beschreiben Sie auch kurz den Charakter des Empfängers. Informieren Sie sich, welche Blumen gerade frisch zu haben sind, aber achten Sie darauf, dass Sie ganz genau zum Ausdruck bringen, was Sie sich vorstellen. Soll es ein Bouquet sein, dann bieten sich vor allem Blautöne an – Hellblau, eventuell auch Violett oder Lila mit kleinen, weißen Akzenten dazwischen. Freesien duften fantastisch, aber nehmen Sie bitte keine gelben, rosafarbenen oder weißen.

Eine andere Möglichkeit wäre, selbst einen Strauß aus dem eigenen Garten zusammenzustellen. Auch hier gilt: Klein, aber fein. Mit einer Schleife um die Vase verleihen Sie dem Strauß zusätzlich eine persönliche Note.

Eventuell noch eine kleine Nachricht dazu? Warum nicht. Sie sollte allerdings nicht allzu rührselig geraten, denn Blumen sagen bekanntlich mehr als Worte.

Eines noch zum Schluss: Egal ob Sie Blumen verschenken oder welche bekommen, was wirklich zählt, ist der Gedanke. Einen geliebten Menschen mit Blumen zu überraschen heißt Freude schenken – eine Freude, die unvergessen bleibt.

Garantiert.

Marilyns kuriosestes Date

Wenn Jackie die Königin von Amerika war, dann war Marilyn die Prinzessin von Monaco. In den frühen 1950er Jahren verfiel Aristoteles Onassis auf die Idee, sich zum Retter des angeschlagenen Fürstentums von Monaco aufzuschwingen, das Somerset Maugham einst beschrieb als »sonniges Plätzchen für düstere Gestalten«. Der Reeder wollte Prinz Rainier um jeden Preis mit einem amerikanischen Filmstar verkuppeln. Da er Marilyn Monroe für die perfekte Partie hielt, trug er die Idee ihren Managern vor. Marilyn selbst hielt das Ganze zunächst für einen schlechten Witz und wusste nicht einmal genau, wo Monaco überhaupt lag. In Afrika vielleicht? Onassis fragte sich indes, ob Fürst Rainier Marilyn überhaupt würde heiraten wollen. Da sie keinen Zweifel hatte, ließ sie dazu nur verlauten: »Zwei Tage mit ihm, und er wird mich vom Fleck weg heiraten wollen.«

Die von diesem Vorschlag erregten Gemüter beruhigten sich schließlich bald wieder, und Rainier durfte am Ende Grace Kelly kennenlernen. Der Rest ist Geschichte.

Interessanterweise hatte Grace damals Kontakt zu Jackie und den Kennedys. Aufgewachsen in Philadelphia als Tochter eines gelernten Maurers, der es mit einem Bauunternehmen zum Selfmade-Millionär geschafft hatte, waren die irischstämmigen, katholischen Kellys sogar noch fotogener und athletischer als die Kennedys. Natürlich kannten sich die Familien untereinander. John F. Kennedy und Grace Kelly trafen sich mehrmals und gingen sogar ein paar Mal zusammen aus. Kurz nachdem John und Jackie geheiratet hatten, musste er sich einer schweren Operation an der Wirbelsäule unterziehen. Um ihn aufzumuntern und zu überraschen, schickte Jackie Grace, die sie zufällig auf einer Dinnerparty getroffen hatte, als Krankenschwester verkleidet in die Klinik. Doch der Patient war derart von Schmerzen gepeinigt, dass er sie gar nicht zu erkennen schien. Nach etwa 20 Minuten verließ Grace völlig niedergeschlagen das Krankenzimmer. Zur Hochzeit mit Rainier schickte Marilyn Grace ein Glückwunschtelegramm folgenden Inhalts: »Ich bin ja so froh für dich, dass du einen Weg aus diesem Geschäft gefunden hast.«

Und John, nicht gerade der feinsinnigste aller Ehemänner, sagte zu Jackie, als er den Bericht über Graces' Hochzeit sah: »Ich hätte sie auch heiraten können.«

Bewahren Sie Ihre innere Mitte

Alles in allem hatte Jackie eine recht ausgeglichene Art, auch im Umgang mit Männern, was ihr sehr zugutekam. Sie blieb stets ruhig und entspannt, wenn sie mit einem Mann verabredet war, während Marilyn dazu neigte, sich etwas überdreht zu verhalten (gut, sie war Schauspielerin) oder sich Hals über Kopf in den Falschen zu verlieben.

Im Gegensatz zu Jackie trug Marilyn das Herz auf der Zunge. Wenn ihr etwas gegen den Strich ging, erfuhr es gleich die ganze Welt, und sie war durchaus in der Lage, über mehrere Tage hinweg die Beleidigte zu spielen.

Nach dem Tod von Johnny Hyde schmuggelte sie sich gegen den Willen seiner Familie auf die Trauerfeier und warf sich weinend über den Sarg.

Eine echte Hollywood-Szene: die blutjunge, bildhübsche Marilyn, selbstverständlich perfekt frisiert und in Schwarz, lässt ihrer Trauer freien Lauf. Von so einem Abschied können die meisten Männer nur träumen.

Nichtsdestotrotz war sie ehrlich bestürzt über den Verlust ihres lieben Freundes.

Jackie hingegen war zurückhaltender. Sie war sehr viel eher in der Lage, eine Situation rational zu betrachten, selbst eine *affair d'amour.* Ihr oberstes Gebot war nun mal die Vernunft.

Am Ende einer Affäre

Mal angenommen, Sie und Mr Perfect haben beschlossen, einen Schlussstrich unter Ihre Liaison zu ziehen, aus welchem Grund auch immer. Für Sie gilt es nun, sich buchstäblich langsam (und elegant) aus der Affäre zu ziehen. Nur wie? Vielleicht leiden Sie an einem gebrochenen Herzen, und unzählige Fragen beschäftigen Sie. Obendrein vermissen Sie ihn und die glückliche Zeit mit ihm schmerzlich … Was also tun? Was würde Jackie in ihrer gewohnt kultivierten und überlegten Art raten?

In erster Linie eines: Laufen Sie ihm bloß nicht hinterher! Verlangen Sie auch keine Erklärungen von ihm! Sie werden ihm nur lästig, und das bringt gar nichts. Wenn Sie unglücklich sind und leiden, dann halten Sie sich fern. Senden Sie ihm auch keine E-Mails. Entfernen Sie ihn vielmehr aus Ihrer Freundesliste bei Facebook, wo er bisher durchaus seinen berechtigten Platz hatte. Löschen Sie seine Nummer aus Ihrem Handy. Senden Sie ihm keine kleinen Nachrichten mehr, die ihn interessieren könnten. Die Tatsache, dass er Sie nie wieder zu Gesicht bekommen wird, ist seelische Strafe genug. Sie müssen ihn nicht noch zusätzlich quälen. Vorbei ist vorbei.

Jackies Geheimnisse – schon gewusst?

Womöglich lag es an dem gehobenen, mondänen Umfeld, in dem sie aufgewachsen ist. Jedenfalls ging Jackie leidenschaftlich gerne mit Männern aus und gab jedem Einzelnen das Gefühl, er sei der faszinierendste Mann auf der ganzen Welt.

Eines von Marilyns Geheimnissen – schon gewusst?

Als junges Hollywood-Sternchen hatte Marilyn keine Probleme, an einem Abend drei Verabredungen zu haben (mit drei verschiedenen Verehrern, versteht sich): zum Cocktail, zum Abendessen und zu einem nächtlichen Barbesuch.

Die Ehe

»Ich persönlich glaube nicht, dass es Männer gibt, die in einer Beziehung treu sein können.«

JKO

»Die Ehe ist von jetzt an meine wichtigste Karriere.«

MM

Was eine Heirat betraf, wollten Jackie und Marilyn beide hoch hinaus. Auch wenn Jackie an den gesellschaftlichen Aspekten einer Ehe weit mehr interessiert schien, da sie in besseren Kreisen aufgewachsen war, stand sie nicht auf den typischen Börsenmakler, der am Wochenende Golf spielen ging und über zu hohe Steuern meckerte.

Grundsätzlich hielten sie alle beide nach den klügsten, kreativsten, bestaussehenden Männer Ausschau. Marilyn schaffte mit ihrer letzten Ehe das schier Unmögliche: Sie ehelichte den mit dem Pulitzer-Preis ausgezeichneten Dramatiker Arthur Miller aus New York, der gesellschaftskritisch die Fäuste ballen konnte, aber durchaus salonfähig war, wenn auch auf seine ganz eigene schroffe, markante Art.

Sobald es aber ernst wurde, entzogen sich sowohl Jackie als auch Marilyn. Mit einem Satz: Sie heirateten den Mann an der Spitze, in den sie sich hoffnungslos verliebten. Wie sagt Joan in einer Folge von *Mad Men* so schön, als sie einem Mann endgültig den Laufpass gibt? »Er erinnert mich an einen Türsteher.«

Nein, auf solche Typen standen die beiden nicht.

Jackie ging es um Macht, vor allem gesellschaftlich, politisch und finanziell. Marilyn dagegen ging es um Talent, sei es in der Literatur oder im Baseball. Gut, die Unterscheidung zwischen Macht und Talent mag fraglich sein, denn Talent geht oft mit Macht einher, und aus Macht kann umgekehrt Talent erstehen. Zumindest aber achteten Jackie und Marilyn (wenn auch vermutlich unbewusst) bei der Wahl ihres Ehepartners auf das Renommee.

Marilyns Start ins Eheleben

Ihre erste Ehe mit James Dougherty war buchstäblich eine Jugendehe, denn Marilyn heiratete ihn nur wenige Tage nach ihrem 16. Geburtstag. Für sie gab es damals nur zwei Möglichkeiten: entweder Heirat oder weiterhin Pflegeaufsicht. Insofern war der Start in die Ehe eher unglücklich, und auch Marilyn war damals alles andere als glücklich.

Marilyn und Jimmy, wie alle Dougherty nannten, nun offiziell Mann und Frau, lebten eher wie Bruder und Schwester zusammen. Als Jimmy kurz nach der Heirat im Jahr 1945 zur Kriegsmarine eingezogen wurde, blieb sie allein zurück. Sie arbeitete damals in einer Rüstungsfabrik, wo der Armeefotograf David Conover sie wie erwähnt als Fotomodell entdeckte. Die Weichen waren damit gestellt.

Die Kamera liebte Marilyn, und Marilyn liebte die Kamera. Das einsame, verlassene Mädchen, fügsam, brav, »recht ordentlich« in der Schule (wenn auch keine so große Leuchte wie Jackie), ohne Mutter, herumgeschubst von einem Heim ins andere, blühte förmlich auf vor der Kamera. Wenn man sich frühe Aufnahmen von Norma Jeane ansieht, ihre ersten Gehversuche als noch unbekanntes Model, bevor sie zu Marilyn Monroe und damit zum Traum und Schwarm von Millionen von Männern auf der ganzen Welt wurde, ist unverkennbar, dass die Kamera sie liebte. Eindeutig.

Marilyn ging vor der Kamera in einer Weise aus sich heraus, wie es selbst ihr erster Mann kaum von ihr kannte. Jahre später, als sie längst in das Reich der Schönen und Reichen vorgestoßen und weit, weit weg von ihm war, erinnerte er sich verbittert zurück an das einfache, liebe Mädchen, das es nicht mehr gab, das nun für einen Präsidenten Geburtstagslieder sang und mit dem Baseballstar Joe DiMaggio verheiratet war. »Marilyn hatte keine Probleme, verheiratet zu sein, solange ich für sie da sein konnte«, sagte er einst. Jimmy war kleingeistig und spießig, was Marilyn (bei all ihren Schwächen) nie war.

MARILYN UND DER »YANKEE CLIPPER«

Mit ihrer zweiten Ehe schnappte sich Marilyn den amerikanischen Traum schlechthin. Eigentlich wollte sie die Baseball-Legende Joe DiMaggio gar nicht kennenlernen. Mit Sport hatte sie nichts am Hut, und sie konnte sich beim besten Willen nicht vorstellen, worüber sie sich mit diesem Mann unterhalten sollte. Er hatte sie auf einem Zeitungsfoto entdeckt und wollte sie unbedingt kennenlernen.

Beim ersten Treffen in einem Restaurant fand Marilyn ihn ruhig und respektvoll, also alles andere als protzig und aufgeblasen, wie sie es erwartet hatte. Die beiden kamen sich näher und heirateten zwei Jahre später, am 14. Januar 1954, im Rathaus von San Francisco vor einem Friedensrichter. Dabei waren sie umringt von haufenweise Reportern und Fans, obwohl sie versucht hatten, die Hochzeit geheim zu halten.

Wie der Rest der USA waren auch die Filmbosse bei Fox erfreut über die Verbindung zwischen dem Baseball-Star und dem Pin-up-Girl. »Wir haben keine Schauspierlein verloren«, so sagten sie, »sondern einen Außenfeldspieler gewonnen.«

Trotz aller Romantik gab es von Anfang an jedoch auch Probleme. Zum einen ging es mit DiMaggios Karriere allmählich bergab. Zum anderen wollte er, dass Marilyn zu Hause blieb, weniger Marilyn und mehr Mrs Joe DiMaggio war. Eine Zeit lang sah es so aus, als versuchte sie das sogar.

DiMaggio soll der perfekte Liebhaber gewesen sein. Doch leider gab es für die beiden auch ein Leben außerhalb des ehelichen Schlafzimmers – wie das nun mal so ist. Ja, sie liebten einander.

Aber zusammen leben, das konnten sie nicht. Eigentlich wünschte sich Marilyn, eine ganz normale Hausfrau zu sein. Ehrlich! Die Vorstellung, den Abend gemeinsam vor dem Fernseher zu verbringen, behagte ihr durchaus. Joe ging es ganz genauso. Doch als Mrs Joe DiMaggio erwartete er von ihr, dass sie ihr »Marilyn-Gehabe« (also genau das, was ihn einst angezogen hatte) sein ließ. Sie sollte sich nicht mehr so sexy kleiden. Andere Männer nicht verrückt machen. Die Filmkarriere an den Nagel hängen. Von ihrer Schwiegermutter lernte sie, wie man eine leckere italienische Tomatensoße zubereitet. Und zu seinem Sohn aus erster Ehe, Joe Junior, hatte sie eine sehr liebevolle Beziehung.

Doch auch als züchtige Hausfrau mit bis unters Kinn zugeknöpfter Bluse neben einem Topf voll roter Soße blieb sie »Marilyn« – und die Kameras, die Filmstudios und die Zukunft winkten weiter. Was erwartete er von ihr?

Die berühmte Filmszene in *Das verflixte 7. Jahr,* in der Marilyns weißer Rock über dem U-Bahn-Schacht aufwirbelt, war (sozusagen) der Sargnagel für diese Ehe.

Es war beim Nachtdreh in der Lexington Street und 52nd Street in New York. Fox hatte der Presse gesteckt, dass Marilyn etwas tragen würde, das den gesamten »Verkehr zum Erliegen bringt«. Die ganze Stadt schien zu wissen, dass Marilyn zu Dreharbeiten in Manhattan weilte. Und da stand sie, in dem tief ausgeschnittenen weißen Kleid ohne Strümpfe, wenngleich angeblich mit zwei Schlüpfern (um an der Zensur vorbeizukommen). Es kam zu einem Volksauflauf, als mehrere Tausend Männer wie eine Meute hungriger Wölfe um das Set streunten und jede einzelne Bewegung von ihr beobachteten.

Das war wohl zu viel für den notorisch eifersüchtigen »Joltin' Joe«, wie der Sportlerspitzname von DiMaggio lautete. Er soll völlig außer sich vor Wut gewesen sein.

Die Scheinwerfer standen bereit, die Kameras waren in Position, und die Windmaschine unter dem Abluftgitter blies erbarmungslos. Dann gingen Marilyn und ihr Filmpartner Tom Ewell mehrmals über dem Abluftgitter hin und her. Die Männermeute johlte. Marilyn lächelte, drückte den Rocksaum nach unten, so gut sie konnte, drehte sich, posierte. Was hätte sie auch sonst tun sollen? Die Männerherzen flogen ihr zu, und die Kamera liebte sie umso mehr. Sie lachte, kicherte und warf immer wieder den Kopf zurück, während sie die Blicke bannte und versuchte, das sich aufbäumende Kleid zu bändigen, was auch ihr sichtlich Spaß bereitete.

Joe dagegen hatte keinen Spaß. Gemeinsam mit Walter Winchell hatte er den Abend im Toots Shors verbracht … und nun diese Schande. *Verdammt noch mal!* Eine Ehefrau sollte sich nicht so in der Öffentlichkeit zeigen, und schon gar nicht seine eigene.

Wutentbrannt und offenbar nicht imstande, Privates und Berufliches zu trennen (wer könnte ihm das verübeln?), fing er noch am Drehort mit Marilyn an zu streiten, geriet schließlich mit Billy Wilder heftig aneinander und stürmte davon. Später im Hotel ging der Disput zwischen ihm und Marilyn weiter. Er soll sie dabei sogar geschlagen haben.

Gemeinsam reisten sie zurück nach Kalifornien und versuchten ihre Ehe zu kitten. Vergeblich. Knapp neun Monate später, am 27. Oktober 1954, waren sie geschieden.

Marilyn und der »Mann, der sie verkaufte«

Am 29. Juni 1956 heiratete Marilyn zum dritten Mal. Ihr neuer Mann war der Bühnenautor Arthur Miller, den sie 1950 kennengelernt hatte. Für ihn konvertierte sie vom christlichen zum jüdischen Glauben.

Kurz vor der Hochzeit wurde Miller vor den Untersuchungsausschuss für unamerikanische Aktivitäten zitiert, der vermeintlich kommunistische Tätigkeiten in Hollywood untersuchte. Marilyn begleitete ihren Mann zu der Anhörung, obwohl sie dadurch ihre Karriere gefährdete, und blieb die ganze Zeit an seiner Seite.

Zu Beginn der Beziehung war sicherlich Liebe im Spiel, doch die Schwierigkeiten wurden rasch größer, was möglicherweise daran lag, dass der Literat mit Marilyn überfordert war … oder vielleicht auch daran, dass zwei extrem kreative Menschen unter einem Dach zusammenlebten. Miller behandelte Marilyn oft schlecht und machte sich über sie lustig, hauptsächlich wegen ihrer mangelnden intellektuellen Fähigkeiten, während die gebildete Elite ihn als großen Bühnenautor seiner Generation feierte. Kurz nach der Hochzeit begann er das Drehbuch zu *Misfits – Nicht gesellschaftsfähig*. Trotz ihrer überragenden Leistung in diesem Film sagte Miller, die Arbeit an diesem Projekt sei der absolute Tiefpunkt in seinem Leben gewesen. Kurz nachdem der Film mit großem Erfolg in den Kinos angelaufen war, trennte sich das Paar. Marilyn ging daraufhin nach Mexiko. Am Tag der Amtseinführung von John F. Kennedy wurde sie von Arthur Miller geschieden. Ihr Pressesprecher Pat Newcomb hatte ihr zu diesem Tag geraten, da die Aufmerksamkeit der Weltpresse auf Washington, D. C., gerichtet sein würde. Genau so war es dann auch.

Knapp 19 Monate später starb Marilyn an einer Überdosis Schlaftabletten.

In den folgenden Jahren rechnete Arthur Miller mit seiner Beziehung mit einer der berühmtesten Frauen der Welt ab. 1964 wurde *Nach dem Sündenfall* uraufgeführt, ein Schauspiel, in dem Miller seine Ehe mit Marilyn dramatisiert. Obwohl er bekanntgegeben hatte, dass er nicht über seine Beziehung mit Marilyn schreiben würde, erging er sich in seinen 1987 erschienenen Memoiren mit dem Titel *Zeitkurven* ausführlich darüber. Seine Darstellung von Marilyn fiel nach allgemeiner Ansicht im einen wie im anderen Fall unnötig grausam aus. Aber wie schrieb die Autorin Joan Didion einmal: »Eins noch: Autoren finden immer wen, der sich verkaufen lässt.«

Jackie und JFK

»Gütiger Gott, sie hat Jack geliebt.«

C. Z. Guest

Jackie und Senator John F. Kennedy lernten einander wie bereits erwähnt auf einer Dinnerparty im Haus ihres gemeinsamen Freundes Charles Bartlett in Georgetown kennen.

»Der Spargel wurde gerade serviert«, erinnerte sich Kennedy. »Nein, es gab keinen Spargel«, erwiderte Jackie.

Obwohl sie sich zueinander hingezogen fühlten, hatte die erste Flirtphase etwas »Krampfhaftes«, wie Jackie es bezeichnete. Erst ein halbes Jahr nach jenem ersten Treffen sahen sie sich wieder. Trotzdem wussten beide, dass sie den passenden Partner gefunden hatten.

Später war in einer Biografie, die Jackie während ihrer Zeit im Weißen Haus autorisiert hatte, über das erste Treffen mit Kennedy zu lesen: »Sie wusste augenblicklich, dass er einen tiefgreifenden, wenn auch womöglich störenden Einfluss auf ihr Leben haben würde. Ihre spontane innere Stimme sagte ihr, dass vor ihr ein Mann stand, der nicht zu heiraten gedachte. Sie erschrak. Sie sah den Herzschmerz förmlich auf sich zukommen, beschloss aber ebenso rasch, dass er diesen Schmerz wert wäre.«

So fing es an.

Jack und Jackie waren wie zwei Hälften eines Ganzen, sogar ihre Namen passten zusammen. Gleichermaßen intelligent, ambitioniert, bestechend, witzig und verhaltend, scheuten sie jegliche Zärtlichkeitsbekundungen in der Öffentlichkeit. Sie waren laut ihres gemeinsamen Freundes Ben Bradlee die »emotional reserviertesten« Menschen, die er je kannte. Mauerblümchen waren sie aber beide nicht, obgleich Jackie in einem Kreis von Leuten, die sie nicht kannte, auch schüchtern sein konnte. Beide waren sie starke Persönlichkeiten und es gewohnt, sich durchzusetzen.

Dass es in ihrer Beziehung Funken sprühen würde, war also absehbar.

Zumindest für Jackie. Sie wusste sehr wohl, dass es bei ähnlich starken Persönlichkeiten in einer Beziehung immer wieder Reibungspunkte geben kann. John hingegen, ganz Sohn aus reichem Hause und typischer Ire, dem ganz und gar nicht der Sinn danach stand, übertriebene Nabelschau zu betreiben, war dies kaum bewusst. »Da Jack genau wie ich ein über die Maßen unabhängiger Mensch ist, bedeutet diese Ehe eine große Herausforderung.«

Im Rückblick scheint es unglaublich, wie viel die beiden in den zehn Jahren ihrer Ehe zusammen erlebt haben. Kaum zurück aus den Flitterwochen, startete Jack politisch durch und entschied sich, für das Präsidentenamt zu kandidieren. Nachdem er bereits einen Sitz im Senat errungen hatte, stand er beim demokratischen Parteitag für das Amt des Vizepräsidenten zur Wahl. Obwohl er nur knapp unterlag, hatte er landesweit Eindruck hinterlassen. Der Kampf um die Wiederwahl in den Senat und danach um die Präsidentschaft war zermürbend. Als er 1960 gegen seinen republikanischen Kontrahenten Richard Nixon gewann, war Kennedy 43 Jahre alt und damit der jüngste Präsident in der amerikanischen Geschichte.

In jener Zeit unterzog sich Kennedy einer schweren Rückenoperation, die ihn beinahe das Leben gekostet hätte. Außerdem veröffentlichte er (mit Jackies Hilfe) das Buch *Zivilcourage,* für das er den Pulitzer-Preis erhielt, reiste quer durch das Land und hielt unzählige Reden. Während seiner Amtszeit sah er sich mit diversen eskalierenden weltpolitischen Konflikten konfrontiert: der Invasion in der Schweinebucht, der Kubakrise um die Stationierung sowjetischer Atomraketen, dem Kalten Krieg, dem Bau der Berliner Mauer sowie den schwelenden Unruhen in Vietnam, die im Vietnam-Krieg gipfeln sollten. Er richtete zudem das Friedenscorps ein, stellte die Bedeutung der Künste für die amerikanische Gesellschaft heraus und hob mit Jackies Hilfe das Ansehen der USA im Ausland.

In ihrem Privatleben lagen Tragik und Glück eng beieinander. Jackie gebar vier Kinder: Arabella, die bei der Geburt starb, Caroline, John Junior und Patrick, der zwei Tage nach der Geburt einer Lungenentzündung erlag. Auch Jackies geliebter Vater starb, ebenso wie JFKs Vater, der Patriarch der Kennedys, der den Folgen eines schweren Schlaganfalls erlag. All diese Ereignisse fanden nicht im Privaten statt, sondern immer unter den Augen der Weltpresse und der Weltöffentlichkeit.

Jackie sollte Recht behalten mit ihrer Vermutung vom ersten Aufeinandertreffen der beiden, dass John F. Kennedy noch einen »tiefgreifenden« Einfluss auf ihr Leben haben würde. Bis zu ihrem zehnten Hochzeitstag im September 1963 hatten sie eine Menge gemeinsam durchgestanden. Jackies Mutter sagte einmal: »Ich kenne kein Paar, das in zehn Jahren Ehe so viel durchgemacht hat wie die beiden. Und ich habe das Gefühl, dass all dieses Leid sie auf schreckliche Art und Weise eng zusammengeschweißt hat. (...) Er wusste ihre Talente zu schätzen, sie dagegen verehrte ihn, mochte seinen Humor und seine liebenswerte Art. Sie hatten auch viel Freude zusammen.«

Wie es um die Beziehung zweier Menschen tatsächlich bestellt ist, vermag letztlich kein Außenstehender zu sagen. Insbesondere dann, wenn zwei Menschen so sehr im Blickpunkt der Öffentlichkeit stehen wie Jack und Jackie Kennedy. Eines aber ist unbestritten: Jackie hat ihren Mann geliebt. In späteren Jahren, nachdem das traumatische Ereignis seines Todes einigermaßen verblasst war (ganz verblasst war es wohl nie, sie hat nur gelernt, damit zu leben), erzählte sie hin und wieder Anekdoten über Jack, um die Erinnerung an ihn lebendig zu halten.

Doch wie man weiß, nahm Jackie nach seinem Tod nie mehr ein Foto von ihm in die Hand, da sie den Anblick nicht ertragen konnte. Wie sie Jahre später gestand, hatte sie nach einer Weile Mühe, sich an seine Stimme zu erinnern.

22. November 1963

Die Ermordung John F. Kennedys war für die Generation unserer Eltern und Großeltern das, was der 11. September für uns heute ist. Nach seinem Tod waren der »Fluch der Macht« und die Legende von Camelot, dem zauberhaften Hof des jungen Königs an der Pennsylvania Avenue, ein für alle Mal vorbei.

Jackie gab das »kleine Häuschen« an der N Street im Washingtoner Stadtteil Georgetown auf, da zu viele Erinnerungen daran hingen, um sich in New York, so gut es ging, zurückzuziehen. Die Menschen in ganz Amerika waren monatelang wie gelähmt.

Jacks Bruder Bobby sowie sein bester Freund Lem Billings kamen nie darüber hinweg. Es war, als hätte das Land mit Kennedys Tod seine innere Mitte verloren – und die Menschen ihren Halt.

Ein amerikanischer Mythos

Die berühmteste (oder berüchtigtste) Dreiecksbeziehung unserer Zeit handelt von Jackie, Marilyn und John F. Kennedy zwischen den beiden.

Eine Bekannte Kennedys sagte einmal: »Manche Männer strahlen Licht aus, andere Wärme. Bei ihm war es Licht.« Alle liebten ihn: Alte, Junge, Hunde (obwohl er gegen Hunde und Pferde allergisch war), Intellektuelle, Nonnen. Einfach alle. Er gehörte zu jenen Männern, die in ihrer Kindheit und Jugend stets im Schatten ihres älteren und überlegenen Bruders standen (in seinem Falle hinter Joe Junior) und nur auf die eigene Persönlichkeit und Intelligenz bauen können, um Aufmerksamkeit zu bekommen. Diesen Verlust in seiner Kindheit bedauern ehemalige Mitglieder seiner Regierung bis heute. »Wir mochten Jack weiß Gott sehr«, beteuert einer in dem Versuch, das Schicksal des einstigen Präsidenten zu erklären.

JFK – sogar sein Spitzname schien zu diesem schnellen, kurzen Leben zu passen, das der optimistischen Anpackmentalität der 1960er Jahre entsprach. Er ging schnell. Er dachte schnell. Er las schnell. Es schien, als befände er sich permanent in einem Wettlauf gegen die Zeit, gegen irgendeine Zukunft, die er nicht zu ermessen vermochte. Nur selten plante er voraus, und er hasste es, wenn man ihn warten ließ.

Die Anzahl, Auswahl und Palette der Frauen, mit denen er sich traf, ist beachtlich. Allein in Hollywood wurden ihm Liebschaften mit Angie Dickinson, Audrey Hepburn, Gene Tierney, Jayne Mansfield, Gypsy Rose Lee und seiner Schwägerin Lee Radziwill (so man Klatsch und Tratsch glauben möchte) nachgesagt. Ganz zu schweigen von unzähligen Sekretärinnen, Stewardessen, Filmsternchen und feinen New Yorker Damen aus gutem Hause.

Ist es möglich, dass die eine von der anderen gerne das gehabt hätte, was sie selbst nicht hatte? Vielleicht hätte Marilyn gerne etwas von Jackies gesellschaftlicher Klasse und gutem Elternhaus gehabt. Während Jackie vielleicht gerne etwas von Marilyns Sexappeal oder ihrem Selbstvertrauen gehabt hätte, ebenso von ihrem ausgeprägten Sinn für Humor und ihrer allgemein lockeren Art.

Wie aus der Boulevardpresse bekannt ist, träumte Marilyn davon, die nächste Mrs Kennedy zu werden und eines Tages ins Weiße Haus einzuziehen. Jackie mit ihren feinen Antennen wusste zweifelsohne alles über Marilyn. So wie sie, mal mehr und mal weniger genau, über jede Geliebte ihres Gatten informiert war. Tatsächlich aber trafen sich John F. Kennedy und Marilyn nur ganze vier Mal in ihrem Leben, und zwar immer in Begleitung anderer. Jack hatte eine Schwäche für Schauspielerinnen, die eine schwere Zeit durchmachten. Als Präsident bestellte er hin und wieder Judy Garland zu sich, damit sie für ihn »Somewhere over the Rainbow« sang. Insofern ist der Mythos um die große Romanze zwischen Kennedy und Marilyn Monroe nichts weiter als – ganz genau! – ein Mythos. »Der Geheimdienst hätte davon gewusst. Der Geheimdienst weiß nämlich alles«, bestätigte auf Nachfrage jemand aus einschlägigen Kreisen, der es wissen muss.

Das berühmte Kleid

»Happy Birthday, Mister Pre-s-i-dent …« MM

»Ich kann mich jetzt aus der Politik zurückziehen, nachdem mir auf so süße, förderliche Weise ein Geburtstagsständchen gesungen wurde.« JFK

Lassen Sie uns kurz über jenen beeindruckenden Moment sinnieren, in dem Jack und Marilyn in den Blickpunkt der Öffentlichkeit rückten und der alle Welt in ungläubiges Staunen versetzte: *Was?*

Stellen wir uns vor, so etwas würde heute passieren. Ein Spendensammler organisiert zum Geburtstag des Präsidenten der Vereinigten Staaten eine Feier im New Yorker

Madison Square Garden, zu der mehr als 15 000 Anhänger kommen. Der damalige Veranstalter Jack Benny wollte mit Stars wie Peter Lawrence, Marilyn Monroe, Maria Callas, Ella Fitzgerald, Jimmy Durante, Shirley McLaine und Peggy Lee für ein unterhaltendes Rahmenprogramm sorgen. Von Marilyn einmal abgesehen, verhießen die Geburtstagspartys für JFK stets großes Vergnügen und viel Spaß. Letzteren hatten die Menschen vor den Zeiten von CNN, YouTube, Twitter und Rund-um-die-Uhr-Überwachung ganz bestimmt! Auch die Schönen und Reichen aus Hollywood, die Politprominenz und die Kennedys ließen sich die Freude am Feiern von niemandem nehmen.

Die vermutlich größte politische Geburtstagsfeier der Geschichte wurde seinerzeit auf CBS ausgestrahlt und ist auch heute noch ein echter Hingucker: 19. Mai 1962, wir sehen den Präsident der USA eine Zigarre rauchen, er bewegt die Füße im Takt der Musik und applaudiert herzlich einer Schauspielerin – einer Frau, von der man munkelt, dass er ungeniert eine Affäre mit ihr pflegt.

John F. Kennedy verhielt sich unvorstellbar cool. Er war einfach über die Situation erhaben und behielt alles im Griff. Erst recht, wenn man bedenkt, dass seine 72-jährige Mutter und zwei seiner Schwestern unter den Zuschauern waren. Jackie dagegen war nirgendwo zu sehen, sie hatte sich aus Wut mit den Kindern nach Virginia zurückgezogen.

Nun zu Marilyns Kleid. Entworfen und geschneidert hat der kalifornischen Modedesigner Jean Louis das 11 000 Dollar teure, hautfarbene und mit 2500 Strasssteinen verzierte edle Teil. »Haut und Perlen«, wie Adlai Stevenson Marilyns Look beschrieb. Es war derart (haut)eng, dass sie darin regelrecht eingenäht werden musste und nichts darunter trug, was sie ohnehin nur höchst selten tat, wie sie einmal offenbarte. Sie trat auf die Bühne, streifte den weißen Pelz ab, und sogleich waren ihre Haare, ihre Haut, ihr Kleid und ihr überaus figurbetonter Körper von einer Aura aus Licht umhüllt. Allen Anwesenden stockte der Atem.

»Hap-py Birth-day … to … you«, begann sie zu hauchen. Aus dem niedlichen Kinderlied wurde ein verführerisches Liebeslied. Die versammelte Zuschauerschar toste, konnte nicht fassen, was sie da miterlebte – ein unverhohlenes Schauspiel sexueller Betörung, das sich in aller Weiblichkeit vor ihnen manifestierte.

Marilyn hatte 1000 Dollar für ihre Eintrittskarte gezahlt. Es war übrigens ihr letzter öffentlicher Auftritt. Zu Kennedys (letztem) Geburtstag im Jahr darauf sang die Anti-Marilyn Audrey Hepburn »Happy Birthday« für den Präsidenten.

Und Marilyns Kleid? Es wurde 1999 für 1,3 Millionen Dollar versteigert – eine Summe, die mit zu den höchsten gehört, die je für ein Kleidungsstück bezahlt worden sind.

Jackie und Aristoteles Onassis

Aristoteles Onassis war genau wie John F. sowie Joseph P. Kennedy und »Black Jack« Bouvier ein echter Bohemien – sozusagen ein Urtyp des Jetsets, obwohl es den Ausdruck damals noch gar nicht gab. Er zog in der Welt umher und lebte, wo und wie er wollte. Wie sagte Napoleon einmal? »Was soll das heißen – die Umstände? Ich bestimme, welche Umstände herrschen.« Man könnte durchaus sagen, dass Jackie auf einen ganz bestimmten Typ Mann stand.

1900 geboren, machte Aristoteles zunächst Millionen mit dem Import von Tabak nach Argentinien, stieg dann aber in das Öltransportgeschäft ein, das ihn zu einem der reichsten Männer der Welt machte. Zu seiner Flotte gehörten über 70 Schiffe. Zudem hielt er Aktien an Erdölfirmen in den USA, im Mittleren Osten, besaß mit Olympic Airways eine Fluggesellschaft, die Yacht *Christina,* die Inseln Skorpios und Sparta, einen Betrieb zur Goldverarbeitung in Südamerika sowie jede Menge Grundstücke und Immobilien, darunter Wohnungen in Paris, London, Monte Carlo, Athen, Acapulco und ein Schloss im südlichen Frankreich. In New York quartierte er sich meist in seiner Suite im Pierre Hotel ein. Doch er besaß auch einen 52-stöckigen Wolkenkratzer in Manhattan, den Olympic Tower, und ein Gebäude in Sutton Place.

Onassis war weder im klassischen Sinne attraktiv noch sonderlich fotogen. Er hatte Geld, was Jackie zweifelsohne attraktiv fand, aber das hatten andere Männer auch. Sie war vielmehr von seiner Ausstrahlung, vom finsteren Zauber der Welt fasziniert. Seinem Charme konnte sich übrigens keine Frau entziehen. Obendrein war er ein geschickter Verführer. Er schenkte einer Frau seine gesamte Aufmerksamkeit, merkte sich alles, was sie sagte, ihre Lieblingsblumen, ihr Lieblingsparfüm sowie Schmuckstücke, die ihr gefielen. Hélène Arpels, eine Pariser Society-Lady, die ihn noch aus den 1940er Jahren und damit lange vor seinem Aufstieg zum milliardenschweren Reeder kannte, sagte einmal, er sei der charismatischste Mann, den sie kenne. Onassis griff zum Telefon, und die Dinge liefen.

Er war in vielerlei Hinsicht das Gegenstück zu John F. Kennedy. Zwar hatte er einen unwiderstehlichen Charme, doch er war keineswegs ein aalglatter Charmeur. Zwar hatte er keine Schulbildung, doch er war ein echtes Genie als Geschäftsmann. Jeder mit ein bisschen Sinn und Verstand wusste von vornherein, dass Onassis am längeren Hebel saß, egal auf welche Geschäfte man sich mit ihm einließ. Wie alle großen Geschäftsmänner konnte auch er, wenn es darauf ankam, knallhart und skrupellos sein. Sein Verhalten muss mitunter abscheulich gewesen sein. Beispielsweise war er sehr schroff zu seinen Kindern und kanzelte andere Menschen gerne mal ab. Selbst Maria Callas, die große Liebe seines Lebens, behandelte er wie den letzten Dreck und ließ sie kurzerhand für Jackie in aller Öffentlichkeit fallen.

Als Jackie Aristoteles Onassis am 20. Oktober 1968 heiratete, war es fast so, als hätte sie das Herz der Welt gekränkt. »Jackie, wie kannst du nur?« titelte eine Zeitung, als Mrs Kennedy, die von allen verehrte Witwe des ermordeten Präsidenten, zu Jackie O. wurde, der berühmtesten Frau der Welt. Lee Radziwill für ihren Teil reagierte auf diesen Snobismus mit einer klaren Aussage: »Wenn Jackies neuer Mann blond, reich, jung und angelsächsischer Herkunft gewesen wäre, hätte das den meisten Amerikaner wesentlich besser gefallen.«

Zu Beginn war im Hause Onassis alles bestens. Jackie war eine wundervolle Ehefrau. Sie lernte Griechisch, brachte neuen Glanz nach Skorpios und war völlig vernarrt in Ari, mit dem sie die ganze Welt bereiste. Er hingegen kümmerte sich rührend um sie und verstand sich blendend mit ihren Kindern.

Doch nach und nach zeigten sich erste Risse in der Beziehung. Jackies horrende Ausgaben verärgerten Onassis gewaltig. Bei seinen Buchhaltern lief Jackie unter dem Spitznamen »Supertanker«, da sie der Ansicht waren, der aufwendige Lebensstil seiner Frau koste Onassis genauso viel wie der Kauf eines neuen Schiffes. Trotzdem sagte ein Vertrauter des Reeders einmal: »Das Leben mit ihm war sicherlich auch kein Honigschlecken.« Die Eheleute lebten sich zunehmend auseinander. Jackie verbrachte immer mehr Zeit allein in New York, während Aristoteles in Griechenland, Paris oder London weilte.

Das endgültige Aus der Beziehung kam mit dem Tod von Onassis' einzigem Sohn Alexander, der am 24. Januar 1973 bei einem Flugzeugabsturz ums Leben kam. Er wurde gerade mal 25 Jahre alt. Der tragische Tod seines einzigen Sohnes war für Onassis ein Tiefschlag, von dem er sich nie erholte. Jackie mühte sich nach Kräften, ihn zu stützen, doch die Trauer des Reeders war so tief und so unerbittlich, dass er fast daran zerbrach. Hin und her geworfen zwischen heftigen Anfällen von Depression und Wut sprach er von Scheidung und brachte wie besessen unzählige Stunden damit zu, sein Testament zu ändern. Doch noch ehe die Geschehnisse eine weitere Wendung nehmen konnten, starb Onassis am 15. März 1975 in Paris.

Die Spesen der Jackie O.

Wenn die verschwenderischen Kauflaunen Ihrer Frau Sie, lieber männlicher Leser, auf die Palme bringen, dann sei Ihnen gesagt: Es könnte schlimmer sein. Sehr viel schlimmer. Zum Beispiel mit Jackie als Angetrauter, die, ohne mit der Wimper zu zucken, innerhalb weniger Minuten in einem einzigen Laden mal eben 50 000 Dollar verjubeln konnte. Und das jeden Tag!

Obwohl sich das Vermögen von Aristoteles Onassis auf geschätzte 500 Millionen bis eine Milliarde Dollar belief (im Jahr 1969 wohlgemerkt!) und er Jackie durchaus mit großzügigen Geschenken verwöhnte, etwa einem 1,25 Millionen Dollar teuren, herzförmigen, mit einem Rubin und Diamanten besetzten Verlobungsring oder einem eine Million Dollar teuren, 40,42 Karat schweren Diamantring von Cartier zu ihrem 40. Geburtstag, versetzten ihn ihre Kauforgien richtig in Rage.

Der Streit um das liebe Geld eskalierte immer öfter, die Differenzen traten immer deutlicher hervor, und die beiden verbrachten immer weniger Zeit miteinander. »Alles begann mit getrennten Betten im selben Schlafzimmer«, sagte einer der Kollegen des Reeders, »und endete mit getrennten Betten auf getrennten Kontinenten.«

Jackies wichtigste Grundregel

Über Kleinigkeiten hinwegzusehen, diese Lektion hat Jackie in ihren beiden Ehen weiß Gott gelernt.

Schon während ihrer zehnjährigen Ehe mit John F. Kennedy folgte ein Drama auf das nächste. Hineingezogen in den Sog der Kennedys fand ihr Leben fortan in der Öffentlichkeit statt, worauf sie ganz und gar nicht vorbereitet war. Sie erlitt zwei Fehlgeburten, musste eine Totgeburt sowie den Tod eines weiteren Kindes zwei Tage nach einer Frühgeburt verkraften. Hinzu kam der rätselhafte Gesundheitszustand ihres Mannes, der bis zu seinem 40. Lebensjahr bereits dreimal die Letzte Ölung erhalten hatte. Die Präsidentschaftswahl gewann er wie erwähnt mit dem knappsten Ergebnis in der US-amerikanischen Geschichte. Ihr geliebter Vater starb im Alter von nur 66 Jahren. Die Tragödien nahmen kein Ende. Wie sinnlos also, über Kleinigkeiten zu lamentieren oder sich um derart belanglose Angelegenheiten zu streiten wie das Fernsehprogramm (was den meisten Paaren bekannt vorkommen dürfte).

In die Zeit zwischen der Ermordung John F. Kennedys und ihre Heirat mit Aristoteles Onassis 1968 fielen die Ermordung von Robert F. Kennedy und Martin Luther King Jr., die Eskalation des Vietnam-Krieges und die zunehmende Gewalt in den Straßen Amerikas. Die Ehe mit Onassis bescherte ihr zwar unvorstellbare materielle Annehmlichkeiten, kostete sie aber erneut ihre Privatsphäre. Zeitweise konnte sie kaum mehr aus dem Haus gehen, ohne von Paparazzi belagert zu werden.

Bis zu ihrem 60. Lebensjahr hatte Jackie so viele seelische

Traumata, so viel Kummer und Schmerz durchlitten, dass sie darüber sehr eigen wurde.

Nicht selten nahm sie sich heraus, die Marotten oder allzu förmliches Benehmen anderer zu belächeln, weshalb sie des Öfteren mit ihrer Mutter Janet Auchincloss, die sehr auf gute Umgangsformen bedacht war und das auch von Jackie erwartete, und mit ihrer Schwiegermutter Rose Kennedy aneinandergeriet. Letztere eröffnete ihr einmal, dass sie zum Mittagessen wichtige Gäste erwarten würden, und wies sie an, doch bitte pünktlich bei Tisch zu erscheinen. Jackie dachte jedoch gar nicht daran und ließ sich überhaupt nicht blicken. Sie blieb vielmehr in ihrem Schlafzimmer und ließ sich von einem Hausmädchen das Essen auf einem Tablett ans Bett servieren.

Trotz ihres majestätischen Auftretens in der Öffentlichkeit war sie im Grunde ihres Herzens ein Freigeist – genau wie ihr Vater und ihre Tante, die exzentrische Society-Lady Edith »Big Edie« Bouvier und deren Tochter Edith »Little Edie« Bouvier Beale. Ihr Cousin John H. Davis, der das Buch *Die Bouviers: Porträt einer amerikanischen Familie* schrieb, skizzierte Jackie als eine junge Frau, die nach außen den gesellschaftlichen Normen zu entsprechen schien. Tief drinnen, so schreibt er weiter, besaß sie jedoch einen »ungezähmten, freien Geist, den sie mit nur wenigen Menschen teilte und der eines Tages mit verantwortlich sein werde für ihren enormen Erfolg«.

Kurz und knapp: Beschränken Sie sich auf das Wesentliche. Rufen Sie nicht gleich wegen jeder Kleinigkeit den Dritten Weltkrieg aus. Natürlich dürfen Sie auch mal wie Jackie schmollen und eingeschnappt sein, was Jack übrigens jedes Mal auf die Palme trieb. Am besten Sie reden Klartext, wenn Sie mal auf Ihren Partner wütend sind. Oder Sie ziehen sich für eine Weile zurück. Das wird ihn mit Sicherheit aufmerken lassen.

Den Jackies von heute sei geraten: Lernen Sie, fünfe auch mal gerade sein zu lassen. Wenn Ihre werte bessere Hälfte etwas sagt oder tut, das zwar ärgerlich, aber verzeihlich ist, dann ignorieren es oder ihn. Machen Sie es wie Jackie und handeln Sie frei nach dem Motto »alles halb so wild«.

Die Kunst der gepflegten Konversation

In einer Sache waren Jackie und Marilyn wahre Expertinnen: wenn es darum ging, die Aufmerksamkeit von Männern mittels der Kunst der gepflegten Konversation zu bannen. Obgleich es, unter uns gesagt, vermutlich nicht vieler Worte oder ausgefeilter Sätze bedurfte, um die Aufmerksamkeit der Herren zu erregen. Vermutlich war es also eher die Art und Weise, wie sie die Dinge in Worte fassten.

Man denke nur an jene berühmte Dinnerparty im Jahr 1952 bei Peter und Pat Lawford in Santa Monica, als Marilyn John F. Kennedy kennenlernte. Sie wollte sich gerne mit dem damaligen Mitglied des Repräsentantenhauses über das Thema Bürgerrechte unterhalten und zog einen Zettel hervor, auf dem sie mit Lippenstift einige Fragen notiert hatte. Zugegebenermaßen ein recht origineller Einstieg für ein Gespräch, auch für Marilyn. Kennedy war hingerissen und redete den Rest des Abends nur noch mit ihr.

Was John F. Kennedy an Jackie mit als Erstes faszinierte, war ihre Intelligenz. In der Zeit vor ihrer Heirat wurde sie bei den Familienwochenenden der Kennedys in die Mangel genommen und musste sich bei Wortspielereien und beim Touch-Football bewähren. Jack merkte schnell, dass er sie für die oft erbitterten Worträtsel-Schlachten in sein Team wählen musste, weil sie jedes Mal gewann. Als die beiden verheiratet waren, schmückte die schriftstellerisch begabtere Jackie viele der Reden ihres Mannes auf brillante Weise aus, unter anderem mit Zitaten von George Bernard Shaw oder William Butler Yeats.

Der Eintritt in den Bund der Ehe

»Willst du …?«

Sie dürfen auf keinen Fall sofort »Ja« sagen, wenn Sie eine echte Jackie sind. Als echte Marilyn dagegen sagen Sie überhaupt nicht »Ja«. Stellen Sie sich vor, Ihr absoluter Traummann hat Ihnen gerade einen Heiratsantrag gemacht. Sie haben nun die Wahl: Entweder Sie brechen in Tränen aus und schreien »Ja! Ja! Ja!«, wie beim *Bachelor* im Fernsehen. Oder Sie halten ihn hin und erwidern, Sie würden es sich überlegen. So oder so, Sie werden diese Geschichte später einmal Ihren Kindern (oder seinen, sprich Ihren Stiefkindern) erzählen müssen. Also achten Sie darauf, dass Sie Ihre Würde wahren.

Als John F. Kennedy Jackie schließlich fragte, ob sie ihn heiraten wolle, willigte sie zwar grundsätzlich ein, reiste kurz danach aber für die Berichterstattung über die Krönung von Elizabeth II.

nach London. Sie brauche Bedenkzeit und müsse sich erst darüber klar werden, was es bedeute, in den Kennedy-Clan einzuheiraten, ließ sie ihn wissen.

Ihr Artikel über die Krönung erschien auf der Titelseite diverser Washingtoner Zeitungen, und Jack telegrafierte ihr: »Artikel großartig, aber du fehlst.« Zurück in den USA, überraschte er sie, als er sie vom Flughafen in Boston abholte. Erst in diesem Moment sagte sie offiziell »Ja«.

Die Hochzeitsfeier

Wenn Sie zum ersten Mal heiraten, haben Sie alle Freiheiten. Überlassen Sie das Zepter jedoch nicht Ihrer Mutter – sie hat ihren großen Tag bereits gehabt. Ist es dagegen Ihre zweite Hochzeit, wählen Sie besser die gediegenere Variante. Ein Kleid von Valentino macht sich übrigens immer gut.

Wegen ihrer Berühmtheit und angeborenen Schüchternheit (oh ja!) fanden Marilyns zweite und dritte Hochzeit in einem sehr kleinen Rahmen statt. Als echte Marilyn werden Sie die kirchliche Trauung, und zwar egal, ob Sie zum ersten, zweiten oder dritten Mal zum Altar schreiten, so klein wie möglich halten wollen, ohne die angeheiratete Verwandtschaft zu kränken. Eine rein formale Eheschließung auf dem Standesamt ist zwar keine Schande, aber fahren Sie dazu bitte nicht nach Las Vegas.

Die erste Heirat – ein Vergleich

»Jackie wollte unbedingt Mrs John F. Kennedy werden. Mehr als alles andere in der Welt«, erinnert sich ein Freund, wenn er an die Verlobung von Jackie und Jack im Jahr 1953 zurückdenkt.

Jackie hatte sich ihren großen Tag anders vorgestellt, stilvoll und mit Newport-Chic, stattdessen geriet die Feier zu einem riesigen, für die Kennedys typischen Megaevent unter der Regie von Joseph P. Kennedy, dem Patriarchen der Familie. Ganze 24 Brautjungfern waren engagiert, die Segnung nahm der Kardinal persönlich vor, und eingeladen waren ganze 1200 geladene Gäste, darunter der gesamte US-Senat. Bei dem gesellschaftlichen Großereignis saßen die Gäste an Tischen im Garten vor der Villa, labten sich an Hähnchen in Sahnesauce, bestaunten die Hochzeitsgeschenke, die im Haus ausgestellt waren, und tanzten zu den Klängen des Meyer Davis Orchestra auf der Terrasse der Hammersmith Farm, dem Anwesen der Familie Auchincloss in Newport.

Am Abend zuvor hatte Jack einen Toast ausgebracht

und gewitzelt, er müsse Jackie heiraten, um sie dem »vierten Stand«, also den Medien und der Presse, zu entreißen. Schließlich könne sie ihm für seine politischen Geschicke viel zu gefährlich werden. Jackie hielt eine Postkarte hoch, die ihr der »Autor und Pulitzer-Preisträger« Kennedy geschickt hatte, und las sie der versammelten Gästeschar vor: »Ich wünschte, du wärest hier. Jack.«

Auf dem Weg in die Flitterwochen nach Acapulco trug Jackie ein graues Chanel-Kostüm und eine diamantenbesetzte Federbrosche, ein Hochzeitsgeschenk ihres Mannes.

Marilyns erste Heirat ging holterdiepolter, war planlos und unüberlegt. Ihre Mutter wohnte der Feier gar nicht bei, und ihren Vater kannte Marilyn ohnehin nicht. Am 19. Juni 1942 um halb neun Uhr abends vollzog der nicht-konfessionelle Geistliche Benjamin Lingenfelder im Haus von Mr und Mrs Chester Howell (Freunde von Grace) in der 432 South Bentley Avenue in West Los Angeles die Hochzeit. Alles schien leicht unwirklich und improvisiert. Trauzeugin war ein Mädchen, das Norma Jeane nur flüchtig aus der Schule kannte, und Jims Bruder Marion war der Brautführer. Der Bräutigam erinnerte sich später, dass Marilyn »so gezittert hatte, dass sie sich kaum auf den Beinen halten konnte«.

In einem nahegelegenen Lokal gab es danach ein bescheidenes Mahl. Ein Showgirl, das eigentlich für eine andere Hochzeitsfeier engagiert war, zog Dougherty zum Tanz auf eine behelfsmäßige Bühne. Als er danach zu seiner Braut an den Tisch zurückkam, sah die »nicht gerade sehr glücklich aus«. Er habe sich »zum Affen gemacht«, fand sie.

Gegen vier Uhr morgens machte sich das frischvermählte Paar auf den Heimweg nach Sherman Oaks. Die Flitterwochen fielen übrigens aus.

Sind Diamanten wirklich der beste Freund einer Frau?

Um ehrlich zu sein, hatten die Kennedys für in ihren Augen »irrelevante Ausgaben« im wahrsten Sinne des Wortes nicht viel übrig. Geld – viel Geld – gaben sie dagegen aus, um ihre Söhne ins Rennen um das Präsidentenamt oder einen Senatssitz zu schicken. Für Antiquitäten, Kunst oder Schmuck gaben sie allerdings kaum etwas aus, und auch die Ausgaben für Dachrenovierungen oder die Gehälter der Bediensteten waren eher knapp bemessen. Jackie besaß einen wunderschönen Verlobungsring, einen 2,8-karätigen Diamantring mit Smaragd von Van Cleef & Arpels, den Papa Kennedy ausgesucht und bezahlt hatte, sowie eine Brosche von Schlumberger, die Jack ihr zur Geburt ihres ersten Sohnes John geschenkt hatte. Meistens aber trug sie in den 1950er Jahren Modeschmuck im Wert von etwa 35 Dollar und unechte Diamantohrringe.

Vor ihrer Zeit als Jetset-Lady an der Seite von Aristoteles Onassis besaß Jackie so gut wie keine echten Schmuckstücke. In den ersten glücklichen Jahren ihrer Beziehung und Ehe hatte es sich

Onassis zur Gewohnheit gemacht, Jackie eine »kleine funkelnde Überraschung« aufs Frühstückstablett zu legen. Zur Verlobung schenkte er ihr einen 40 Karat schweren Diamantring, den Jackie nur zweimal trug und der ansonsten in einem Safe in New York lagerte. Der Ring ging nach Jackies Tod bei Sotheby's für 2,5 Millionen Dollar an den irischen Millionär Tony O'Reilly, der ihn für seine Frau erwarb. Zur Hochzeit 1968 schenkte Onassis ihr einen 20 Karat schweren Rubinring, ein Paar Cabochon-Rubinohrringe, Diamantenohrclips sowie die passenden Anhänger dazu.

Maria Callas sagte einmal über Onassis: »Alles, was er über Frauen gelernt hat, weiß er aus den Katalogen von Van Cleef & Arpels.« Was, wie Sie zugeben müssen, nicht das Schlechteste ist.

Das Endspiel

Auch nach dem Ende einer Ehe (im Falle von Jackie durch tragische Ereignisse und Tod, im Falle von Marilyn durch Scheidung) sprachen die beiden Frauen nur liebevoll von ihren Ehemännern.

Über John F. Kennedy verlor Jackie nie ein schlechtes Wort, und das trotz seiner zahllosen angeblichen Affären, die zu seinen Lebzeiten jedoch nicht bekannt wurden. »Nun ist er eine Legende, obwohl er so viel lieber ein einfacher Mensch hatte sein wollen.« Nach dem Tod von Onassis gedachte Jackie der Zeit mit ihm in Würde, trotz aller Gerüchte, dass die Ehe in den letzten Zügen gelegen habe. »Ari hat mich gerettet, als mein Leben voller Schatten war. Er hat mich in eine Welt gebracht, in der es Glück und Liebe gab. Wir haben viele schöne Erfahrungen geteilt. Dafür werde ich ewig dankbar sein«, sagte sie einmal über ihn.

Freunden erzählte sie amüsante Geschichten, etwa dass Ari an Schlaflosigkeit gelitten habe und die ganze Nacht lang die Park Avenue auf und ab spaziert sei oder dass er ständig Freunde mit nach Hause gebracht habe.

Auch Marilyn redete nach ihrer Scheidung von Arthur Miller mit Stil über die Trennung. Zu Reportern sagte sie: »Es wäre geschmacklos von mir, darüber zu sprechen. Es ginge zu weit. Mister Miller ist ein wundervoller Mann und ein großartiger Schriftsteller. Es hat einfach nicht sollen sein, dass wir als Mann und Frau verbunden sind. Aber jeden Mann, den ich je geliebt habe, liebe ich noch immer ein wenig.«

Das Ende einer Ehe oder einer langjährigen Beziehung ist immer schmerzhaft. Eines aber lehren uns die Beispiele von Jackie und Marilyn: Beschreiten Sie edle Wege! Ohne Ausnahme. Denn irgendwann einmal haben Sie diesen Mann so sehr geliebt, dass Sie ihn geheiratet haben. Vielleicht sind ja auch Kinder im Spiel, und wenn nicht, dann Schwiegereltern und angeheiratete Verwandte sowie eine ganze Horde von Freunden und Familienmitgliedern. Abgesehen davon sagt die Art, wie Sie von jemandem sprechen, was auch Jackie und Marilyn ganz genau wussten, sehr viel mehr über Sie als Mensch aus denn über ihn.

Nachtrag

Am Ende von Marilyns Leben bemühte sich Joe DiMaggio darum, ihr Beschützer zu sein. Als sie am 3. August 1962 starb, hatten sie und Joe eigentlich vorgehabt, sich vier Tage später ein zweites Mal zu vermählen. Der Baseballstar hasste Hollywood ebenso wie die Gauner und Agenten, die Intriganten und Jasager, die alle seinem Empfinden nach zu Marilyns Tod beigetragen hatten.

Am Tag nach ihrem Tod lag ihre Leiche im städtischen Leichenschauhaus von Los Angeles, ohne dass ein Familienmitglied Anspruch darauf erhob. Da wurde DiMaggio aktiv. Er rief Allan »Whitey« Snyder an, Marilyns Freund und langjährigen Visagisten, um sicherzustellen, dass sie perfekt geschminkt würde. Ihm hatte sie zehn Jahre zuvor folgendes Versprechen abgenommen: »Versprich mir, falls mir irgendetwas zustößt, dass niemand außer dir mein Gesicht berühren wird. Versprich mir, dass nur du mich schminkst, damit ich wunderschön aussehe, wenn ich gehe.« »Klar«, sagte er damals lachend und scherzte: »Wenn man mir die Leiche bringt, solange sie noch warm ist, dann mach ich es.« Wenige Wochen später erhielt Allan ein Geschenk von Marilyn in einer himmelblauen Tiffany-Schachtel, eine goldene Geldklammer mit der Gravur: »Whitey, mein Lieber, solange ich noch warm bin – Marilyn.« Selbstverständlich erfüllte er ihr dieses letzte Versprechen.

Joe DiMaggio organisierte das Begräbnis, zu dem er nur 30 Verwandte und Freunde einlud – darunter keine Studiobosse, keine Produzenten, keine anderen Hollywood-Stars und schon gar keine Journalisten, Fotografen oder Reporter. Marilyns Schauspiellehrer Lee Strasberg hielt eine kurze Ansprache: »Wir, die wir heute hier versammelt sind, kannten Marilyn nur als warmherzigen Menschen, impulsiv und scheu, empfindsam und stets von der Furcht erfüllt, zurückgewiesen zu werden, und dennoch jederzeit aufgeschlossen für das Leben und vom Streben nach Erfüllung geleitet. Der Traum von ihrem Talent war keine Illusion.«

Jahre zuvor hatte Marilyn DiMaggio von William Powell erzählt, der Jean Harlow, als sie im Sterben lag, hoch und heilig versprochen hatte, ihr stets frische Blumen aufs Grab zu legen und sie niemals zu vergessen. DiMaggio wusste, wie bewegt Marilyn von dieser Geschichte war, weshalb er ihr in den folgenden 20 Jahren nach ihrem Tod dreimal die Woche einen Strauß Rosen aufs Grab legen ließ. Öffentlich äußerte er sich nie zu seiner Beziehung mit Marilyn. Und er hat auch nicht wieder geheiratet. Laut seinem Sohn kam er nie über ihren Tod hinweg. Seine letzten Worte waren angeblich: »Jetzt werde ich Marilyn endlich wiedersehen.«

Würde sie es noch einmal tun?

Als zweifache Witwe mit nur 45 Jahren wollte Jackie kein weiteres Mal heiraten. »Ich habe stets für einen Mann gelebt«, vertraute sie einer Freundin nach dem Tod von Aristoteles Onassis an. »Noch einmal kann ich das nicht.« Ob sie alles noch einmal genau so machen würde? Wohl kaum, sagte Jackie in den 1970er Jahren einmal. Damals arbeitete sie beim Verlag Doubleday als Lektorin und war in einer überaus gefestigten und glücklichen Beziehung mit Maurice Templesman. Sie würde, so sagte sie, wahrscheinlich Single bleiben und als Journalistin durch die Welt reisen, so wie ihre Freundin Gloria Emerson.

Jackies Geheimnisse – schon gewusst?

Vor ihrer Heirat mit John F. Kennedy war Jackie wie alle in ihrer Familie und so ziemlich jeder in ihrem gesellschaftlichen Umfeld Republikanerin. In den Kennedy-Clan einzuheiraten bedeutete für sie, zu den Demokraten zu wechseln. Das war ihr klar. Und das tat sie schließlich auch.

Eines von Marilyns Geheimnissen – schon gewusst?

Ihre Ehe mit Arthur Miller endete zwar unglücklich, trotzdem hat Marilyn jeden einzelnen Brief aufgehoben, den er ihr je geschrieben hat.

Der fleischgewordene Intellekt

»Er (Arthur Miller) hätte mich nicht geheiratet, wenn ich nur ein dummes Blondchen wäre.«

MM

»Ich wollte schon immer in irgendeiner Form Schriftstellerin sein ... Wie so viele andere träumte auch ich davon, den großen amerikanischen Roman zu schreiben.«

JKO

Auch Sexbomben lesen Nietzsche. Jawohl, das tun sie. Diana Vreeland, die legendäre Modedesignerin und Chefredakteurin der amerikanischen *Vogue* und sowohl mit Jackie als auch mit Marilyn befreundet, hatte Recht, als sie einmal sagte: »Die einzig wahre Eleganz liegt im Geist. Wenn man die hat, dann kommt der Rest von ganz allein.«

Obwohl Jackie und Marilyn Frauen mit stilvoller Eleganz und weiblichen Reizen waren, nahmen sie sich diese Einsicht zu Herzen, denn sie wussten, dass letztlich die innere Schönheit unvergessen bleibt, ganz gleich, wie attraktiv man war.

Jackies Schulzeit

Als junge, privilegierte Frau erhielt Jackie die denkbar beste Schulbildung. Bereits vor ihrer Einschulung in die Miss Chapin's School an der East End Avenue in New York konnte sie lesen. Intelligent, fröhlich und ausgelassen, bisweilen auch gelangweilt tanzte sie den Lehrern nicht selten auf der Nase herum und wurde ins Büro von Direktorin Ethel Stringfellow zitiert. Miss Stringfellow hielt sie an, sich besser zu konzentrieren, und förderte Jackies Talente, indem sie das Mädchen mit einem Vollblüter verglich: »Ohne Selbstdisziplin und Training sind alle Anlagen des Pferdes nutzlos.« Später erinnerte sich die Direktorin: »Ich hätte Jacqueline nicht behalten, hätte sie nicht diesen überaus neugierigen Geist gehabt, wie wir ihn an dieser Schule in 35 Jahren nicht hatten.« Die harte Hand der Direktorin wirkte.

Danach ging Jackie auf die Miss Porter's School, ein Mädcheninternat in Farmington, Connecticut. Sie war dort allseits »beliebt«, wie man im Jargon der damaligen Zeit so schön sagte, und fand viele Freundinnen, mit denen sie ein Leben lang verbunden blieb. Darunter war auch Nancy »Tucky« Tuckerman, die später nicht nur im Weißen Haus mit ihr zusammenarbeitete, sondern ihr auch sonst ein Leben lang zur Seite stand. Ihre Lehrer hielten Jackie für eine überdurchschnittliche Schülerin. Trotzdem grämte sie sich und klagte einer Freundin einmal: »Ich bin sicher, dass mich keiner je heiraten will und ich als Hausfrau in Farmington enden werde.«

Ihr Studium begann sie am Vassar College in Poughkeepsie, wo sie zwei Jahre blieb. Obwohl sie die intellektuelle Herausforderung liebte, ging es ihr gehörig gegen den Strich, in Poughkeepsie festzusitzen, an »diesem gottverdammten College«. Als sich die Gelegenheit bot, als Austauschstudentin an die Sorbonne nach Paris zu gehen, packte sie die Chance beim Schopf. »Das war die glücklichste Zeit in meinem Leben«, erinnerte sie sich später. Nach dieser Zeit konnte sie nichts und niemand mehr zurück nach Vassar bringen, daher beendete sie ihre Studium mit einem Bachelor-Abschluss in Französischer Literatur an der George Washington University in Washington, D. C.

In jungen Jahren mag Jackie es versteckt haben, wenn sie sich mit Männern traf, aber sie war sehr klug. Sie war immer schon eine intelligente Frau und wusste eine Menge. Ihr Wissensdurst war geradezu unersättlich.

Im Gegensatz zur typischen Denkart vieler, die mit zunehmendem Alter zu einer starren Weltsicht führt, drängte sie es zu immer neuen Büchern, Erfahrungen, Menschen und Gedanken. Ein guter Freund sagte einmal: »Jackie war keine Intellektuelle, aber sie mühte sich nach Kräften, die Welt mit allem, was darin so vor sich geht, zu durchschauen.« Im Weißen Haus brachte sie Oleg Cassini dazu, jedem zu zeigen, wie man Twist tanzte, einen neuen Tanz, der wie ein Fieber die ganze Stadt erfasst hatte. Jedem Maler, Dichter oder Schriftsteller, den sie bewunderte, schrieb sie einen begeisterten Brief. Das tat sie zeit ihres Lebens, und oft entwickelten sich daraus Freundschaften. Auf diese Weise lernte sie in den 1970er Jahren auch den Cartoonisten Charles Addams kennen, der regelmäßig im *New Yorker* veröffentlichte.

Jackie entwuchs dem Newport der 1940er Jahre samt allen dort gängigen Vorurteilen. Damals war man unter anderem gegen Schwarze, Juden, Katholiken, Iren, also ziemlich gegen alle, die nicht zu den weißen angloamerikanischen Protestanten gehörten. Gegen Ende ihres Lebens praktizierte sie Yoga und Meditation, ging einer »echten« Arbeit nach und umgab sich mit Menschen aus allen Bevölkerungsschichten.

Am Strand von Skorpios unterhielt sie sich einmal mit ihrer Freundin Vivian Crespi. »Weißt du eigentlich, wie viel Glück wir haben, Vivi?«, sagte sie. »Dass wir es geschafft haben, herauszukommen aus der Welt, in die wir hineingeboren wurden. (…) Tag für Tag der ewig gleiche Typ Mensch. (…) Du und ich, wir haben aus unserem Leben richtig was gemacht.«

Marilyns Schulzeit

Marilyns Schulbildung war ebenso wie ihre Erziehung das komplette Gegenteil von der Jackies. Sie erfuhr keinerlei Belobigungen, die man als Klassenbeste so bekommt. Sie brachte auch nicht unzählige Stunden in einem lichtdurchfluteten Mädchenzimmer hoch über der Narragansett Bay zu und las Shakespeare.

Stattdessen ging Norma Jeane ausschließlich auf staatliche Schulen, zunächst auf die Emerson Junior High School in West Los Angeles, zwischen dem Wilshire- und dem Santa Monica Boulevard. Sie war meist eine unauffällige Schülerin und trat kaum hervor. Der Unterricht war auf Mädchen zugeschnitten, für die ein Studium ohnehin nicht in Betracht kam, gelehrt wurden Naturkunde, Büroorganisation, Englisch und Buchhaltung. Ihre Noten waren mittelprächtig. »Sie war eine durchschnittliche Schülerin«, weiß Mabel Ella Campbell, ihre ehemalige Biologielehrerein, zu berichten. »Aber sie machte den Eindruck, als mangle es ihr an Fürsorge. Mit ihren Kleidern stach sie ein wenig aus der Menge der anderen Mädchen heraus. (…) Norma Jeane war ein nettes Mädchen, aber ganz und gar nicht kontaktfreudig oder lebhaft.«

Danach besuchte sie die Van Nuys High School, wo ihr Zeugnis noch schlechter ausfiel als zuvor. In der zweiten Hälfte des Schuljahres wechselte sie auf die University High School, Ecke Westgate- und Texas Avenue. Inzwischen war sie 15 und mit Jim Dougherty liiert, einem gut aussehenden, fünf Jahre älteren Nachbarsjungen. Mitte März 1942 schockierte sie ihre Lehrer und Mitschüler, als sie verkündete, sie werde die Schule verlassen, um im Juni zu heiraten. Danach hat man sie in der Schule nicht mehr gesehen. So endete Marilyns schulische Laufbahn mitten im zweiten Jahr auf der Highschool.

Trotz ihrer miserablen Leistungen war auch Marilyn auf ihre Art äußerst wissbegierig. Selbst wenn sie nicht aus einer so guten Familie stammte wie Jackie, las sie dennoch viel und gerne, besuchte Kunstgalerien, wann immer sie konnte, und wohnte dem ein oder anderen College-Seminar bei. Nachdem sie 1949 bereits etliche kleine, aber unvergessliche Rollen in *Die Marx*

Brothers im Theater und *Asphalt-Dschungel* von John Huston gespielt hatte, unterzeichnete sie 1950 einen Siebenjahresvertrag bei der 20th Century Fox. Es ist sehr vielsagend, dass sie in der Anfangszeit ihrer Filmkarriere Abendkurse an der UCLA, der University of California Los Angeles, in »Kunstbetrachtung und Literatur« belegt hat.

Später, als ihre Karriere zum Höhenflug ansetzte, wäre es ihr unmöglich gewesen, sich unerkannt in ein Seminar zu setzen. 1955 besuchte sie, damals bereits ein Star, das berühmte Actor Studio in New York, wo sie Schauspielunterricht bei Lee Strasberg nahm.

Im Unterschied zu den meisten Amerikanern heute verspürte sie ein brennendes Verlangen nach Weiterbildung und Entwicklung ihrer Persönlichkeit. Sie führte eine Liste mit Wörtern, die ihr nicht geläufig waren, und schlug sie nach, sobald sie dazu kam.

Marilyn vertraute voll und ganz auf das bekannte Wörterbuch Merriam-Webster und die Macht der Bildung.

Zen und die Kunst der Fabelhaftigkeit

Jackies Philosophie

Jackie war nach außen hin religiös, im Privaten jedoch sehr spirituell. Sie praktizierte ihre eigene, höchst individuelle Form von Zen-Katholizismus, entzündete häufig eine Kerze in der Kirche, etwa für Freunde, die gerade eine schwierige Phase durchmachten, für die sie aber auch mal einen Schokoladenkuchen buk. Wohlvertraut mit den Dogmen der katholischen Kirche aufgrund der tragischen Ereignisse in ihrem Leben – den frühen Toden von John F. und Robert F. Kennedy, ihren Fehlgeburten sowie dem Tod ihres Sohnes Patrick –, sagte sie einmal: »Die katholische Kirche kennt sich aus mit dem Tod. (…) Wir hätten ihre Lehren begrüßt, wenn das mit den Kindern nicht gewesen wäre.«

Von Kennedy lernte sie eine fast schon fatalistische Sicht auf das Leben, die sich gegen das Ethos der Kennedys richtete, die davon überzeugt waren, dass man mit genügend Geld, genügend Macht, ausreichend harter Arbeit und den richtigen Beziehungen den Lauf der Dinge gezielt lenken könne. »Am Ende zählt nicht die Realität«, belehrte Joseph P. Kennedy Jackie und seine Kinder, »sondern der Schein.« Es kommt, wie es kommt, glaubte hingegen John F. Kennedy. Man selbst könne die Geschicke nur wenig beeinflussen. »Von meinem Mann habe ich gelernt, das Bestmögliche zu tun und die Dinge dann laufen zu lassen – was soll's«, sagte Jackie einmal.

Über die Kennedys lernte sie allerdings auch eine grundlegende Lebensfreude kennen, Leichtigkeit und Humor, aber auch die Sinnlosigkeit, die Dinge kontrollieren zu wollen, oder gar die absurde Idee, weit in die Zukunft zu planen. Freude, Schönheit oder Lachen im jeweiligen Moment auszuleben und anzunehmen und dann das Beste daraus zu machen – so könnte man Jackies Lebensmotto beschreiben, denn Kummer und Leid lauern oft schon um die nächste Ecke.

Um nach dem 22. November 1963 überhaupt in der Lage zu

sein, ihr Leben halbwegs neu zu gestalten, musste Jackie viele Dinge loslassen, sie ignorieren und nicht problematisieren. Sie hatte keinerlei Interesse, den Abschlussbericht der Warren-Kommission zu lesen, die den Mord an ihrem Mann untersuchte, um herauszufinden, wer der Mörder ihres Mannes war, oder sich mit den zahlreichen Verschwörungstheorien zu beschäftigen. »Das macht Jack auch nicht wieder lebendig.« Allerdings war sie einmal die Woche in psychiatrische Behandlung.

Jackie war zwar katholisch, fühlte sich aber auch sehr zu indischen Lehren hingezogen. Vermutlich hatte das unter anderem damit zu tun, dass sie bei einem Besuch des Landes im Jahr 1961 von einer begeisterten Menge mit den Rufen »Ameriki Rani« empfangen worden war. Ihr Interesse an Mythen wuchs, als sie in den 1980er Jahren das Buch *Die Kraft der Mythen* von

Bill Moyers redigierte. Damals meditierte sie jeden Morgen von 7 Uhr bis 7.30 Uhr und war mit dem spirituellen Autor Deepak Chopra befreundet. Wenn er in der Stadt war, meditierten sie sogar gemeinsam. »Jackie war überhaupt nicht aufgeblasen«, erinnert sich Chopra, »sondern ganz natürlich. Außerdem hatte sie einen großartigen Sinn für Humor, scherzte viel und alberte oft herum. Man konnte sehr viel Spaß mit ihr haben.«

Gemeine Gedanken waren Jackie grundsätzlich fremd. Okay, okay, ein klein bisschen böse konnte auch sie sein, aber nur, wenn sie mal auf eine gute Pointe aus war oder etwas verdeutlichen wollte. Sie war eine Meisterin der gepflegten Konversation. Die Fähigkeit, Geschichten zu erzählen, einen ganzen Raum in ihren Bann zu ziehen und andere zum Lachen zu bringen – das ist schon eine Kunst für sich. Ihr Charme war ebenso wie ihr Lächeln absolut echt und ehrlich, trotzdem hielt sie es auch mit dem Spruch: »Eine gute Geschichte muss nicht vor Fakten strotzen.«

Marilyns Philosophie

Marilyn war eher rein spirituell. Ihre religiöse Gesinnung könnte man am ehesten mit den Worten des Dalai-Lama beschreiben: »Meine Religion ist sehr einfach. Meine Religion ist Freundlichkeit und Güte.«

Als Kind kam Norma Jeane zu »Tante Grace«, einer Freundin ihrer Mutter, die die Vormundschaft für sie übernahm. Grace McKee Goddard interessierte sich für Mary Baker Eddy, die Gründerin der Christlichen Lehre, und war eine der wenigen Menschen, die das Mädchen gut behandelten. Grace schenkte ihrem Schützling eine Ausgabe des Buches *Wissenschaft und Gesundheit mit Schlüssel zur Heiligen Schrift* von Baker Eddy, das Marilyn zeit ihres Lebens aufbewahrte und immer wieder las.

Im Grunde war Marilyn jedoch überkonfessionell. Sie besaß auch einen wunderschönen Rosenkranz aus großen Granatperlen mit einem riesigen Kreuz daran. Joe DiMaggio hatte ihr dieses Familienerbstück von seiner Mutter geschenkt. Marilyn benutzte den Rosenkranz häufig, und die einzelnen Perlen waren ziemlich abgegriffen – wie Sorgenperlen.

Im Gegensatz zu der eher verhaltenen Jackie trug sie ihr Herz auf der Zunge. Als Schauspielerin durchlebte sie bisweilen eine Achterbahn der Gefühle – von Lachen bis Weinen, oft in kurzem Wechsel hintereinander. Sie sah die Schönheit in einem Sonnenuntergang, in einer Blume, im freundlichen Umgang miteinander, im Lachen eines Kindes.

Doch just als ich meinte, ich hätte unsere beiden Diven ergründet – die kluge, kühle Intellektuelle Jackie und die attraktive, heiße Sexbombe Marilyn –, stieß ich auf folgendes Zitat:

> *»Ich glaube, dass alles aus einem guten Grund geschieht. Wir Menschen ändern uns, damit wir lernen loszulassen. Dinge gehen schief, damit wir zu schätzen lernen, wenn etwas klappt oder gutgeht. Wir sitzen Lügnern auf, damit wir lernen, uns selbst mehr zu vertrauen. Und manchmal gehen gute Dinge verloren, damit sie noch besseren Platz machen können.«*
>
> MM

Nicht schlecht, oder?

Was schließen die Marilyns von heute denn nun daraus, sofern sie sich diesen Gedanken nicht an den Badezimmerspiegel geklebt haben, damit sie ihn jeden Morgen lesen können? Ganz einfach: Im Zweifel weniger als nötig sagen. Diesen Tipp gibt Marilyn in einigen ihrer komödiantischen, unvergessenen Filmrollen, etwa in *Das verflixte 7. Jahr* und *Blondinen bevorzugt.*

Jackie und Marilyn urteilten nicht

Sowohl Jackie als auch Marilyn gingen äußerst liberal mit den Fehltritten ihrer Mitmenschen um. Sie kannten das Leben mit all seinen Kapriolen gut genug, um nicht über andere zu urteilen. Was jetzt aber nicht heißen soll, dass die beiden sich nicht eine Meinung von den Menschen oder Situationen gebildet hätten. Vielmehr war Jackie, genau wie ihr Lieblingsautor Ernest Hemingway, der festen Überzeugung, dass »das Handeln den Charakter offenbart«. Außerdem liebte sie Geschichten aus erster Hand. Während ihrer Zeit im Weißen Haus sog sie den Klatsch und Tratsch, den sie aus Hollywood hörte, förmlich auf und hielt auch ihren Mann auf dem Laufenden, um ihn zu unterhalten und ihn nach einem anstrengenden Tag etwas zu zerstreuen.

Jackie und Marilyn waren beide extrem weltoffen und vorurteilsfrei, wenn es um die Lebensweise anderer Menschen ging. Selwa Roosevelt, eine Studienkollegin aus dem Vassar College, erinnert sich, dass Jackie »anspruchsvoll war, was Stil und Geschmack anging, aber nie Ansprüche an andere stellte. Eigentlich war sie stets offen für neue Ideen, neue Leute und neue Denkweisen«.

Zu Hause mit einem guten Buch

Jackies Bücherregal

Jackie war von klein auf eine Leseratte. In einem autobiografischen Aufsatz über ihre Kindheit schrieb sie: »Als ich klein war, las ich eine Menge Bücher, obwohl viele für ältere Leser waren. In dem Zimmer, in dem ich meinen Mittagsschlaf halten sollte, standen Tschechow und Shaw. Geschlafen habe ich nicht viel, meist saß ich auf dem Fenstersims und las. Danach wusch ich mir die Fußsohlen, damit das Kindermädchen nicht merkte, dass ich gar nicht im Bett gewesen war. Meine Helden waren Byron, Mogli, Robin Hood, der Großvater des Kleinen Lords und Scarlett O'Hara.«

Jackie las also, was sie in die Finger bekam – alte und neuere Literatur ebenso wie französische Existenzialisten und die *New York Post.* Sie besaß unzählige Bücher, verteilt auf ihre verschiedenen Häuser, wenn auch nur einige wenige gekaufte, da die meisten Geschenke waren, darunter viele Erstausgaben und von den Autoren signierte Exemplare. Auf der Wahlkampftour 1961, auf der sie im

Familienflieger der Kennedys, der *Caroline*, kreuz und quer durch das ganze Land flog, legte sie oft die Beine hoch und vertiefte sich in eine abgenutzte Taschenbuchausgabe von Jack Kerouacs *Unterwegs*. In Indien entdeckte sie die Liebespoesie von Rumi, dem brillanten persischen Mystiker aus dem 13. Jahrhundert, der übrigens auch der Lieblingsdichter von Audrey Hepburn war. Auf dem Familiensitz in Martha's Vineyard stand vor einer langen Wand in ihrem Schlafzimmer ein Regal, das vom Boden bis zur Decke reichte und ausschließlich mit französischer Literatur bestückt war.

Schriftsteller lagen ihr sehr am Herzen, und immer mal wieder lud sie Autoren wie Robert Lowell, William Styron und Marilyn Hemingway ins Weiße Haus ein. Auf Jackies Bücherregal fanden sich neben vielen anderen folgende Werke:

Jacqueline Kennedy: *In the Russian Style* (von Jackie herausgegeben und mit einem Vorwort versehen)

Mrs John N. Pearce: *The White House. An Historic Guide* (mit Jackie zusammen verfasst)

Deborah Tubreville und Louis Auchincloss: *Unseen Versaille* (von Jackie herausgegeben)

Deborah Nevins: *Grand Central Terminal* (von Jackie herausgegeben)

Noël Coward: *Present Indicative*

Maud Shaw: *White House Nanny*

Gail Cameron: *Rose. A Biography of Rose Fitzgerald Kennedy*

Edna O'Brien: *House of Splendid Isolation* (signiert)

Suzanne Massie: *The Land of the Firebird* (signiert)

Gebundene Jahrgänge der Zeitschrift *The Paris View*

Mikhail Pavlovich Iroshnikov, Liudmila Protsai, Yuri Shelayev, P. Williams, Y. Bolshakov: *The Sunset of the Romanov Dynasty*

William Blake: *Selected Poetry and Prose*

William Hickey: *The Prodigal Rake*

John Updike: *Pigeon Feathers and Other Stories*

Lillian Hellman: *Six Plays*

Betty Friedan: *The Feminine Mystique*

Leo Tolstoi: *Anna Karenina*

Katell Le Bourhis: *The Age of Napoleon*

Charlotte-Elisabeth Duchesse d'Orléans: *A Woman's Life in the Court of the Sun King* (ein Geschenk von Michael von Griechenland)

Joseph P. Lash: *The Roosevelt Family of Sagamore Hill*

Marilyns Bücherregal

Entgegen der landläufigen Meinung war Marilyn durchaus belesen und hatte mehr als 400 Bücher in ihrer privaten Bibliothek stehen. Die breite Palette umfasste neben Geschichte, Psychologie und Philosophie auch Literatur, Religion sowie Poesie und Gartenbau. 1945 besorgte sie sich einen Bibliotheksausweis der Westwood Public Library und richtete sich 1946 ihr erstes Kundenkonto in einer Buchhandlung ein. 1951 besuchte sie sogar ein Abendseminar an der UCLA zum Thema »Hintergründe in der Literatur«.

Nachdem sie berühmt war, pflegte sie Freundschaften zu Literaturgrößen wie T. S. Eliot, mit dem sie über lange Jahre im Briefwechsel stand, Carl Sandburg und Marianne Moore.

Zu ihren Lieblingsautoren zählten Fjodor Dostojewski, J. D. Salinger, George Bernard Shaw, Walt Whitman, Thomas Wolfe und John Keats. Nachdem ihr Schauspiellehrer Michael Chekhov gestorben war, kaufte sie seine komplette Bibliothek auf. Die Anschaffung finanzierte sie per Ratenzahlung von ihrer Schauspielgage bei der 20th Century Fox, die sie gerade unter Vertrag genommen hatte.

Der Anblick von Marilyns Bibliothek hätte die Herzen der Freunde englischer Literatur mit Sicherheit höher schlagen lassen.

Neben den Erstausgaben finden sich weitere Ausgaben sämtlicher Klassiker der Beat-Generation: *Unterwegs* von

Jack Kerouac, *Unsichtbar* von Ralph Ellison oder *Set This House on Fire* von William Styron. Außerdem: *Der große Gatsby* von F. Scott Fitzgerald, *Alice im Wunderland* von Lewis Carroll, *Dubliner* von James Joyce, *Fiesta* von Ernest Hemingway und *Der Fall* von Albert Camus. Auch die Bibel und zahlreiche Kinderbücher, darunter mein ganz persönliches Lieblingsbuch, *Die kleine blaue Lokomotive* von Watty Piper, gehörten zum Bestand ihrer Bibliothek.

Darin fanden sich unter anderem auch die folgenden Titel:

Sigmund Freud: *Zur Psychopathologie des Alltagslebens*

Shirley Jackson: *Life Among the Savages*

Lin Yutang: *Weisheit des lächelnden Lebens. Das Geheimnis erfüllten Daseins*

Gene Fowler: *Good Night, Sweet Prince*

Edith Hamilton: *Griechische Mythologie*

Rudolf Steiner: *Mein Lebensgang*

Michael Gorchakov: *Stanislavsky Directs*

Irving Stone: *Vincent van Gogh: Ein Leben in Leidenschaft*

Michael Chekhov: *To the Actor*

Mabel Elsworth: *Der Körper denkt mit. Anatomie als Ausdruck dynamischer Kräfte*

Thomas Wolfe: *The Web and the Rock*

Konstantin Stanislawski: *Die Arbeit des Schauspielers an sich selbst und an der Rolle*

The Autobiography of Lincoln Steffens

Mary Baker Eddy: *Wissenschaft und Gesundheit mit Schlüssel zur Heiligen Schrift*

William Weaver: *Biography of Eleonora Duse*

Harold Sherman: *Your Key to Happiness*

Jackies und Marilyns Bücherregal heute

Die Jackie von heute ist literarisch gebildet im klassischen Sinne, kennt Shakespeare, Yeats, F. Scott Fitzgerald und Edna St. Vincent Millay. Ebenso weiß sie, dass Fitzgerald Edmund Wilson seit der gemeinsamen Studienzeit in Princeton als sein »intellektuelles Gewissen« bezeichnete und dass »Bunny« Wilson jahrelang in Edna Millay verliebt war. Die Jackie von heute nimmt lieber ein richtiges Buch in die Hand als einen Kindle, obgleich sie die Vorzüge des elektronischen Lesegerätes vor allem für lange Auslandsreisen sehr wohl zu schätzen weiß.

Die Marilyn von heute liest ebenfalls leidenschaftlich gerne, zeigt dies nur nicht so offensichtlich wie Jackie. Daher sind ihre Verehrer oft erstaunt, wenn sie ihre Wohnung betreten und überall stapelweise Bücher herumliegen sehen, darunter auch dicke Schinken über Kunst, Psychologie oder Biografien. Dabei kommt es durchaus vor, dass sie während einer Fotostrecke ein Buch zur Hand nimmt und zur allgemeinen Verwunderung darin liest.

Hier eine kleine (absolut willkürliche) Literaturliste für die Jackies und Marilyns von heute

One Special Summer: Ein nachgedrucktes Album, das Jackie und Lee 1951 für ihre Mutter und ihren Stiefvater angefertigt hatten und das von ihrer Europareise erzählt. Jackie war damals 22, Lee 18. Dass die beiden Schwestern dort die schönste Zeit ihres Lebens samt süßem *dolce far niente* erlebten, muss nicht eigens erwähnt werden. Es war fast wie in dem Thriller *Der talentierte Mr. Ripley* von Patricia Highsmith, nur ohne die schaurige Rahmenhandlung.

Der Fürst von Niccoló Machiavelli: Irgendwie muss die Jackie von heute schließlich lernen, wie man die Wogen des Lebens durchschifft.

Film. Eine Geschichte aus Hollywood von Lillian Ross: Im Grunde ihres Herzens war Jackie eine echte Abenteurerin und wollte immer für den *New Yorker* schreiben.

Kunstgeschichte der Alten und Neuen Welt von Anthony F. Janson: Ein echter Wälzer, den sich die Marilyn von heute da vorgenommen hat.

Das komplette Werk von Pema Chödrön: Bringt vielleicht nicht viel, aber die Jackie von heute schnuppert trotzdem mal hinein.

The Gospel According to Coco Chanel von Karen Korbo (nur auf

Englisch erhältlich): Natürlich ist ihr das meiste darin bekannt, doch die Jackie von heute tut sich sozusagen keinen Abbruch, es trotzdem zu lesen.

Die Elite. The Best and the Brightest von David Halberstam: Eines der wenigen Bücher, zu dem Jackie ebenso wie Marilyn gerne greift. Wer sich der Sünden der Vergangenheit nicht erinnert, ist dazu verdammt, sie zu wiederholen.

Pools von Kelly Klein: Weil die Marilyns von heute auch im Bikini eine klasse Figur machen.

The Official Preppy Handbook, herausgegeben von Lisa Birnbach (nur auf Englisch erhältlich): Die Jackie von heute wird dieses Buch kurz querlesen, um zu sehen, ob die Autorin auch wirklich weiß, wovon sie spricht. Danach wird sie es weglegen, es nie mehr wieder zur Hand nehmen und den Göttern auf Knien danken, die sie vor einem solchen Leben und solchen Leuten bewahrt haben.

Das komplette Werk von James Salter, Joan Didion, Stephen Colbert und Evelyn Waugh: Auf jeden Fall etwas für alle Jackies, doch auch die Marilyns lassen gerne mal den Namen Salter fallen, um ihre Verehrer auf die Probe zu stellen.

Die Asche meiner Mutter: Irische Erinnerungen von Frank McCourt: Alle Marilyns finden Trost in dieser Kindheitsgeschichte, die garantiert schlimmer ist als ihre eigene.

Die Torheit der Regierenden von Barbara Tuchman: Ein echter Geschichtsthriller für alle Jackies.

Selige Sommerzeit: Eine sizilianische Kindheit von Fulco di Verdura: Definitiv etwas für alle Jackies. Erinnerungen an eine märchenhafte Welt von gestern, an Chanel und Doris Duke.

Verdura ist der Designer einiger der herrlichsten Schmuckstücke der Welt – was will man mehr?

Life at the Marmont von Raymond Sarlot und Fred E. Basten (nur auf Englisch erhältlich): Die Marilyns von heute dürfen davon träumen, am Pool zu sitzen und entdeckt zu werden.

My Life with the Saints von James Martin von Loyola (nur auf Englisch erhältlich): Ungeachtet des angeschlagenen Rufs der katholischen Kirche ist eine Jackie Anhängerin von Bruder Martin.

Odyssee von Homer: Die Marilyns von heute lesen dieses Werk zur persönlichen Weiterentwicklung.

Zelda von Nancy Milford (nur auf Englisch erhältlich): Arme Zelda Fitzgerald. Die Marilyn von heute ist zu Tränen gerührt.

Extrem laut und unglaublich nah von Jonathan Safran Foer: Definitiv etwas für alle Jackies.

Mastering the Art of French Cooking von Julia Child, Louisette Bertholle und Simone Beck (nur auf Englisch erhältlich): Steht bei allen Jackies in der Küche, um damit anzugeben.

Die geheime Geschichte von Donna Tartt: Für alle Marilyns – ein Buch, dass jeder mal lesen sollte.

Napoleon und Josephine. Das grandiose Bild einer Epoche von Evangeline Bruce: Seufz! Die Jackie von heute würde nach der Lektüre am liebsten augenblicklich nach Frankreich ziehen.

Sophies Entscheidung von William Styron: Jackie hatte eine signierte Ausgabe davon. Sie lernte ihn einmal auf einer Party kennen und war hin und weg. Sie sollten seine Söhne kennenlernen!

Collected Poems von Robert Penn Warren (nur auf Englisch erhältlich): Marilyn hatte eine signierte Ausgabe davon. Sie lernte Warren auf einer Party kennen und verliebte sich sofort in ihn.

Der Club der toten Dichter (als Drehbuch): Die Marilyn von heute kann den Text fast auswendig aufsagen. In diesem Sinne: Genießen Sie Ihr kurzes Leben ganz nach dem zentralen Motto des Films: »Carpe diem!«

The Estate of Jacqueline Kennedy Onassis, 23.-26. April, 1996 von Sothebys (nur auf Englisch erhältlich): Für alle Fälle sowie für noch mehr Inspiration bewahrt die Jackie von heute das Werk zum späteren Nachschlagen auf.

Die Marilyn von heute verschlingt zudem jede Menge Filmbücher sowie Biografien, etwa über Billy Wilder, James Dean, Barbara Stanwyck und Joe Eszterhas.

Außerdem:

You'll Never Eat Lunch in this Town Again von Julia Phillips (nur auf Englisch erhältlich).

Inside Inside von James Lipton (nur auf Englisch erhältlich).

Der letzte Taikun von F. Scott Fitzgerald.

Abgerechnet wird zum Schluß. Ein Hollywood- Tycoon erinnert sich von Robert Evans.

Vanity Fair Portraits: Ein Jahrhundert der Ikonen von Graydon Carter.

Ein Herz so weit wie die Welt und *Das Handbuch der Achtsamkeit und Güte* von Sharon Salzberg: Etwas für die Marilyn von heute, die stets danach strebt, mit sich selbst gütiger und weniger perfektionistisch zu sein. Na ja, sie versucht es zwar, schafft es ehrlich gesagt aber nicht.

The Balthazar Cookbook von Keith McNally (nur auf Englisch erhältlich): Für alle Jackies.

Denkweisen

Wenn es darauf ankam, war Jackie äußerst diszipliniert, während Marilyn etwas … launenhafter war. Wenn sie irgendetwas störte oder ärgerte, egal ob die Untreue ihres Mannes, eine unangenehme Situation oder eine anstrengende Person, verfuhr sie am liebsten nach der Vogel-Strauß-Politik: den Kopf in den Sand stecken, die Augen vor der unangenehmen Realität verschließen und bestimmte Tatsachen einfach ignorieren.

Mitte der 1980er Jahre erhielt Martha Stewart, heute eine prominente Fernsehmoderatorin und Verlegerin, von Jackie und einer ihrer Kolleginnen von Doubleday in L. A. eine Einladung zum Mittagessen. Doch Martha verspätete sich um eine ganze Stunde (aus welchem Grund auch immer). Eine ganze Stunde. Zum Mittagessen. Mit Jacqueline Kennedy Onassis. Hat Jackie sie jemals darauf angesprochen? Hat sie die damals noch weitgehend unbekannte Martha Stewart nach dem Grund für die Verspätung gefragt? Hat sie sich in irgendeiner Form dafür interessiert?

Nein. Allerdings nahm Jackie nach dieser Verabredung nie mehr den Namen Martha Stewart in den Mund und nannte sie bloß noch »die Hübsche«, wann immer das Gespräch auf Martha kam. Wer diese Frau war oder was sie beruflich machte, interessierte Jackie fortan nicht im Geringsten, was sie auch klar und deutlich zu verstehen gab.

Jackie und Marilyn präsentierten sich der Welt so, wie sie gesehen werden wollten. Früh schon erkannte Marilyn, dass Männer auf »gutgelaunte« Frauen stehen, von Problemen dagegen wollen sie nichts wissen. Demnach war die »echte«, also die öffentliche Marilyn eine Maskerade. Aber sie wollte es so.

Das zeugt von geistiger Stärke, die in ähnlicher Weise auch Jackie half, sich ganz bewusst so darzustellen, wie sie wahrgenommen werden wollte – als Frau in einer liebevollen, stabilen Ehe mit John F. Kennedy. Er mag sie auf seine Weise sehr geliebt haben (wie er selbst von sich sagte, war er kein Typ für »Blümchen und Zuckerwatte«), doch eine durchschnittliche monogame Beziehung mit Dialogen wie »Liebling, ich bin um sechs zum Abendessen daheim« hatten die beiden nie.

Jackie war genau wie Marilyn eine Schauspielerin. Priscilla McMillan, eine Freundin von John F. Kennedy, sagte einmal über seine Frau: »Vom ersten Moment an, als ich sie kennenlernte, hatte ich das Gefühl, einer großartigen Schauspielerin gegenüberzustehen.« Auch der Präsident hatte durchaus schauspielerisches Talent. Er mimte gerne den Starken, Sportlichen, in Wirklichkeit aber war er als Kind sehr kränklich und litt als Erwachsener an Morbus Addison, einer chronischen Störung der Nebennierenrinden.

Das Leben mit dem Kennedy-Clan war ein bisschen wie ein Schachtelspiel, hatte etwas von Geheimniskrämerei. Es gab viele Dinge, von denen nur manche wussten, die anderen nicht. Vieles kam gar nicht erst aufs Tapet, was vielleicht typisch irisch war.

Interessanterweise hatten beide, Jackie und Marilyn, den gleichen Lieblingsfilm: *Vom Winde verweht.* Apropos Scarlett O'Hara. Auch sie hielt es wie Jackie mit der Vogel-Strauß-Politik, frei nach dem Motto »Morgen ist ein neuer Tag«.

Was die Handschrift verrät

Auch wenn Jackie und Marilyn sich nie begegnet sind: Jackie war nicht blind. Sie war viel zu intelligent, als dass ihr entgangen wäre, wie vernarrt ihr Gatte in Marilyn war (genau wie der Rest der Welt). Als Fotoreporterin für die *Washington Times-Herald*, also noch vor ihrer Zeit mit Jack Kennedy, fragte Jackie einmal in die umstehende Menge: »Wenn Sie ein Date mit Marilyn Monroe hätten, worüber würden Sie mit ihr reden?«

Was, wenn Jackie und Marilyn sich tatsächlich begegnet wären? Nachgewiesenermaßen ist es nie dazu gekommen, außer im Paralleluniversum der *Weekly World News*. Hätten die beiden Frauen sich gut verstanden? Wie wäre ihr Umgang miteinander gewesen?

Um das herauszufinden, hat der weltberühmte Graphologe Arlyn Imberman für dieses Buch Jackies und Marilyns Handschriften analysiert.

Hier seine Beurteilung: »Jackie war eine Frau voller Geheimnisse und mit viel Feinsinn – ein Mensch mit großer innerer Stärke, Kraft und Disziplin. Marilyn war zweifelsohne exaltiert und sehnte sich nach Beifall und Bestätigung, was Jackie nie von sich behaupten würde.

Marilyn war eine Frau voller Spontaneität, Angst und Hingabe. Im Gegensatz zu Jackie, deren Karriere ihr Image vollkommen machte, hatte Marilyn keine Schutzhülle. Beide waren sie in der Öffentlichkeit eine andere Person, aber Marilyn verwischte häufig mal die Trennlinien.

Ein verächtlicher Blick oder eine hochgezogene Braue von Jackie, und Marilyn hätte weiche Knie bekommen.

Für Marilyn war Eleganz Exzess, für Jackie war es Verweigerung. Beide Frauen waren Projektionsflächen, auf die ein jeder seine Fantasien abbilden konnte.«

Jackies Lieblingsmusik

Jackie liebte Tanzmusik und tanzte für ihr Leben gern, vor allem Twist und Cha-Cha. Sie liebte Broadway Musicals wie *Candide* oder *Camelot* sowie alles von Leonard Bernstein.

Außerdem mochte sie:
Das Meyer Davis Orchestra
Jazz aus den 1950ern
Miles Davis
»Blue Suede Shoes« von Elvis Presley
»The Girl from Ipanema«
»On a Clear Day You Can See Forever« von Alan Jay Lerner
Paul McCartney und die Wings – Jackie besuchte ein Konzert und war begeistert!
Carly Simon

Später ließ sie sich von ihrem Sohn John anstecken und war ein Fan von den Rolling Stones und Grateful Dead.

MARILYNS LIEBLINGSMUSIK

Marilyn liebte Musik aller Stilrichtungen, vor allem Jazz und Blues. Den Betreiber eines der in den 1950er Jahren angesagten Clubs in Los Angeles überredete sie einmal, Ella Fitzgerald für einen Auftritt im Mocambo zu buchen. Sie versprach ihm sogar, sich eine ganze Woche lang jeden Abend in die erste Reihe zu setzen, wenn er es tue.

Außerdem mochte sie:
Frank Sinatra
Gertrude Lawrence
Gertrude Niesen
Janice Mars
Ella Fitzgerald
Charlie »Bird« Parker

IM INTERNETZEITALTER

Hier noch ein Ratschlag für alle Jackies und Marilyns von heute: Es stärkt den Charakter, wenn man hin und wieder mal nicht online ist. Wir gehen davon aus, dass sowohl Jackie als auch Marilyn, würden sie heute noch leben, eine wahre Leidenschaft für das Internet entwickelt hätten. Ein gewisses Suchtpotenzial war bei beiden nämlich durchaus vorhanden.

Jackie wäre wahrscheinlich rund um die Uhr im Internet unterwegs, um ihrer Shopping-Leidenschaft zu frönen oder ihren unverminderten Wissensdurst an politischen und sonstigen Ereignissen in der Welt zu stillen. Sie würde sicher sogar Bücher online lesen und vor allem Seiten mit exzessiven Sport- und Trainingsprogrammen aufrufen.

Marilyn wäre der modernen Technik vermutlich weniger systematisch ergeben und würde sich nicht von Schampus und Müßiggang ablenken lassen. Sie wäre nur manchmal im Internet unterwegs, würde dort kaum Bücher lesen oder E-Mails versenden und sie wäre stolz darauf! Außerdem würde sie wahrscheinlich einen ihrer persönlichen Assistenten bitten, ihr ihre Lieblingsmusik auf den iPod zu laden, den sie dann auf dem Rücksitz einer Limousine liegen lassen würde.

Goldener Humor

Jackie und Marilyn konnten beide ungemein witzig sein. Nicht komisch im negativen Sinne, sondern im Sinne von geistreich, und das in sehr auffälliger Weise.

Aus irgendeinem Grund sind wir immer wieder überrascht, wenn eine attraktive Frau auch Witz hat.

Der Humor der beiden spiegelte ihre jeweilige Persönlichkeit – kein Wunder, schließlich ist Humor etwas Individuelles. Jackie konnte sehr ironisch sein und neigte durchaus schon mal zu Sarkasmus. Etwa bezeichnete sie die Society-Lady Pamela Harriman einmal als »eine kleine Futterratte«, da diese sich völlig ungeniert nur mit reichen und mächtigen Männern einließ, die ihr einen gewissen Lebensstil garantieren konnten. Politiker und andere berühmte Persönlichkeiten zog Jackie ebenfalls gerne mal durch den Kakao und äffte sie nach (auf Charles de Gaulle hatte sie sich beispielsweise besonders eingeschossen). Tish Baldrige, ein Mitarbeiter im Weißen Haus, erinnert sich: »Sie machte die Leute gerne nach, sogar Staatsoberhäupter, mit denen sie eben noch beim Essen im Weißen Haus zusammengesessen hatte. Sie konnte Akzent und Ausdrucksweise perfekt imitieren. Sie war eine Fabulantin. Hinter verschlossenen Türen ließ sie die Bären tanzen.«

Marilyns Humor war charmanter. Als Reporter sie bei ihrer Rückkehr nach ihrer heimlichen Scheidung von Arthur Miller aus Mexiko umlagerten, sagte sie: »Ich bin fix und fertig und kann im Moment keine Presse brauchen.« Doch schon im nächsten Moment ging sie auf die heischende Sensationsgier der Reporter ein, lächelte und fügte hinzu: »Aber ein Teller Tacos mit Enchiladas wäre jetzt super. Wir sind nämlich nicht zum Essen gekommen.«

Jackies drastischer Sinn für Humor wirkte mitunter abschreckend. Sie war nicht nur klug und wortgewandt, schließlich war sie stets Klassenbeste, sondern auch mutig und furchtlos – und das ließ sie jeden spüren. Marilyn dagegen war ohne jeden Arg, sie wollte einfach nur geliebt werden.

Jackies kühler Kopf

Jackie kalkulierte klug und überlegt. Immer. Sie gehörte zu den Frauen, die auf einen Ehevertrag bestehen, dafür den besten Anwalt der Stadt (oder ihren ehemaligen Schwager) beauftragen und anschließend sogar das Kleingedruckte lesen. Außerdem merkte sie sich ganz genau, welche Geschenke sie von ihrem Liebsten außer zum Geburtstag oder an Weihnachten erhielt, zum Beispiel zum Valentinstag oder zu Neujahr. Sie freute sich über Selbstgebasteltes von ihren Kindern, Neffen oder Nichten, doch der Mann ihres Herzens sollte sich schon etwas einfallen lassen, etwas Großes in einer kleinen Lederschatulle etwa, gerne von Van Cleef & Arpels oder Harry Winston. Wertsachen oder impressionistische Landschaftsgemälde machten ebenfalls Eindruck.

Für Jackie waren Geld und die damit verbundene Sicherheit von höchster Bedeutung.

Als Löwegeborene ist eine Jackie ein richtiger Siegertyp. Sie kennt es nicht anders. So wird es von ihr erwartet, und so sieht sie sich selbst. Die Realität ist nichts anderes als ihre subjektive Wahrnehmung. Selbstzweifel oder Selbstmitleid liegen ihr fern. Generell ist sie überzeugt von sich und findet sich toll. Dass der Rest der Welt sie ebenfalls toll findet, überrascht sie daher nicht weiter.

Marilyns Verletzlichkeit

Marilyn war wie erwähnt wesentlich verwundbarer als Jackie, der ihr dickes Fell für das Leben mit den Kennedys sehr zugutekam. Mal abgesehen von verwaisten Hunde- oder Katzenbabys war sie die wohl verwundbarste Seele schlechthin.

Ihr war Respekt immer wichtiger als Status und Ruhm wichtiger als Geld. Sie neigte mehr als jeder andere dazu, die Pechvögel dieser Welt unter ihre Fittiche zu nehmen, jeder rührseligen Geschichte zu erliegen, ihrem Hausmädchen Geld zu borgen, für wohltätige Zwecke zu spenden sowie ihren Letzten Willen zu überarbeiten und alles ihrem Schauspiellehrer zu vermachen.

Vor ihrem inneren Auge sah sie sich noch immer als Getretene, als sozial Benachteiligte, ganz unabhängig von ihrem erlangten Ruhm oder Status. Das würde sich auch nie ändern. Trotzdem war sie ein Star, ein großer sogar! Und das wusste sie. Sie war attraktiv, hatte Talent und den tief gehegten Wunsch, sich den freudlosen Anfängen ihres Lebens zu entwinden und aus dem unglücklichen Geschöpf namens Norma Jeane eine eigene ruhmreiche Schöpfung zu machen: Marilyn Monroe.

Ob als Schauspielerin, Buchhalterin, Moderedakteurin oder Jurastudentin, die Marilyn von heute spielt in ihrem eigenen Drehbuch immer mit. Ob in einer romantischen Komödie, einer Tragödie, einer Liebesgeschichte – sie ist immer der Star in der Serie mit dem schönen Titel *Mein Leben.*

Als Kinder wollen alle Jackies und Marilyns hoch hinaus im Leben und »berühmt« werden. Oder zumindest einen bleibenden Eindruck hinterlassen.

Auf der Couch

Wer hätte das gedacht? Die Jackie von heute geht ganz selbstverständlich zu einem Seelenklempner und findet es auch noch ganz wunderbar. Das ist wirklich überraschend, da man sie als ziemlich schweigsam kennt, als einen Menschen, der lieber für sich behält, was in seinem Leben so vor sich geht. Dass sie irgendwem etwas über sich anvertraut, ist fast nicht vorstellbar. Doch die 50-minütige Sitzung einmal pro Woche beflügelt sie förmlich. Sie stellt sich vor, als Gast in einer Talkshow zu sein, der seine Geschichten und Gedanken mit dem Herrn Doktor teilt, und findet das Ganze (sprich: sich selbst) ungemein spannend.

Sie überlegt sogar, den Psychiater um eine Schweigepflichterklärung zu bitten (auch wenn sie noch nicht berühmt sein sollte, in naher Zukunft ist sie es ganz bestimmt), lässt es dann aber sein. Schließlich will sie ihn nicht beleidigen.

Die Marilyn von heute ist eine begeisterte Anhängerin der Seelenheilkunde (was nicht wirklich überrascht). Ihre Besuche bei ihrem Seelenklempner sind für sie so etwas wie ein Ausdruck darstellender Kunst. Sie liebt diese Besuche. Es ist für sie wie ein Date, nur ohne Abendessen bei Kerzenschein (und den Sex danach). Sie genießt die uneingeschränkte Aufmerksamkeit, mit der er ihr zuhört, und überlegt sogar im Voraus, was sie zur nächsten Sitzung anziehen wird. Sie sehen, das perfekte Date! Am liebsten hätte sie fünf Sitzungen pro Woche, jeweils mehrere Stunden natürlich, wenn es nur möglich wäre. Sie redet für ihr Leben gern und mag es, über sich selbst nachzudenken. Das gilt auch für Grenzthemen, die manchmal aufwühlend sind, womit sie ihren Psychologen (männlich, intellektuell, glücklich verheiratet) unterschwellig praktisch dazu verleitet, sich in sie zu verlieben.

Das könnte durchaus leicht passieren, mehr wird aber nicht daraus.

Ein Star – auch ohne Diplom!

So ist es doch: Irgendwann interessiert es niemanden mehr, welchen Schulabschluss Sie haben. Wenn Sie das große Glück hatten, auf eine Elite-Uni zu gehen, ein Stipendium zu bekommen, oder wenn Sie reiche Eltern haben: Gratulation! Eine möglichst hohe Bildung ist grundsätzlich zu befürworten, aber offen gestanden gibt es auch jede Menge coole Leute, die ihr Studium abgebrochen haben.

Und Marilyn? Nein – sie hat kein College besucht. Sie hat so früh wie möglich das Nest verlassen, und zwar im wörtlichen wie im bildlichen Sinne.

Hören Sie nie auf zu lernen.

Haben Sie keine Angst, Fragen zu stellen.

Recherchieren Sie so viel es geht. In Zeiten von Google und Co. ist es ein Kinderspiel, etwas über historische Persönlichkeiten, Fakten oder Wortbedeutungen herauszufinden, ohne sich dazu in eine Bibliothek begeben zu müssen, um dort das richtige Nachschlagewerk zu finden. Es gibt heute also keine Ausreden mehr, etwas nicht zu wissen.

Legen Sie Wert darauf, ernst genommen zu werden. Auch wenn Sie extrem sexy sind (und das sind die Marilyns von heute), sollten Sie sich auskennen. Denn auch für das hübscheste Supermodel gilt: Der Vorteil der Klugheit besteht darin, dass man sich dumm stellen kann. Sollten Sie nach einem Vorbild suchen, denken Sie an das Supermodel der 1980er und 1990er Jahre, Christy Turlington, die später Menschenrechtsorganisationen unterstützte, Unternehmerin wurde und sowohl an der New York University als auch an der Columbia University studierte.

Jackies Geheimnisse – schon gewusst?

Trotz aller Berühmtheit war Jackie sehr gerne allein und genoss ihre Privatsphäre. Sie kam übrigens ganz ohne Entourage aus.

Marilyns Geheimnisse – schon gewusst?

1999 wurde Marilyns Privatbibliothek bei Sotheby's zu einem Rekordpreis versteigert. Der Erlös dieser besonderen Auktion ging an Literacy Partners, eine Bildungseinrichtung in New York.

Im Beruf: Professionalität ist Trumpf

»Letztlich zählt nur, was du auf der Leinwand fabrizierst – die Kunst.«

MM

»Mein Name ist Jacqueline Kennedy Onassis, ich bin Redakteurin und arbeite derzeit an einem Buch.«

JKO

Auch wenn sie auf der Leinwand oft sehr seicht erschien, Marilyn war fest entschlossen, Schauspielerin und damit ein Star zu werden. Sie wollte unbedingt Karriere machen und ernst genommen werden. »Meine Arbeit ist das Einzige, was mir festen Boden unter den Füßen bietet«, sagte sie einmal. Im Gegensatz zu Jackie war sie nicht daran interessiert, reich zu werden, sie strebte vor allem nach Ansehen und Achtung von ihren Kollegen und vom Publikum. »Geld interessiert mich nicht, ich möchte bloß eine ernstzunehmende Künstlerin und Schauspielerin sein«, gestand sie. »Ich möchte einfach nur wunderbar sein.«

Jackie erfreute sich stets großer Achtung, bis auf einen leichten Sinkflug ihrer Beliebtheit im öffentlichen Meinungsbild während ihrer ausgabefreudigen Jahre an der Seite von Onassis. Das lag vermutlich daran, dass sie die Frau eines sehr beliebten Präsidenten war, oder daran, dass sie in eine reiche Familie hineingeboren worden war. In allem, was sie tat, war Jackie extrem gewissenhaft – egal ob sie nun als First Lady die Sanierungsarbeiten im Weißen Haus beaufsichtigte oder Mitte der 1970er Jahre bis zu ihrem Tod als Lektorin tätig war. Nie verpasste oder vergaß sie Termine, und ihre Autoren trug sie förmlich auf Händen.

Marilyn hatte nur einen Traum: Allen Demütigungen, die sie in ihrer Kindheit und Jugend erfahren hatte, ein für alle Mal zu entkommen. Im Unterschied zu Jackie heiratete sie nicht der Sicherheit wegen, was sie etliche Male hätte tun können. Sie war vielmehr getrieben von dem inneren Drang, wahre Größe zu erlangen, geliebt und geschätzt werden.

Beide Frauen sehnten sich nach stabilem häuslichem Glück und träumten davon, Kinder zu haben (Marilyn konnte aufgrund gynäkologischer Probleme keine Kinder bekommen und litt sehr darunter), wünschten sich aber auch ein erfülltes und aufregendes Leben.

Die Marilyn von heute setzt sich hohe Ziele, die sie unbeirrt und hartnäckig verfolgt, als gäbe es alles zu gewinnen und nichts zu verlieren. Auch wenn Jackie sich damals bewusst im Hintergrund der politischen Macht hielt und ihre persönlichen Ziele sehr viel dezenter verfolgte (was sie sich leisten konnte): Letztlich bekamen sie alle beide, was sie wollten.

Erfolg stand bei Marilyn also ganz oben auf der Liste. Selbst bei ihren ersten Gehversuchen als Model war sie mit großem Ernst bei der Sache. Ihr Entdecker David Conover sagte, er habe noch nie jemanden erlebt, der mit so viel Ehrgeiz bei der Sache war.

»In ihrem Gesicht war ein unvergleichliches Leuchten«, erinnert er sich Jahre später, »eine Zerbrechlichkeit verbunden mit unfassbarer Energie.« Er kenne kein einziges Model, fügte er hinzu, das so selbstkritisch sei. Sie gab sich mit nichts zufrieden, was nicht perfekt war. Jedes Bild von ihr, jede Aufnahme musste exzellent sein.

Das Spiel um Glanz und Ruhm

»Ruhm ist für mich nur ein vorübergehendes und partielles Glücksgefühl. (…) Aber der Ruhm wird vorübergehen – na dann bis später. Ich habe ihn besessen. Ich wusste immer, dass er launisch und wankelmütig ist.«

MM

»Sensationsgeschichten werden so lange erscheinen, wie es einen Markt dafür gibt. Das eigene echte Leben findet aber auf der privaten Ebene statt.«

JKO

Ob Jackie und Marilyn in ihren Ruhm Vertrauen setzten? Beide wussten um den Preis und Lohn dafür. Ruhm macht dich »zu einem Ding«, wie Marilyn einmal scharfsinnig bemerkte. »Ruhm schürt Neid. Die Leute meinen (...), der Ruhm gebe ihnen das Recht, alles mit dir machen zu können, ohne dass es dich verletzt. (...) Als würde es einfach an dir abprallen.«

Marilyn hatte wahrscheinlich mehr Ehrgeiz von beiden, vermutlich um ihrer selbst willen. Aber sie konnte gar nicht anders. Sie kam schließlich aus dem Nichts und brauchte den Ruhm mehr als Jackie, wenn auch nur, um sich zu definieren, als eine Art Ersatzwährung für Liebe und Akzeptanz. Als ein Kind Hollywoods erfand sie sich völlig neu, mehr als Jackie, und wandelte sich von einem vernachlässigten, kleinen Mädchen namens Norma Jeane Baker in die sexy, platinblonde Leinwandgöttin Marilyn Monroe.

Trotz der Tatsache, dass sie »berühmteste Frau der Welt« war, hielt Jackie nichts, was sie tat, für sonderlich wichtig, vielmehr sah sie sich im Abglanz von Ruhm, Macht und Reichtum. Ob das ihre ehrlichen Gedanken waren oder an ihrer elitären Erziehung lag, lässt sich allerdings nur schwer sagen. Als Tochter aus reichem Hause und Gattin zweier berühmter Männer hatte Jackie nie das Gefühl, eigenständig zu leben, bis sie später als Lektorin arbeitete. In Martha's Vineyard war sie einmal mit einer Freundin im Meer schwimmen, und als sie die Helikopter über sich kreisen sah, meinte sie nur: »Schau mal, Carly, scheinbar wissen die, dass du hier bist!«

Scherz beiseite – Jackie schickte immerhin ihr Hausmädchen los, um die neuesten Ausgaben der *New York Post* und des *Natio-*

nal Enquirer zu kaufen, um alle Berichte über sie förmlich aufzusaugen. Sie nutzte ihren Ruhm, um ihr eigenes Süppchen zu kochen. Beispielsweise beschloss sie, das Weiße Haus sanieren zu lassen oder den Grand Central Terminal vor der Abrissbirne zu bewahren. Mit anderen Worten, sie strebte stets nach einem doppelten Gewinn. Sie wollte ihr Image kontrollieren, sich gleichzeitig aber auch frei bewegen. Mit Erfolg zog sie gegen den Fotojournalisten Ron Galella vor Gericht, weil er ihren Kindern aufgelauert und sie spontan abgelichtet hatte. Sie versteckte ihr Gesicht hinter einer dunklen Sonnenbrille, trug Perücken, sprach mit falschem Akzent oder verkleidete sich, um sich unbehelligt in New York bewegen zu können. Gleichzeitig setzte sie ihren Ruhm zu ihren Gunsten ein, wenn es darauf ankam. Etwa wohnte sie einer Pressekonferenz bei, um sich gegen den Bau eines Bürokomplexes auszusprechen, der die Bartholomäuskirche in New York überragt hätte.

Als erste Opfer der Paparazzi waren sich Jackie wie Marilyn äußerst bewusst über ihr Bild in der Öffentlichkeit und gaben sich allergrößte Mühe, es nach ihren Vorstellungen zu erhalten. Der Himmel allein weiß, wie es Marilyn heute ergehen würde, da selbst weit weniger leuchtende Sternchen wie Lindsay Lohan und Paris Hilton endlos gejagt werden. Die sportliche Jackie mit ihrem braunen Bob und ihrem geheimnisvollen Lächeln suchte stets rasch das Weite. Und Marilyn? Sie freute sich richtig mit, als sie auf dem Gitter über dem U-Bahn-Schacht stand und die Abluft ihr weißes, tief ausgeschnittenes Seidenkleid so verführerisch aufwirbelte, dass sich die versammelte Männerschar vor lauter Erregung kaum halten konnte.

Ob so oder so, Jackie und Marilyn nutzten ihren Ruhm zur Genüge für ihre eigenen Zwecke.

Grundregeln

Ein guter Name verpflichtet

Jackie nahm ihre Aufgaben stets sehr ernst. Nach dem tödlichen Attentat auf John F. Kennedy war sie besessen von der Vorstellung, ihr Mann könnte in den USA und der Welt in Vergessenheit geraten. Daher machte sie es sich zur Aufgabe, sein Andenken zu wahren und zu fördern. Unter anderem ließ sie die John-F.-Kennedy-Bibliothek bauen, die ursprünglich auf dem Campus der Harvard University entstehen sollte, dann aber in Columbia Point mit Blick über den Hafen von Boston errichtet wurde, und ermunterte jeden einzelnen seiner einstigen Mitarbeiter zu einem Zeitzeugen-Interview, um über Jacks Ära im Weißen Haus zu berichten. Die Liste reicht von politischen Schwergewichten wie Verteidigungsminister Robert McNamara bis hin zu Larry Arata, dem Dekorateur und Polsterer. Die Interviews sind in der JFK-Bibliothek archiviert und dienen bis heute als wichtiges Forschungsmaterial.

Nachdem Jackie I. M. Pei, einen bis dahin unbekannten Architekten, mit dem Bau der Bibliothek beauftragt hatte, widmete sie sich der Einwerbung von Geldmitteln für das Bauwerk. Jedem, der 1000 Dollar spendete, schickte sie einen persönlich verfassten Dankesgruß.

Jackie wäre übrigens nicht Jackie, wenn sie sich in die ästhetische Planung des Bauwerks nicht eingebracht hätte. Sie setzte ihre Vorstellungen durch, sowohl als es um das Versetzen von Mauersteinen ging, als auch bei der Gestaltung der Außenanlage. Selbst beim Rezept für die Muschelsuppe, die im Restaurant serviert werden sollte, redete sie mit. Wenn Jackie zu einem Blitzbesuch auf der Baustelle vorbeikam, versuchten die Arbeiter sich schnellstens zu verdrücken, denn alle wussten, wie resolut sie ihre Ideen durchsetzte. Ihre Handschrift zeigt sich bis heute – in der köstlichen Suppe ebenso wie in der wunderschönen Gartenanlage und sogar in den kleinen Blumengestecken auf den Tischen im Café.

Den Markennamen schützen

Marilyn war derart eigen, wenn es um ihren Look ging, dass sie bei den Dreharbeiten zu *Bus Stop* fest davon überzeugt war, ihre weniger berühmte Filmpartnerin Hope Lange wolle sie mit ihren platinblonden Haaren ausstechen. Das ganze Team, vom Produzenten über den Regisseur bis zum Visagisten, musste sie davon überzeugen, dass sie, Marilyn, die einzig wahre Blondine sei. Die nicht ganz so blonde Hope sei keinerlei Konkurrenz für sie, erklärten sie, doch Marilyn war nicht davon abzubringen.

Die Diva blieb dem Set ganze drei Tage lang fern, während sich ihre vermeintliche Rivalin langsam, aber sicher in eine Brünette verwandelte.

Was sagt uns das? *Niemand* macht der blonden Diva Konkurrenz!

Niemals unter Wert verkaufen!

Bleiben Sie immer am Ball, und nehmen Sie Ihre Arbeit ernst. Zu Marilyns Zeiten waren Kinostars nicht im Fernsehen zu sehen. Somit stellte Marilyn als aufstrebendes Filmsternchen mit ihrem kurzen Auftritt 1953 in *The Jack Benny Show* eine Ausnahme dar.

Als ein Produzent sie anschließend für ein TV-Format buchen wollte, meinte ihr Agent bloß: »Marilyn macht kein Fernsehen. Wenn Sie sie sehen wollen, dann auf der Großbildleinwand.«

Auch wenn sie in höflicher Manier stets darauf bedacht war, dass die Leistungen der anderen vor ihrer eigenen Erwähnung fanden, war Jackie sich selbst nie genug. Eisern verfolgte sie ihre Ziele und erreichte meist, was sie sich vorgenommen hatte. Jackie war extrem zielstrebig und hatte sich in den Kopf gesetzt, mit der JFK-Bibliothek und dem angegliederten Museum einen Ort von Weltrang zu schaffen, zumal es damals nur vier weitere Präsidentenbibliotheken in zumeist abgelegenen amerikanischen Städten gab.

Hinter ihrer weiblichen Fassade verbarg sich ein kompromissloses Streben nach der Umsetzung ihrer Visionen. Laut Charles Daly, dem Direktor der Kennedy Library Foundation in Boston, »war sie sich ganz und gar nicht zu fein, harte Kritik auszuteilen, wenn es angebracht war«. Er erinnert sich noch gut an den Tag, als Jackie auf die Baustelle kam und irgendwo einen asphaltierten Weg erblickte, wo sie Grünflächen und Bäume vorgesehen hatte. »Sie zitierte einen von I. M. Peis Männern herbei und deutete auf den Boden«, sagt Daly. »Sie hat den armen Kerl fast aufgefressen. Ja, Jackie konnte sehr harsch sein.«

Dank Jackies Weitblick und Entschlossenheit ist die JFK-Bibliothek, die Forschern freien Zugang gewährt, heute die meistbesuchte aller Präsidentenbibliotheken. Zu ihrem Museumsbestand zählt unter anderem die Ernest-Hemingway-Kollektion, die diverse Manuskripte und einen Teil der Korrespondenz des Nobelpreisträgers enthält.

Bleiben Sie sich treu!

Jackie hängte ihren Job als Lektorin bei Viking Press 1977 an den Nagel, als der Verlag ein Buch mit dem Titel *Shall We Tell the President?* herausbrachte. In dem Polit-Thriller kam nämlich auch ein versuchter Anschlag auf Ted Kennedy vor.

Marilyn fuhr ebenfalls eine sehr klare Linie. Sie zwang die 20th Century Fox über einen gerichtlichen Vergleich in die Knie und erreichte, dass sämtliche ausstehenden Honorarforderungen aus ihrem Vertrag beglichen wurden. Dass es überhaupt dazu kam, ist eine Geschichte für sich:

1953 lernte Marilyn Monroe den Fotografen Milton Greene kennen, der sie für das Magazin *Look* ablichtete. Greene war damals blutjung, und die beiden verstanden sich auf Anhieb. »Du bist ja noch grün hinter den Ohren«, sagte sie zu ihm.

»Und du fast noch ein kleines Mädchen«, gab er zurück. Der Wunderknabe Greene hatte bereits im Alter von 14 Jahren zu fotografieren begonnen und sich mit Modefotografien und Porträtaufnahmen von berühmten Künstlern rasch einen Namen gemacht.

Anstatt wie andere Fotografen ein paar typische Pin-up-Fotos in erotischen Posen zu schießen, gelangen Greene klassisch schöne Bilder, die die innere Schönheit seines jeweiligen Modells zum Vorschein brachten. Marilyn und Milton wurden bald enge Freunde. Als sie ihm von ihren Schwierigkeiten wegen der unvorteilhaften Knebelverträge erzählte (für *Blondinen bevorzugt* erhielt sie gerade mal 18 000 Dollar, während die selbstständige Jane Russell über 100 000 Dollar einstrich), ermutigte er Marilyn, bei Fox auszusteigen, um deutlich mehr verdienen zu können.

Gemeinsam gründeten sie eine neue Firma: Marilyn Monroe Productions. Greene hörte 1954 auf, als Fotograf zu arbeiten, und nahm eine Hypothek auf sein Haus auf, um sich voll und ganz dem Aufbau von Marilyns Karriere zu widmen. Im Zuge dessen wohnte Marilyn auch bei ihm und seiner Familie.

1955 verließ Marilyn Hollywood, um nach New York zu gehen. Dort besuchte sie Kurse im Actor's Studio und ignorierte das Angebot von Fox, sie zu ähnlich schlechten Bedingungen erneut unter Vertrag zu nehmen.

Dass Fox davon nicht gerade begeistert war, erübrigt sich zu erwähnen, zumal *Das verflixte 7. Jahr* sich zu einem Kassenschlager entwickelte und den Studiobossen langsam dämmerte, dass Marilyn eine echte Erfolgsgarantin war. Immerhin hatte sie in den letzten beiden Jahren wahre Rekordsummen eingespielt.

Bei der anstehenden Neuverhandlung der Verträge mit der 20th Century Fox konnten Marilyns und Milton Greenes Anwälte Bedingungen durchsetzen, die lukrativere Wege für alle Schauspieler ebneten. Für diesen Erfolg erhielt sie viel Beifall aus der Branche, von den Regisseuren ebenso wie von den Kameraleuten.

In ihrem Vertrag war zudem festgelegt, dass sie fortan nur noch in erstklassigen Produktionen, sogenannten »A-Movies«, auftreten würde. Marilyns Gage betrug nun 100 000 Dollar pro Film, zudem war es ihr erlaubt, auch mit unabhängigen Produzenten und im Auftrag anderer Filmstudios zu drehen. Allerdings war es ein weiter Weg vom anfänglichen Hungerlohn bis zu dieser Spitzengage.

Am 31. Dezember 1955 unterzeichnete Marilyn ihren vierten und letzten Vertrag mit 20th Century Fox. Das Regelwerk war bislang einmalig und ließ ganz Hollywood aufmerken.

Marilyns Sieg über die Mächtigen in Hollywood machte sie zu einer ernstzunehmenden Größe, und sie war nicht länger die naive, quirlige Blondine. Auf einmal nahm ein jeder sie ernst. Im Januar 1956, ein Jahr nachdem Reporter der Los Angeles *Mirror News* sie spöttelnd als »Bernhardt im Bikini« tituliert hatten, bemerkte das Blatt: »Marilyn Monroe, die im langjährigen Kampf gegen die 20th Century Fox siegreich blieb, wird im kommenden Monat angeblich mit einem Acht-Millionen-Dollar-Vertrag ins Studio zurückkehren. Filmveteranen halten dies für den größten Einzelsieg, den eine Schauspielerin je errungen hat.«

»Ich fühle mich wunderbar wohl. Und aufgenommen.«

MM

Mit Herzblut dabei

Marilyn nahm ihre Arbeit sehr ernst, weshalb sie sich nach Kräften mühte, ihre Sache gut zu machen. Dessen war sie sich aber auch sehr bewusst. Richard Merryman von *LIFE* gegenüber sagte sie, dass sie nicht einfach nach der Stechuhr getaktet sei, ganz gleich, ob das dem Filmstudio passe oder nicht. »Erfolgreich, glücklich und zufrieden, pünktlich – das sind doch die gängigen amerikanischen Klischees. Ich will eigentlich gar nicht unpünktlich sein, bin es aber trotzdem ständig, was ich aufrichtig bedauere. Oft komme ich zu spät, weil ich noch eben eine Szene vorbereite und mich manchmal vielleicht zu sehr damit aufhalte. Aber ich bin der Meinung, dass die Zuschauer für ihr Geld etwas geboten bekommen sollen, und zwar in jeder noch so kleinen Szene. Ich will ihnen schlicht das Beste bieten, das ist meine Aufgabe, meine Pflicht. Wenn sie einen Film mit mir im Kino sehen, wissen sie nicht, dass ich zu spät zum Dreh gekommen bin. Auch das Filmstudio hat es längst vergessen und verdient mit mir gutes Geld.«

Wenn Marilyn mal wieder mit der Produktion oder dem Ensemble unzufrieden war, wenn sie das Drehbuch wutentbrannt auf den Boden warf oder mehrere Stunden zu spät am Set erschien (sofern sie überhaupt auftauchte) und Produzenten, Regisseure, Kostümbildner und Kameramänner warten ließ, dann tat sie das nicht, weil es ihr egal war. Im Gegenteil, es war ihr alles andere als gleichgültig, sondern mehr als wichtig. Sie wollte ihre Sache gut, nein großartig machen. Sie wollte ihren Text nicht einfach herunterleiern. Auf keinen Fall. Schließlich ging es auf der Leinwand um ihr Bild, um ihr Gesicht.

Dieser Gedanke jagte ihr eine Heidenangst ein.

Die Marilyns von heute nehmen ihre Sache ebenfalls ernst – egal ob sie einen Blog schreiben, ihren Text für eine Rolle oder für eine bevorstehende Produktpräsentation lernen.

Marilyn Monroe sagte einmal: »Wenn ich in Hollywood nachts aus dem Fenster geschaut habe, dachte ich immer: Bestimmt sitzen jetzt Tausende Mädchen genauso allein da wie ich und träumen davon, ein Filmstar zu werden. Aber darüber zerbreche ich mir nicht den Kopf. Ich träume am schlimmsten.«

Die Lektorin Jacqueline Kennedy Onassis

> *»Sie arbeiten, ohne zu müssen, Lady? Das finde ich großartig!«*
>
> New Yorker Taxifahrer zu JKO

Die Welt kennt Jackie vor allem als ehemalige First Lady der Vereinigten Staaten von Amerika oder als Gattin von John F. Kennedy und Aristoteles Onassis. In Wirklichkeit aber hat sie (man möchte es kaum meinen) die meiste Zeit ihres Lebens als Buchlektorin in New York verbracht. Fast 20 Jahre lang, von 1975 bis 1994, arbeitete Jackie zuerst bei Viking und ab 1978 bei Doubleday.

Der berufliche Neueinstieg mit 46 muss für Jackie beängstigend, aber letztlich doch befriedigend gewesen sein. Zum ersten Mal seit ihrer Schulzeit und den beruflichen Anfängen als Fotojournalistin in Washington, D. C., vor ihrer Heirat stand sie nicht mehr im Schatten ihrer berühmten Männer. Obgleich man von ihr erwartete, dass sie mit ihrer Prominenz andere berühmte Personen dazu bewegte, ihre Autobiografie zu schreiben (was durchaus einige taten), schaffte sie es, ihr öffentliches Image am Empfang abzulegen und allein nach ihren beruflichen Fähigkeiten beurteilt zu werden.

Nach so vielen Jahren im Scheinwerferlicht der Öffentlichkeit, ohne dass sie je wirklich dort stehen wollte, muss dieser Neuanfang wie ein Befreiungsschlag für sie gewesen sein. »Am Verlagswesen schätze ich vor allem, dass man nicht den Lektor bewirbt, sondern das Buch und den Autor«, sagte sie einmal. Jackie arbeitete eng mit Korrektoren, Grafikern, Herstellern und Marketingfachleuten zusammen und schrieb sogar kleine, persönliche Mitteilungen an die Buchhändler, um den Verkauf der von ihr betreuten Titel anzukurbeln.

Wer sie kannte, der schätzte ihre Kollegialität. Sie kochte für alle Kaffee, nahm an den Firmenfesten teil, machte die Brandschutzübungen mit und hatte für jeden Kollegen ein offenes Ohr. Bei Doubleday schuf sie sich ihre eigene kleine Familie. Ihren Assistenten Scott Moyers beispielsweise schickte sie zum Arzt, wenn er sich nicht gut fühlte, und schalt ihn, wenn er mit nassen Haaren zur Arbeit kam oder im Winter keine Mütze trug. Sie besorgte sogar Grippemedikamente, wenn er krank war, und legte sie ihm auf den Schreibtisch.

Aber machen wir uns nichts vor: Sosehr sie sich mühte, eine unter vielen zu sein, sie war und blieb Jackie O – auch wenn sie ihren Kollegen manchmal Karotten- oder Sellerieschnitze für den kleinen Hunger zwischendurch mitbrachte. Ein Redakteur des *Rolling Stone* besuchte sie einmal in ihrem Büro, da die Zeitschrift eine Serie mit einem ihrer Autoren plante. Jackie zog damals eine Schreibtischschublade auf, in der rund ein Dutzend dunkle Sonnenbrillen lagen. Die Nachricht, die sie Tage später auf seinem Anrufbeantworter hinterließ, löschte er jahrelang nicht und spielte sie all seinen Freunden vor. Als Jackie kurz darauf zu Besuch im Zeitschriftenverlag war, musste sie sich am Empfang als Einzige nicht ins Gästebuch eintragen, da die Seite mit ihrer Unterschrift sonst gestohlen worden wäre.

Jackie war die geborene Lektorin. Wissbegierig, belesen und mit einem sicheren Gespür für verkäufliche Bücher. Laut einer Freundin hatte sie »einen unablässigen Drang, neue Trends zu verfolgen«. Nun wurde sie auch noch dafür bezahlt, dass sie ihre Leidenschaft mit anderen teilte.

»An meiner Arbeit als Verlagslektorin mag ich vor allem«, gestand sie einmal, »dass sie mein Wissen erweitert und meine Urteilsfähigkeit verbessert. Jedes Buch nimmt mich im Grunde mit auf eine andere Reise.«

Für ihre Autoren war Jackie eine Traumlektorin. Sie kopierte Forschungsartikel, stöberte schwer erhältliche Bücher auf und ließ sie ihren Autoren zukommen, um sie beim Schreiben zu unterstützen. Mitten in der Nacht rief sie ihren Freund John Loring an, der Chefdesigner bei Tiffany war, um sich zu erkundigen, wie er vorankam, denn sie wusste, dass sein Abgabetermin vor der Tür stand. Jede Zeile nahm sie akribisch unter die Lupe, schließlich kennen Schlussredakteure kein Pardon. Sie wollte stets, dass das Manuskript am Ende perfekt war, und gab sich mit den Büchern ihrer Autoren genauso viel Mühe wie diese selbst. Wenn nicht sogar mehr.

Vermutlich hat Jackie genau so viel von ihrer Arbeit profitiert wie die Autoren, Mitarbeiter und auch der Verlag von ihr. Sie wirkte fast dankbar für die Chance, ihre intellektuellen Fähigkeiten einbringen und ihren Horizont auch künftig erweitern zu können. »Es ist die Definition von Glück«, sagte sie einmal über ihren Beruf als Lektorin, »die Fähigkeiten, die im Rahmen des eigenen Talents liegen, zu schulen und zu vervollkommnen. […] Das mag nicht jedem vergönnt sein, aber man kann es in gewissem Maße versuchen.«

Jackie blieb bis zum Frühjahr 1994 bei Doubleday und verstarb wenige Wochen danach. »Ich glaube, dass Menschen, die selbst arbeiten, mehr Achtung vor der Arbeit anderer haben.«

Jackie und Jacko

Es stimmt, Jackie kannte Michael Jackson persönlich, auch wenn das damals, aus welchen Gründen auch immer, nie groß durch die Presse ging.

Sie fragte immer mal wieder bei Prominenten an, ob diese Lust hätten, eine Autobiografie zu schreiben.

Dafür, dass sie selbst Reißaus nahm vor jedem Journalisten, der sie dazu überreden wollte, ihre Lebensgeschichte aufzuschreiben, ging sie als Fotoreporterin ziemlich forsch ans Werk. Sie fragte unter anderem bei Lady Di und deren Erzfeindin Camilla Parker Bowles an, bei ihrer früheren Flamme Frank Sinatra und sogar bei Oprah Winfrey.

1984 schwamm Michael Jackson mit seinem Album *Thriller* ganz oben auf der Erfolgswelle und erklärte sich bereit, seine Memoiren für Doubleday zu verfassen. Genauer gesagt tat er es für Jackie Onassis, denn er war ebenfalls an Berühmtheiten interessiert. »Jackie war der einzige Mensch in ganz Amerika, der ihn persönlich an die Strippe bekam«, erinnert sich ein Verlagsmitarbeiter.

Irgendwann traf dann die Rohfassung des Manuskripts ein. »Ziemlich dünn und gehaltlos war es«, erinnert sich ein anderer. »Fast ein Pressetext.« Jackie, die Klatsch und Tratsch sehr zugeneigt war, bestand auf mehr Inhalt und konkreteren Informationen: Wie war es als Kind im Unterhaltungsgeschäft? Welche Strapazen waren damit verbunden? Hattest du mit Vorurteilen zu kämpfen? Jackie wollte wissen, was hinter der Erfolgsgeschichte stand.

Bald darauf kam ein weiterer Entwurf, doch der gab leider immer noch zu wenig her.

Jackie wusste, was sie zu tun hatte. Sie krempelte die Ärmel hoch und gab ihr Bestes, denn der Abgabetermin stand vor der Tür. Sie reiste nach Los Angeles (obwohl sie die Stadt, für sie ein einziger Promi-Laufsteg und Tummelplatz der Kennedy-Männer, überhaupt nicht mochte) und von dort geradewegs weiter nach Neverland.

Nach einer kurzen Führung durch das Anwesen (wie gern hätte ich da Mäuschen gespielt!) saß Jackie schließlich an dem feudalen Tisch in Michaels Speisezimmer und ging mit ihm zusammen das Manuskript durch. Dabei legte sie ihm en detail dar, was sie von ihm brauchte, und bat ihn erneut, mehr von sich preiszugeben.

Michaels Sexualität beschäftigte Jackie ganz besonders. Auf dem Weg zurück ins Hotel löcherte sie ihren Kollegen: »Was meinst du? Mit wem geht er wohl aus? Denkst du, er ist an Frauen interessiert?« Sogar den Chauffeur fragte sie nach seiner Meinung.

Das 1988 erschienene Buch wurde zu einem bahnbrechenden Erfolg und führte wochenlang die Bestsellerliste der *New York Times* an.

Leicht verärgert war Jackie trotzdem über Michael, denn er wollte das Buch bei Doubleday auf einmal nur noch veröffentlichen, wenn sie ein begeistertes und ausführliches Vorwort dazu schrieb. Doch dazu war Jackie nicht bereit und fühlte sich von ihm in die Ecke gedrängt.

Schließlich opferte sie sich und verfasste der Form halber drei sehr knappe Absätze.

Als kurz darauf eine Neuauflage sowie eine Taschenbuchausgabe in Druck gehen sollten (für den Verlag das einträglichste

Geschäft), verweigerte Jackson seine Zustimmung. Er kreidete es Jackie an, ihn übergangen zu haben, und unterstellte ihr Bosheit. Am Ende schrieb sie dann doch das von ihm gewünschte ausführliche Vorwort.

Danach sprach sie nur noch selten über ihn.

> *»Wie alle anderen muss auch ich mich zu einem eigenen Büro mit Fenster hocharbeiten.«*
>
> JKO

Jackie oder Marilyn – Schnelltest

Marilyn-Schnelltest: Okay, okay, Sie lassen andere gerne mal warten. Aber nur, weil es sich absolut lohnt, auf Sie zu warten. Abgesehen davon: Hat schon mal jemand nicht gerne auf Sie gewartet? Na also!

Jackie-Schnelltest: Sie haben noch nie eine Frist versäumt. Noch nie!

Marilyn wusste, wer ihre Freunde waren

Wenn es darum ging, wem sie vertrauen konnte, und zwar egal ob Regisseuren, Visagisten, Fotografen oder Männern, die sie zum Essen ausführen wollten, hatte Marilyn enorm viel Fingerspitzengefühl.

Ihr Anwalt organisierte 1962 für Marilyn mit Cherie Redmond eine neue Sekretärin, die ihr in geschäftlichen Angelegenheiten zur Hand gehen sollte. Die beiden reisten zusammen nach Mexiko, um Möbel für Marilyns neues Heim in Los Angeles zu kaufen, und danach weiter nach New York. In New York müssen die beiden irgendwie aneinandergeraten sein, denn als Marilyn nach Hause kam, tat sie ihrem Dienstmädchen Eunice Murray kund, Cherie habe fortan Hausverbot. »Sie mag eine gute Sekretärin sein, aber niemals eine enge Freundin.«

Obwohl Cherie sich äußerst professionell um alles kümmerte, blieb Marilyn auf Abstand. Hatte Marilyn beispielsweise Dokumente zu unterschreiben, dann schickte sie ihr Dienstmädchen vor, um Cherie die abgezeichneten Unterlagen am Tor vor dem Haus zu übergeben. Irgendetwas störte Marilyn an dieser Frau.

»Ich will ihren Rat nur für geschäftliche Dinge, für sonst nichts«, sagte sie. »Außerdem«, fügte sie halb im Scherz hinzu, »hat sie den Rest von meinen Dom Pérignon getrunken.«

Sie wollen Schauspielerin werden?

Als Schauspielerin war Marilyn einzigartig. Ein Unikat, mehr noch als Jackie. Billy Wilder, der Regisseur von *Das verflixte 7. Jahr* und *Manche mögen's heiß*, sagte über sie: »Ihre Haut, ihr Fleisch war so beschaffen, dass es selbst auf Fotos noch lebendig aussieht. Du denkst, du brauchst nur die Hand auszustrecken und kannst sie berühren. Einzigartig – ist ein großes Wort, aber in Marilyns Fall trifft es zu. So jemanden wie sie wird es nie mehr geben, und Gott weiß, wie viele Nachahmerinnen sie hatte.«

Unter all den Marilyns von heute, die die Diva optisch kopieren, mag es durchaus die eine oder andere geben, die unbedingt Schauspielerin werden will. Klar, niemand wird je an Marilyn heranreichen oder sie gar übertrumpfen. Trotzdem folgen hier ein paar Tipps:

Ein begnadetes Talent ist das A und O, und das kann einem niemand beibringen. Aber der intensive Wunsch sollte ebenfalls vorhanden sein. Heutzutage will ein jeder berühmt werden, ohne etwas dafür zu tun. Man denke nur an all die Teilnehmer der Casting-Shows! Marilyns Schauspiellehrer Lee Strasberg sagte einmal: »Marilyn hat immer davon geträumt, Schauspielerin zu werden. Wohlgemerkt, sie träumte nicht etwa davon, ein Star zu werden, sondern davon, Schauspielerin zu werden. Mit diesem Traum hat sie Zeit ihres Lebens gelebt.«

Marilyn kam es vor allem auch auf die eigene Leistung an. Darauf, etwas zu lernen und sich weiterzuentwickeln. Darauf, das Handwerk zu verstehen. Der Weg zur Erleuchtung kennt viele Pfade, heißt es im Buddhismus. Ähnlich ist es mit dem Wunsch, Schauspieler werden zu wollen: Der Weg nach Hollywood kennt viele Pfade.

Und wenn alles nichts hilft, verabreden Sie sich einfach mit einem Produzenten.

Freier Tag?

Da die Jackies und Marilyns von heute ohnehin alles mit einer strikten Ernsthaftigkeit betreiben, sei ihnen geraten, öfter mal etwas völlig anderes zu machen als sonst.

Tauchen Sie ab: In Zeiten von E-Mail, Handy, Facebook und Twitter tut es hin und wieder richtig gut, einfach mal von der Bildfläche zu verschwinden, und sei es nur für einen Tag oder ein Wochenende. In einer Welt, in der wir praktisch rund um die Uhr erreichbar sind (was zumeist als positiv gilt), ist es keine schlechte Idee, alle elektronischen Geräte für ein paar Stunden auszuschalten und den Gedanken freien Lauf zu lassen.

Flanieren Sie: Ein Extratipp für alle Jackies, die immer schwer eingespannt sind: Wie wäre es denn mit einem kleinen Spaziergang, bei dem Sie sich ein bisschen mit Dingen verwöhnen, zu denen Sie sonst nie kommen?

- Setzen Sie sich gemütlich in ein Café.
- Schlendern Sie durch den Park.
- Kaufen Sie sich etwas Nettes.
- Reservieren Sie für den Abend einen Tisch für zwei in einem schönen Lokal.
- Gehen Sie zur Maniküre oder Pediküre.

Das muntert auf und sorgt garantiert für gute Laune.

Außerdem wird eine echte Jackie sicher Spaß daran haben, in Unterwäsche einen Tag zu Hause zu verbummeln. Sie könnte die Beatles hören und einen Becher Eis dabei löffeln.

- Sagen Sie Ihrem Partner, dass Sie ihn lieben.
- Erwarten Sie im Gegenzug nichts.
- Bügeln Sie Ihre Bettwäsche selbst. Und kuscheln Sie sich gleich danach hinein.

Die Jackie als Steven Spielberg

Die Jackie von heute hat strenge Prinzipien, und zwar in so gut wie allen Bereichen. Sie kann einfach nicht anders. Sie sieht nun mal alles: den Stuhl, der nicht in der Reihe steht, den Faden, der vom Saum herabhängt, die leere Eiswürfelschale im Eisfach, die nachgefüllt werden muss … Und das waren jetzt nur ein paar Beispiele.

Geradezu allergisch ist sie gegen Männer, die die Klobrille oben lassen. Unvorstellbar! Das geht gar nicht (wir sehen sie förmlich vor uns, wie sie raucht vor Zorn). Für sie ist das unter Umständen ein Grund, die Beziehung sofort zu beenden. Dabei ist das sonst gar nicht ihre Art.

Zu den typischen Berufen einer Jackie zählen: Filmproduzentin, Generaldirektorin, Managerin eines Fünfsternehotels. Als eine echte Löwegeborene fällt es ihr schwer, hinter anderen zurückzustehen. Trotz einer vordergründigen Schüchternheit bleibt sie nie unbemerkt, und in einer größeren Gesprächsrunde wird sie stets die Hand heben, Fragen stellen und mitdiskutieren.

Die Marilyn als schillernder Star

Die Marilyn von heute hingegen ist extrem emotional. Ganz Schauspielerin, selbst wenn sie als Partnerin in einer Anwaltskanzlei arbeitet, befasst sie sich mit sämtlichen Dingen derart intensiv, dass es fast wehzutun scheint. Sie liest Bücher, interessiert sich für Kunst und Musik oder geht regelmäßig ins Museum. Wobei es durchaus passieren kann, dass sie eine nackte Skulptur betrachtet, während jeder um sie herum nur Augen für sie hat. Wenn es sein muss, redet sie mit einem bezaubernden, perfekten französischen Akzent, auch wenn sie so gut wie kein Französisch spricht.

Insofern machen die meisten Marilyns im Bereich der Künste erfolgreich Karriere – entweder als Schauspielerin, Malerin, Bestsellerautorin oder Muse. Obwohl stets über die Maßen engagiert, ist das einsame Arbeiten im stillen Kämmerlein ihre Sache nicht – nach einer gewissen Zeit muss sie einfach raus und unter die Leute.

Genau das tut sie auch.

Sie hat eine derart blühende Fantasie, dass man sich nie sicher sein kann, ob die Geschichten, die sie über ihre Kindheit, ihren zweiten Ehemann oder worüber auch immer erzählt, wirklich wahr sind. Aber egal, dafür darf man ihre Gesellschaft genießen.

Marilyns beste Freundin zu sein, ihre Vertraute (und eventuell auch mehr), ist aufregend und toll, sozusagen etwas Besonderes, das man nie vergisst. Süße Geheimnisse teilt sie übrigens sehr gerne. Ihre Schönheit ist eine Sache, ihre Verletzlichkeit eine andere. Geschickt webt sie daher ein Netz und spinnt einen darin ein.

Egal, welchen Beruf sie hat, eine Marilyn hat ihre Launen und durchaus auch mal sonderbare Anwandlungen, außerdem ist sie immer in Bewegung. Wenn Sie die Freundin einer Marilyn sind, müssen Sie eines wissen: Wenn sie weg ist, dann kommt sie nicht wieder zurück, sondern sucht sich etwas Neues.

Dafür braucht eine Marilyn keine halbe Entourage. Das kann sie sich einfach nicht leisten.

Vor der Kamera

Egal wie leicht (oder schwierig) es scheinen mag: Eine gute Schauspielerin zu sein bedeutet harte Arbeit. Insbesondere dann, wenn man seine Sache ernst nimmt und so perfektionistisch sein will, wie Marilyn es war. Jedes Mal, ehe sie vor die Kamera trat, sagte sie zu ihrem Visagisten: »Wünsch mir Glück und drück mir die Daumen!«

Jackies zwischenmenschliche Beziehungen

Wenn Sie einer Jackie irgendetwas erzählen, dann behält sie es ein Leben lang (oder zumindest so lange, wie sie mit Ihnen zu tun hat). Sie erinnert sich an jedes einzelne Wort, an jeden noch so beiläufig dahingesagten Satz. Es kann sogar gut sein, dass sie Sie mit Ihren eigenen Worten zitiert. Dies kann ebenso beeindruckend wie nervig sein, vor allem wenn man mit ihr verwandt oder verheiratet ist.

Sie zeigt es nicht offen (jedenfalls prahlt sie nicht damit), aber eine Jackie hat ein beinahe fotografisches Gedächtnis. Hat sie einmal etwas gelesen, merkt sie es sich für alle Zeiten.

Man sollte sich also nicht unbedingt mit ihr anlegen. Sie weiß um ihre Macht und übt sich in aller Regel in vornehmer Zurückhaltung, es sei denn, sie stößt auf Vorurteile oder Kleingeistigkeit – das bringt sie auf die Palme. Ohne Skrupel fährt sie ihre Krallen aus, wenn sie der Meinung ist, man habe es verdient.

Marilyns zwischenmenschliche Beziehungen

Um eine Auseinandersetzung zu gewinnen, argumentiert eine Marilyn nicht immer streng geradlinig, sondern kommt auch mal gerne durch die Hintertür. So schafft sie es, in emotional belastenden Situationen zwischen zwei Verhaltensebenen lavieren zu können, sich mal liebreizend und mal tragisch zu gebärden (oder vielmehr kokett und aufreizend, was in Marilyns Ohren jedoch viel zu billig klingen würde). Offen gesagt weiß eine Marilyn ganz gut, dass sie gar nicht viel zu tun braucht, um zu bekommen, was sie will. Und zwar auch dann, wenn sie mal nicht mit der Kamera flirtet, wo sie sich ihrer unglaublichen körperlichen Präsenz und ihrer Sinnlichkeit ohnehin sehr bewusst zu sein scheint. Wenn es darauf ankommt, braucht sie nur eine Augenbraue zu heben, und die anderen springen.

Und wenn nichts mehr hilft, kann man immer noch in Tränen ausbrechen, wie Jackie und Marilyn beide wissen. Besonders hilfreich, wenn einen die Polizei wegen überhöhter Geschwindigkeit anhält.

Verändert Ruhm den Charakter?

Jackies Antwort: Eine Zeit lang ja!

Jackie, die sich selbst stets treu geblieben ist, hatte ein stark ausgeprägtes Selbstbewusstsein. Darüber darf jedoch nicht vergessen werden, dass sie sich während ihrer Ehe mit Onassis ein bisschen verloren hat. Das mag vielleicht an ihrer neuen Freiheit gelegen haben oder daran, dass sie Amerika so fern war, losgelöst von den Kennedys, die geradezu puritanische Erwartungen an sie hatten. Vielleicht lag es aber auch daran, dass sie jederzeit zum Telefon greifen konnte und stets alles bekam, was sie wollte: ein Flugzeug, einen Friseurtermin oder eine Massage genauso wie Schmuck von Van Cleef oder ein Mittagessen mit dem Dichter

Robert Lowell … Für eine Weile schien Jackie sich in »Königin Jackie« zu verwandeln und sich kaum mehr um all die Normalsterblichen zu scheren.

Erst später, nach dem Tod von Onassis, als sie nach New York und damit in die Tretmühle eines harten Berufsalltags zurückgekehrt war, schien sie sich wieder zu fangen. Fortan nutzte sie ihre Prominenz nicht nur zu ihrem eigenen Vergnügen, sondern auch zum Wohle anderer. Sie brachte sich in die Gesellschaft ein und engagierte sich dafür, mit der JFK-Library das historische Andenken zu bewahren.

Marilyns Antwort: Nein!

Ein ganz klein wenig hat der Erfolg sie im Innersten doch verändert. »Ich bin noch immer dieselbe«, sagte sie einmal, »nur das Kleid ist neu.«

Wenn überhaupt, dann traute sie ihrem Ruhm nicht so richtig und betrachtete ihn eher als eine Bürde. »Sie reißen dir das Herz in Stücke. Vermutlich merken sie es noch nicht einmal – aber sie reißen dich in Stücke, während du einfach nur unversehrt bleiben willst. Sie meinen, deine Berühmtheit gäbe ihnen so etwas wie das Recht, alles mit dir machen zu können, ohne dass es dich verletzt. Als würde es einfach an dir abprallen.« Obwohl sie die Aufmerksamkeit ihrer Fans genoss und es ihr bewusst war, dass dieser Rummel zu ihrem Leben als Filmstar dazugehörte, machte es ihr manchmal auch Angst. »Die Öffentlichkeit macht mir Angst, sie schüchtert mich ein. Jeder Einzelne reagiert auf dich und du wiederum auf ihn. Daran besteht kein Zweifel.«

Sie war sich des Preises ihres Erfolges sehr wohl bewusst. »Wenn ich ein Kind hätte, würde ich nicht wollen, dass mein Kind das durchmacht, was ich durchgemacht habe. Ruhm ist unbeständig. Ruhm schürt Neid. ›Was glaubt sie denn, wer sie ist – diese Marilyn Monroe?‹«

Marilyn als edle Schenkerin

In Armut aufgewachsen, hielt Marilyn eine kleine, mit Samt ausgeschlagene Schatulle in Ehren. Marilyn war keine Leuchte, wenn es um Handarbeit ging (lediglich die Augen konnte sie sich selbst schminken – und das hervorragend). Sie stickte nicht, legte keine Foto- und andere Alben an und buk auch keinen Apfelkuchen.

Allerdings war sie ihren engsten Freunden gegenüber fast schon übertrieben großzügig. Beispielsweise verschenkte sie ihre Kette aus Mikimoto-Perlen, die sie vom japanischen Kaiser bei ihrer Hochzeitsreise mit Joe DiMaggio bekommen hatte, spontan Lee Strasbergs zwölfjähriger Tochter Susan, da das Mädchen sich an jenem Tag gerade potthässlich fühlte. Oder sie bedachte ihre Psychotherapeutin Dr. Marianne Kris in ihrem Testament und vermachte ihr ein Viertel ihres Vermögens »zur Förderung der Arbeit in psychiatrischen Einrichtungen oder Gruppen nach ihrer Wahl«. Den Großteil ihres Vermögens vererbte sie ihrem Schauspiellehrer, den sie übrigens kaum kannte.

Wie bei der Auswahl ihrer Rollen, entschied Marilyn auch in diesen Dingen aus dem Bauch heraus und je nachdem, wie sie sich gerade fühlte.

Die Marilyn von heute sehnt sich vor allem danach, geliebt zu werden. Sie will den Leuten im Gedächtnis bleiben. Aber wollen wir das nicht alle?

> *»Die Liebe und die Arbeit sind die beiden einzigen wahren Dinge in unserem Leben. Sie gehören zusammen, sonst ist es schief.«*
>
> MM

Money, money, money

Jackie und Marilyn hatten eine sehr spezielle (und gegensätzliche) Einstellung zu Geld.

Trotz ihrer elitären Erziehung war Jackie recht clever, wenn es um finanzielle Angelegenheiten ging, und zwar auf eine Weise, wie Marilyn es nie war.

Dass es von enormer Wichtigkeit sei, »reich zu heiraten«, dieser Gedanke war in Jackie tief verwurzelt. Dafür hatte ihre Mutter gesorgt. Und mit »reich heiraten« war nicht etwa ein nettes Leben an der Seite eines Mannes aus der oberen Mittelschicht gemeint, nein, es musste ein Millionär oder besser noch Milliardär sein.

Auch sonst unterschied Jackie sich in Finanzangelegenheiten sehr von Marilyn. 1964 kaufte sie ein Apartment in New York an der Fifth Avenue für 200 000 Dollar, und jeder (so schien es) steuerte einen Teil dazu bei. Ohne ihr Wissen bezahlten Robert F. Kennedy, Aristoteles Onassis, mit dem sie sich bereits heimlich traf, und sogar der Bankier André Meyer einen Großteil davon.

Marilyn, die anfangs in einem winzigen Apartment mit Einplattenkocher wohnte, nahm niemals Geld an. Von niemandem.

Jackie hatte nicht nur mehrere Angestellte (Köche, Dienstmädchen, Sekretäre), sondern auch regelmäßig mit Geschäftsleuten und Firmenbossen zu tun. Wenn sie Handwerker in ihr Apartment bestellte, etwa einen Maler, dann bezahlte sie am liebsten per Scheck. Sie wusste nämlich genau, dass der Mann ihn nie einlösen würde, weil er ihre Unterschrift trug. Manchmal bot sie den Handwerkern auch an, sie mit einem signierten Foto zu »bezahlen«. Doch irgendwann sprach sich Jackies Taktik herum, und die Männer bestanden auf Barzahlung.

Wie viele andere Frauen aus ihrer Schicht verdiente sie sich ein »kleines Taschengeld« hinzu, indem sie ihre kaum getragene Designergarderobe secondhand verkaufte.

Auch wenn sie stets alles gab und Erstaunliches geleistet hat, um beispielsweise die JFK-Library aufzubauen und zu etablieren, galt sie – wie fast alle Kennedys – als nicht gerade sehr spendabel.

Für Marilyn war Geld nicht das Wichtigste im Leben, auch wenn sie sicher froh war, dass ihre Lebensumstände sich dadurch verbesserten. Viel lieber wollte sie als Schauspielerin weiterkommen, von der kreativen Gemeinschaft ernst genommen werden und Freunden helfen (was auch alles zutraf). Obwohl sie deutlich weniger Geld hatte als Jackie, war sie um einiges großzügiger. Unter anderem steckte sie 25 000 Dollar in den Präsidentschaftswahlkampf von John F. Kennedy, was 1960 nicht wenig Geld war und es auch heute noch ist. Ein Jahresgehalt von 10 000 Dollar war damals auch für einen weißen Arbeitnehmer ganz schön viel.

Sie war großzügig gegenüber allen, die ihr am Herzen lagen. Was kaum jemand weiß: Als ihr Mann Arthur Miller vor dem Untersuchungsausschuss für unamerikanische Aktivitäten aussagen musste, übernahm sie nicht nur wie erwähnt sämtliche Gerichtskosten. Sie bezahlte auch die Alimente für seine Kinder und den Unterhalt für seine erste Frau Mary Slattery.

Marilyn schien sich nichts aus persönlichem Luxus zu machen, was erstaunlich war für eine Berühmtheit von ihrem Format. Allerdings heißt es, sie habe gegen Ende ihres Lebens »mit Geld um sich geworfen wie ein betrunkener Matrose auf Landgang«.

Jackie hingegen gab gerne viel Geld aus – sehr viel Geld. Allerdings war es immer das von anderen Leuten.

Der letzte Wille

Jackies Testament

Wer sein Testament plant, der kann von Jackie viel lernen: Jackies Letzter Wille umfasst 36 Seiten und wird gerne als »ausgefeilt« beschrieben. Offenbar hat sie sich sehr viele Gedanken darum gemacht. Ihren langjährigen Freund und Weggefährten Maurice Templesman ernannte sie zum Testamentsvollstrecker und vermachte ihm eine griechische Skulptur, einen Frauenkopf aus Alabaster. Ihre Kinder Caroline und John bekamen jeweils 250 000 Dollar in bar, das Apartment in der Fifth Avenue sowie weitere Immobilien, Hausrat und Geld aus einem Fonds, den sie von ihrem ersten Mann geerbt hatte.

Die Aufteilung ihres auf 200 Millionen Dollar geschätzten Vermögens hatte Jackie mit Hilfe ihrer Anwälte von der New Yorker Kanzlei Milbank, Tweed, Hadley & McCloy weise im Voraus geplant.

Laut dem Magazin *Fortune* nutzte Jackie alle Wege der Erbschaftsplanung sehr klug aus, um Erben und Wohlfahrtsverbänden Geld zukommen zu lassen, ohne dass der Fiskus den Großteil verschlang. Zu Beginn ihres Testaments bestimmte sie, wer die einzelnen Vermögensgegenstände bekam. Wertgegenstände von ideellem Wert für bestimmte Personen hingegen wurden ordentlich übereignet. Etwa ging die von Robert Frost unterzeichnete Kopie der Inaugurationsrede von John F. Kennedy an ihren Anwalt Alexander Forger. Gute Freunde, die Dienstmädchen und ihr Butler bekamen Bargeldsummen zwischen 25 000 und 250 000 Dollar. Die Immobilien dagegen gingen an jene, denen das meiste zustand. Ihre Kinder bekamen wie erwähnt das New Yorker Apartment, das Erbe ihrer Mutter aber, die Hammersmith Farm und die Farm in Newport (Rhode Island) überließ sie ihrem Stiefbruder Hugh Auchincloss Jr. Ihrem Dienstmädchen vermachte sie nicht nur 50 000 Dollar, sondern legte in weiser Voraussicht auch fest, dass die anfallende Erbschaftssteuer ebenfalls übernommen werden solle.

Jackie dachte wirklich an alles und ordnete ihre Angelegenheiten entsprechend in ihrem Letzten Willen. Ihre Kinder bat sie, ihren Wunsch zu respektieren und ihre persönlichen Akten unter Verschluss zu halten. Dieser Bitte haben die beiden entsprochen.

Marilyns Testament

Verglichen mit Jackie klang Marilyns Letzter Wille eher abenteuerlich und war sicher alles andere als wohl durchdacht.

Als sie 1962 im Alter von 36 Jahren starb, hinterließ sie ein geschätztes Vermögen von 1,6 Millionen Dollar. 75 Prozent davon vermachte sie wie erwähnt ihrem Schauspiellehrer Lee Strasberg, 25 Prozent gingen an ihre Psychotherapeutin Dr. Marianne Kris. Ihre Mutter Gladys Baker Eley bekam jährlich 5000 Dollar aus einem Treuhandfonds. Als Dr. Kris 1980 starb, spendete sie ihren Erbteil an das Anna Freud Centre, ein Institut für Kinderpsychiatrie in London. Strasbergs Anteil verwalteten nach seinem Tod 1982 seine Witwe Anna und deren Anwalt Irving Seidman.

Marilyn hatte darum gebeten, ihre persönliche Habe unter ihren Freunden zu verteilen, doch diesen Wunsch hat Strasberg nie erfüllt.

Dass Marilyn, die nie eine echte Familie hatte, ausgerechnet ihre Mutter, ihre Psychotherapeutin und ihren Schauspiellehrer bedacht hat, ist interessant – und auch ein bisschen tragisch. Ironischerweise bringt die Vermarktung von Marilyn, die sich zeitlebens kaum etwas aus Geld oder materiellen Besitztümern gemacht hat, jedes Jahr weiterhin Millionen von Dollars an Tantiemen ein.

In Wahrheit aber ist Marilyn Monroe (vielleicht mehr noch als Jackie) über all diese irdischen Dinge wie ein Testament oder andere rechtliche Instrumente erhaben.

Jackies Geheimnisse – schon gewusst?

Jackie nahm ihre Arbeit sehr ernst. Schließlich stand sie dafür mit ihrem Namen.

Marilyns Geheimnisse – schon gewusst?

Marilyn liebte ihre Arbeit und war überglücklich damit. Sie brauchte sie regelrecht.

Ganz privat

»Ich habe zu viel Fantasie, um eine Hausfrau zu sein. Ich glaube, ich bin selbst eine Fantasie.«

MM

»Jackies Haus war geradezu ein Zufluchtsort, so privat, so schön eingerichtet, so schlicht … vollkommen stimmig mit der Umgebung.«

Hillary Clinton

Was die eigenen vier Wände anbelangt, hätten Jackie und Marilyn unterschiedlicher nicht sein können.

Die ohne familiäre Wurzeln am Rande der Gesellschaft in Waisenhäusern und Pflegefamilien aufgewachsene Marilyn hatte nicht allzu viel Sinn für ein behagliches Heim. Dreimal verheiratet wirkte es fast so, als spiele sie die Rolle der Gattin in einem Theaterstück, immer auf der Suche nach einem neuen Zuhause – das sie mit James Dougherty, Joe DiMaggio und Arthur Miller jeweils nur kurzzeitig fand. Nach ihrer letzten Scheidung baute sie sich wie viele andere Stars auch ein eigenes Leben auf, nur mit ihrem Visagisten, ihrem Friseur und ihrer Sekretärin. Aber sie schien nach wie vor auf der Suche zu sein und starb ohne Erben und direkte Nachkommen.

Für Jackie hingegen bedeutete die Familie alles. Sie war sehr stolz darauf, eine Bouvier zu sein – mehr noch, als in den chaotischen Kennedy-Clan eingeheiratet zu haben. Aus der Tatsache, dass sie wusste, wer sie war und woher sie kam, zog sie eine enorme Stärke.

Ob ihr »kleines Häuschen« an der N Street im Washingtoner Stadtteil Georgetown, das Weiße Haus, ihr Apartment in der Fifth Avenue oder ihr Rückzugsort auf Martha's Vineyard – ihr Zuhause war Jackie überaus wichtig. Aufgrund des äußerst öffentlichen Lebens, das sie gezwungenermaßen führte, war das eigene Heim für sie ein Ort der Ruhe und Kraft, an dem sie mit ihren Kindern und ihren Lieben auftanken konnte.

Während man Marilyn wahrlich als unorganisierte Hausfrau und planlose Gastgeberin beschreiben könnte, war Jackie in ihrer Rolle als Hausherrin geradezu legendär. Sie organisierte regelmäßig Staatsbanketts für 200 geladene Gäste ebenso wie die Geburtstagspartys für ihre Kinder. Zwar bügelte Jackie ihre Wäsche nicht selbst, aber sie war die perfekte Hausfrau. Unter anderem bestand sie darauf, dass die Bettwäsche im Weißen Haus zweimal täglich gewechselt wurde (am Morgen und nach ihrem Mittagsschläfchen), dass zum Abendessen nur französischer Wein serviert wurde und in jedem Zimmer frische Blumen standen.

Trautes Heim

Jackies Faible für neue Einrichtungen

Als perfekte Hausfrau war Jackie entsprechend pingelig und anspruchsvoll. Nicht dass sie die Hausarbeit selbst erledigt hätte, aber sie wusste, wie man ein Bettlaken richtig aufzieht oder dass man feines chinesisches Porzellan am besten per Hand abspült.

Wie es für eine Frau ihrer sozialen Herkunft typisch war, brachte Jackie durch die Inneneinrichtung ihre Persönlichkeit zum Ausdruck. Es machte ihr großen Spaß, das erste gemeinsame Haus, das sie mit John F. Kennedy in Georgetown bezogen hatte, immer wieder neu einzurichten und umzudekorieren. Laut ihrer Mutter Janet Lee Auchincloss räumte Jackie das Wohnzimmer in den ersten vier Monaten nach dem Einzug ganze dreimal um. Laut der Mutter »eine ganz schön aufwendige und kostspielige Angelegenheit, immer wieder zu streichen, Möbelstücke beziehen oder aufpolstern und Vorhänge nähen zu lassen«.

Im Großen und Ganzen ließ Kennedy seiner Frau dabei freie Hand, doch mit der Zeit ärgerte er sich so sehr darüber, ständig in ein umgestaltetes Haus zu kommen, dass er förmlich ausrastete. Er konnte es einfach nicht fassen, warum es keinen einzigen Stuhl gab, auf dem man sich mal in Ruhe hinsetzen konnte.

Insgesamt nahm er Jackies Renovierungswut jedoch mit Humor. Als seine Schwiegereltern zum ersten Mal zum Essen kamen, aus dem Jackie ein halbes Staatsbankett machte, fragte er seine Schwiegermutter: »Mrs. Auchincloss, meinen Sie nicht, dass wir hier von zu viel Beige gefangen genommen sind?«

Solch wunderschöne Häuser wie jene von Jackie waren Marilyn, bevor sie berühmt und erfolgreich wurde, völlig unbekannt. Ihre Wohnungen glichen eher Übergangslösungen als einem heimeligen Zuhause. So wie sie als kleines Mädchen von einem Kinderheim zum anderen durchgereicht wurde, lebte sie später mal in diesem, mal in jenem Hotel. Als sie dann ein Star war, kaufte sie ein wunderschönes Apartment im New Yorker Viertel Sutton Place sowie ein Haus in Hollywood.

Interessanterweise war sie genau wie Jackie sehr wählerisch, wen sie zu sich nach Hause einlud.

Marilyns Faible für ihr Bett

Wie viele Hollywood-Sternchen – wie wir alle eigentlich – liebte Marilyn ihren Schlaf. Ava Gardner zum Beispiel führte ihre Schönheit auf 15 Stunden Schlaf pro Nacht zurück. Vermutlich ein Scherz.

Und Marilyn? Sie sagte einmal: »Ich komme morgens nur langsam in die Gänge. Ich hasse es, vor lauter Eile völlig angespannt zu sein, und es ist mir praktisch unmöglich, morgens frisch und munter aus dem Bett zu springen. Am Sonntag, dem einzigen Tag zum Faulenzen, brauche ich manchmal zwei Stunden, um aufzuwachen, und aale mich förmlich in diesem Dämmerzustand. Je nachdem, was ich vorhabe, schlafe ich zwischen fünf und zehn Stunden jede Nacht. Ich schlafe in einem extra breiten Singlebett und decke mich immer nur mit einer schweren Daunendecke zu, sommers wie winters. Pyjama oder Nachthemden habe ich noch nie getragen, die stören bloß meinen Schlaf.«

Noch ein kleiner Schönheitstipp am Rande: Marilyn bettete sich nur auf Seidenkissen, um ihre Frisur zu erhalten.

Aufstehen!

Morgenmuffel waren sie alle beide, Jackie genauso wie Marilyn. Richtig lebendig wurden sie erst mit Einbruch der Dunkelheit – in der Bemelmans Bar im Carlyle Hotel bei einem guten Tropfen oder im weißen, seidenen Abendkleid bei funkelndem Kerzenschein.

Nachdem sie berühmt geworden war, litt Marilyn an Schlafstörungen und brauchte zum Ende ihres Lebens hin immer öfter verschreibungspflichtige Medikamente (die sie manchmal auch mit Champagner oder Wodka nahm, dem einzigen »Schnaps«, den sie vertrug), um überhaupt in den Schlaf zu finden. Sie brauchte dunkle, lichtundurchlässige Vorhänge und telefonierte oft stunden- oder nächtelang mit Freunden, wenn sie allein war.

Jackie hatte zwar ein sehr viel gesünderes Schlafverhalten, blieb aber ebenfalls gerne bis spätnachts auf. In den ersten Ehejahren, als sie mit John F. Kennedy in Georgetown oder im Weißen Haus lebte, nahm sie das Frühstück meist im Bett ein und ließ ihre Sekretärin kommen, um den weiteren Tagesablauf zu organisieren. Und wenn sie mal früher als üblich aufstand, um gemeinsam mit den Kindern zu frühstücken, gönnte sie sich nachmittags ein Nickerchen.

Tipps für einen guten Schlaf

Sie schlafen nicht gut? Kein Grund, es den Stars gleichzutun und sich mit einem endlosen Vorrat an Schlafmitteln und Wodka einzudecken. Versuchen Sie stattdessen lieber ein paar einfache Regeln zu befolgen:

Halten Sie Ihr Schlafzimmer kühl und dunkel. Verwenden Sie Jalousien oder schwere Vorhänge, damit kein Licht durchscheint.

Kein Koffein und auch keine schweren Mahlzeiten zu später Stunde. Außerdem: kein Alkohol.

Treiben Sie abends keinen Sport mehr. Nach Meinung von Experten sorgt das für einen Energieschub (gut) und macht Sie putzmunter (schlecht).

Verbannen Sie den Fernseher. Ihr Schlafzimmer sollte nur für zwei Dinge da sein: für Sex und Schlaf. Sonst nichts.

Auch vor dem Einschlafen zu lesen halten manche Experten für bedenklich. Ich bin da anderer Meinung, denn für mich ist das Bett einer der besten Orte zum Lesen.

Auch der Laptop hat im Schlafzimmer nichts verloren. Wenn der Mann die halbe Nacht darauf herumklappert, ist das äußerst unromantisch. Das Gleiche gilt für das Blackberry. Wenn Sie es unbedingt bei sich haben wollen, dann SCHALTEN SIE ES AUS! Sie werden keine Ruhe finden, wenn das Ding ständig blinkt und Sie sich in einem fort fragen, was es nun schon wieder gibt.

Direkt nach den Abendnachrichten ins Bett zu gehen oder ein Krimi als Bettlektüre sind ebenfalls nicht empfehlenswert, da viel zu aufwühlend.

Nehmen Sie stattdessen ein warmes Bad mit Meersalz und ein paar Tropfen Lavendelöl. Das wirkt entspannend.

Wenn schon Medizin, dann greifen Sie bitte zu natürlichen Mitteln aus dem Reformhaus oder Bioladen. Baldrian und Magnesium sind beispielsweise als natürliche Beruhigungs- und Schlafmittel bekannt.

Jackie, die Salondame

Auch wenn man am Ende am liebsten mit ihr im Schlafzimmer landen möchte, ist der Speisesaal oder die Bibliothek gleichermaßen überzeugend, denn jeder Winkel im Reich einer Jackie lebt und atmet ganz offensichtlich ihren ideenreichen Geist.

Wann immer sie konnte, tat Jackie nichts lieber, als faul auf dem Sofa zu liegen, zu lesen und das Telefon zu ignorieren. Sie gab auch gerne Partys für Freunde oder verabredete sich zu einem kurzen Treffen vor einem Theater- oder Ballettbesuch.

Jackie war sehr gut darin, ihrem Koch die richtigen Anweisungen zu geben, die Küche selbst war jedoch weniger ihre Domäne. Am Anfang ihrer Ehe mit John F. Kennedy, so erzählte sie, habe sie an einem Donnerstagabend versucht, ein Essen zuzubereiten, weil der Koch frei hatte. Am Ende sei der Braten völlig verbrannt gewesen, und in der Küche habe es ausgesehen wie in einem Schweinestall. Sie sei in Tränen ausgebrochen, und als ihr Mann nach Hause gekommen sei, habe er sie zum Essen ausgeführt.

Jackie oder Marilyn – Schnelltest

Marilyn-Schnelltest: Ihr Zuhause ist der einzige Ort, an dem Sie sich sicher und geborgen fühlen. Sie könnten Stunden im Schlafzimmer verbringen. Und das tun Sie auch.

Jackie-Schnelltest: Egal ob Sie in einer Einzimmerwohnung leben oder in einer Villa, Ihr Zuhause spiegelt Ihre Persönlichkeit wider. Alle kommen Sie gerne besuchen und möchten sehen, wie Sie wohnen.

Nachtgewänder

Zum Schlafen im Bett trug Marilyn zwar kein wirkliches Nachtgewand, aber sie besaß viele traumhafte »Garnituren« an Negligees, wie man früher so schön sagte. Viele der in der Juel Park Lingerie in Hollywood hergestellten Teile waren handgefertigt und kunstvoll bestickt. Das Geschäft gibt es übrigens noch heute.

Jackie hingegen bevorzugte feine weiße Baumwollnachthemden aus irischem Leinen oder feinster mercerisierter Baumwolle der Schweizer Luxuswäschemarke Hanro.

Die Jackies und Marilyns von heute können natürlich auch problemlos in das T-Shirt ihres Freundes (oder Exfreundes) schlüpfen, nur weiß muss es sein und entweder von Hanes oder von Brooks Brothers (am besten aus dem Dreierpack). Mit einem T-Shirt ist es wie mit einer Perlenkette – je öfter getragen, desto besser der Look. Und jeder wird sich fragen, woher man das gute Stück hat.

Marilyn hatte die schönsten Füße, die man sich nur vorstellen kann, und konnte sich auch zu Hause nicht von ihren Marabou-Slippers trennen, einer eleganten Sandalette mit freier Ferse und schmalem Absatz. Sie pflegte ihre Füße so gut, dass sie fast so zart wie ihre Hände waren.

Jackie trug zu Hause flache Mokassin-Slippers von L. L. Bean, die an ihr richtig chic aussahen, oder Ballerinas von Delman. Sie hatte eher größere, breitere Füße, die bestens gepflegt waren, und trotzdem versteckte sie sie gerne.

Zu Hause laufen die Jackies und Marilyns von heute öfter mal barfuß (sehr gesund für die Füße) und wirken, wenn man sie nicht so gut kennt, ein bisschen wie ein Kräutlein Rührmichnichtan. (für eine Jackie eher ungewöhnlich). Eine Jackie zeigt ihre Füße in der Öffentlichkeit so gut wie nie, umso mehr wird jeder männliche Besucher von ihren pedikürten Füßen angetan sein, deren Zehen entweder rot oder im neuesten Trend klar lackiert sind.

In der Küche

Ein kleines Geheimnis vorweg: Die Tatsache, dass Sie einen Mann zu sich nach Hause einladen, bedeutet nicht, dass Sie ihn auch bekochen müssen. Was Marilyn betrifft, so brauchte sie nichts weiter zu tun, als mit ihrer Erscheinung zu glänzen. Von einer Frau wie ihr erwarteten die Männer gar nicht erst, dass sie sich in die Küche stellte. Sie war auch so ein Leckerbissen. Falls sie dennoch mal versuchte, etwas Kulinarisches zu zaubern, fanden die Herren es geradezu göttlich.

Aber wissen Sie, was? Hier folgt gleich noch ein kleines Geheimnis für Sie: Marilyn war eine ziemlich gute Köchin. Im Vergleich zu Jackie war sie sogar eine Spitzenköchin, was allerdings nicht viel heißt. Sie kochte hauptsächlich die damals typischen Gerichte – Fleisch mit Gemüsebeilage, hin und wieder mexikanisch, nichts Exotisches, dafür aber auch mal Hausmannskost, wie sie unsere Eltern kannten. Ein Reporter des *People*-Magazins schrieb einmal: »Sie war eine gute Köchin. Und da sie es sich nicht immer leisten konnte, auswärts zu essen, kochte sie selbst.« Marilyn besaß sogar ein zwölfteiliges Topfset von Le Creuset, was sonst eigentlich nur echte Feinschmecker zu Hause haben.

Die Marilyn von heute serviert ihren Gästen vielleicht Rührei auf Toast und Shrimps mit Cocktailsauce aus dem Glas, die sie in einer hübschen kleinen Porzellanschale reicht. Obwohl raffinierte Gerichte nicht gerade ihre Stärke sind, ist sie im Anrichten und Präsentieren der Speisen große Klasse – genauso wie sie sich stets chic und modebewusst zu kleiden weiß.

Ein Blick in Marilyns handgeschriebenes Kochbuch, das voller Rezepte war, die sie (unter anderem) von ihrem Masseur Ralph Roberts hatte, offenbart Folgendes: Sie hatte eine Vorliebe für mexikanische Gerichte, und eines ihrer Lieblingskochbücher ist *Elena's Favorite Mexican and Spanish Recipes* von 1950, ein abgegriffenes Büchlein mit Spiralbindung. Leider ist die Ausgabe vergriffen, aber sie ist nach wie vor antiquarisch erhältlich, zum Beispiel bei alibris.com.

Dinner, Party, Gäste

Wenn es darum ging, gesellschaftliche Umgangsformen zu pflegen, hatte Marilyn Jackie einiges voraus. Denn offen gestanden scherte sie sich herzlich wenig darum. Sie wusste, dass sie sich notfalls immer auf ihren Sexappeal verlassen konnte, um sich selbst aus der Patsche zu helfen.

Die trübsinnigen Zeiten nach dem Zweiten Weltkrieg waren vorbei, und Marilyn entpuppte sich als eine durchaus originelle und einfallsreiche Hausfrau. In den späten 1950er Jahren, als sie mit Arthur Miller verheiratet war und mit ihm in Connecticut lebte, bereitete sie hausgemachte Nudeln zu, hängte sie in der

Küche über die Lehne eines Holzstuhls und trocknete sie mit einem Fön. Es gibt sogar ein Foto, das Marilyn mit Gina Lollobrigida beim »Kochen zu Hause in Los Angeles« zeigt. Die Italienerin sieht aus, als würde sie am Herd hantieren, während Marilyn in einem eleganten schwarzen Cocktailkleid in der Tür steht – ganz wie es unserem Bild von ihr entspricht.

Ein Rat für die Marilyns von heute: Wenn Sie Gäste zum Abendessen eingeladen haben und die Ente à l'Orange Ihnen im Ofen verbrutzelt ist, lenken Sie die Aufmerksamkeit weg von diesem Malheur und hin zu *Ihnen!* Also nichts wie rein in die Marabou-Slippers, die Musik aufgedreht und mitten im Esszimmer Rumba getanzt (oder einen Pseudo-Striptease hingelegt, wenn alles nichts hilft)! Danach sehen Sie zu, dass niemand auf dem Trockenen sitzt, zerstoßen Eiswürfel und füllen die Gläser Ihrer Gäste auf.

Nun zur Dinnerparty. Das optimale Verhältnis von männlichen zu weiblichen Gästen liegt, ganz im Sinne aller Jackies und Marilyns, bei 6:1. Kleiner Scherz am Rande. Jackie hielt sich streng an die Etikette, wenn es um die Tischordnung ging, und platzierte Männer und Frauen immer schön abwechselnd nebeneinander. Allerdings achtete sie darauf, die verheirateten Paare getrennt voneinander zu setzen, da diese sich miteinander höchstwahrscheinlich bloß fürchterlich langweilten.

Marilyn bereitete sich auf eine häusliche Dinnerparty ähnlich vor wie auf ein Date, ein Vorstellungsgespräch oder eine Sprechprobe. Im Prinzip, so fand sie, war das alles das Gleiche, nur die Bühne war jeweils eine andere. Was sagt uns das? Ganz einfach: *Sie,* einzig und allein *Sie,* sind das Wichtigste an der ganzen Sache. Dann erst kommt das Outfit und danach alles Weitere: Maniküre, Pediküre, Friseur (am besten drei Tage vorher, die Haare evtl. platinblond färben?). Das ist alles.

Um sich wie Marilyn auf eine Dinnerparty vorzubereiten, kippen Sie Eiswürfel in einen Kühler und vergessen Sie nicht, die Eisschale danach neu aufzufüllen. Legen Sie den Champagner auf Eis (und rechnen Sie drei Flaschen für sich).

Sorgen Sie für gute Musik, und stellen Sie die Blumen schon einen Tag vorher in die Vasen, damit sich die Blüten öffnen können. Marilyn saugte übrigens für ihre Leben gern ihre Wohnung. Tun Sie ruhig, was Sie nicht lassen können, obwohl es ehrlich gesagt kein Mensch merken wird, ob Sie schnell noch mal durchgesaugt haben oder nicht.

Jackie war eine Perfektionistin, wenn es um die Organisation von Dinnerpartys ging, was nicht wirklich überrascht. Jedes Detail war bis ins Letzte perfekt durchgeplant. Ob im Weißen Haus oder in ihren privaten vier Wänden, über die Menüfolge zerbrach sie sich ebenso den Kopf wie über die Gedecke. Sie hatte so viele Porzellanservice, dass sie einen Laden hätte aufmachen können, denn ihre Sammlung umfasste neben antikem chinesischem Porzellan auch English Bone China, Einzelstücke aus der irischen Porzellanmanufaktur Belleek (die Präsident John F. Kennedy auf seinem Irlandbesuch 1961 geschenkt bekommen hatte) und sogar Limoges-Porzellan. Sie besaß zudem Glasgeschirre aus der Simon-Pearce-Kollektion, die sie auf Martha's Vineyard in Gebrauch hatte, nebst einem blau-weißen Keramikgeschirr von Spode im eher lässigen Landhausstil. Nun zur Tischwäsche: Jackie bevorzugte farbenfrohe Porthault-Tischdecken oder feinstes irisches Tischleinen. Sogar über die Kerzen machte sie sich Gedanken und nahm oft tropffreie, handgezogene Kerzen aus Cape Cod. Meist verwendete sie weiße Wachsstöcke, nur am Weihnachtsmorgen standen immer rote Kerzen auf dem Esszimmertisch.

Sollte es Ihnen also vergönnt sein, an der Tafel einer Jackie dinieren zu dürfen, dann können Sie gewiss sein, dass sie etwas mehr als nur einen Gedanken auf die Dekoration verschwendet hat.

Ebenso pingelig war Jackie, wenn es um die Kommunikation mit dem Küchenpersonal ging. Oft tat sie mit knappen Sätzen auf dem linierten, offiziellen gelben Briefpapier kund, wenn es etwas zu reparieren gab oder wenn etwas übersehen worden war. Ein Blick auf diesen kleinen Kommuniqué offenbart, dass sie genial sind in ihrer Beliebigkeit: »Kaffee nicht heiß genug!« – »Bitte das Soufflee beizeiten aus dem Ofen nehmen.« – »Zum Frühstück für die Kinder bitte nur frischen Orangensaft, kein Konzentrat!«

Wenn eine Dinnerparty besonders gut gelang, schrieb sie vor dem Schlafengehen auch mal handschriftlich ein paar Dankeszeilen an das Personal, natürlich ebenfalls auf dem typischen linierten gelben Notizpapier.

Jackies Dinnerparty-Menü

Ein für Jackie typisches Buffet an einem kalten Winterabend in New York umfasste vermutlich pochierten Lachs mit grüner Sauce, Jambon persillé (ein würziges Schinkengericht), russischen Salat mit geraspeltem Knollensellerie oder anderen Wurzelgemüsesorten, dazu mehrere Scheiben Pastete und einen Korb mit frischem Bauernbrot.

Sie scheute sich jedoch auch nicht, einen Küchenjungen zu Zabar's zu schicken, um eine »hauchdünne Apfeltarte« zu besorgen, die es dann aufgewärmt mit Vanilleeis zum Dessert gab.

Jackies Menü für kalte New Yorker Winterabende

Russischer Salat
Gänseleberpastete
Jambon persillé
Gedünsteter Lachs mit grüner Sauce
Gekühlter weißer Burgunder, etwa Puligny Montrachet
Alternativ: kalifornischer Chardonnay, etwa Kistler.

Grüne Sauce

Damit die Sauce gelingt, sollten alle Zutaten Raumtemperatur haben.

Zutaten:

Mayonnaise

3 Eigelb

1 TL Zitronensaft oder Weinessig

Salz und weißer Pfeffer

Senfpulver

½ l Olivenöl (oder Rapsöl)

Grüngemüse/Kräuter

½ Tasse fein gehackter, frischer Spinat

½ Tasse fein gehackte Brunnenkresse

fein gehackte Petersilie

2 TL fein gehackter Schnittlauch

1 TL fein gehackter Estragon

Zubereitung:

In einer handwarmen, mittelgroßen Schüssel die Eigelbe mit dem Schneebesen ein bis zwei Minuten schlagen, bis sie cremig sind. Den Zitronensaft (oder Essig) hinzugeben, danach Salz, Pfeffer und Senf je nach Geschmack eine knappe Minute sacht unterschlagen.

Nun das Öl langsam und unter ständigem Rühren zufügen. Erst knapp die Hälfte der Tasse verwenden, bis die Masse eine sämige Konsistenz hat, dann das restliche Öl löffelweise zugeben.

So lange rühren, bis die Sauce die gewünschte Konsistenz hat. Sollte sie zu dick geraten, können Sie sie jederzeit mit Zitronensaft oder Essig verdünnen. Ist sie zu dünnflüssig, geben Sie noch etwas Öl hinein. Vielleicht brauchen Sie weniger Öl als angegeben. Das Rezept ergibt circa 2 ½ Tassen.

Spinat blanchieren, Brunnenkresse, etwas Petersilie (für eine satte grüne Farbe), Schnittlauch und Estragon mit ¼ Tasse Wasser in einer kleinen Pfanne zugedeckt aufsetzen. Etwa drei Minuten leicht köcheln lassen, anschließend das Ganze in ein feines Sieb drücken, damit die Flüssigkeit abtropft.

Die grüne Masse fein hacken und in die Mayonnaise rühren. Mit pochiertem Lachs servieren.

Marilyns Dinnerparty-Menü

Wenn Marilyn für Gäste kochte, unterschied sich das Menü nicht groß von dem, was sie üblicherweise sonst am Abend aß. Wie könnte Marilyns Buffet für eine Dinnerparty in Los Angeles ausgesehen haben? Vielleicht so: Zum Auftakt gab es einen einfachen grünen Salat mit Tomaten und Sauce Vinaigrette. Danach feuerte einer ihrer männlichen Gäste auf Marilyns Bitte hin den Grill an, etwa ihr Visagist Allan »Whitey« Snyder, und legte Steaks oder Lammkoteletts darauf, zu denen es Rahmspinat und Ofenkartoffeln gab. Im Zweifelsfall machen Sie es wie Fernsehköchin Julia Child und geben auf alles einen Extraklecks Butter – echte Butter, keine Margarine oder irgendwelche gesunden Ersatzfette.

Marilyns Menü für laue Sommerabende in Los Angeles

Grüner Salat mit Tomatenscheiben und Vinaigrette
Lammkoteletts mit Rahmspinat
Ofenkartoffeln
Selbstgemachtes Mandarinensorbet
Dom Pérignon oder Wodka on the Rocks mit Schuss

Mandarinensorbet à la Marilyn

225 g Zucker
1 ½ Tassen Wasser
Geriebene Schale von 4 Mandarinen
1 l Mandarinensaft
Saft von 1–2 Zitronen

Zucker und Wasser zehn Minuten lang kochen. Die geriebenen Mandarinenschalen dazugeben, solange der Sirup heiß ist. Langsam abkühlen lassen. Nun Mandarinen- und Zitronensaft zufügen. Je nach Geschmack der Mandarinen eventuell nachsüßen. Vollständig erkalten lassen, abseihen und gefrieren lassen. Gelegentlich mit einer Gabel durchrühren. Wenn das Sorbet kristallisiert ist, servieren.

Marilyns Hors d'Oeuvres

An alle aufstrebenden Marilyns dort draußen: Marilyns Lieblingsvorspeise waren mit Frischkäse und Kaviar gefüllte Tomaten. Ganz gleich, wie versiert Sie in der Küche sein mögen, das bekommen Sie für Ihre nächste Cocktailparty ganz sicher hin.

Ein typisches Abendessen bei Marilyn zu Hause

Im Unterschied zu Jackie liebte Marilyn einfache Kost. Haben Sie schon mal *Mad Men* gesehen? Wenn ja, dann haben Sie eine ungefähre Vorstellung davon, was Marilyn einem Freund als typische Hausmannskost serviert hätte. Gut, später als Star in Los Angeles waren es vielleicht Grillsteaks, Ofenkartoffeln und Salat, dazu Wodka Tonic für Ralph und für Marilyn Champagner mit einer Erdbeere darin.

Bei genauerer Betrachtung ähnelt Marilyns uramerikanischer Geschmack allerdings doch dem von John F. Kennedy, der (auch während seiner Zeit im Weißen Haus) zum Mittagessen am liebsten Grillkäse und Tomatensuppe aus der Dose von Campbell aß. Zum Ausgleich von Jackies rundweg französisch orientierter Küche bevorzugte er sämige Muschelsuppe nach Bostoner Art. Der Koch in jedem seiner Haushalte war daher angewiesen, stets einen frischen Vorrat davon aufwärmbereit im Kühlschrank zu haben. Dazu gab es oft ein Heineken-Bier und Schokoladeneis zum Nachtisch.

Jackie hatte immer einen Koch oder eine Köchin sowie eine Hauswirtschafterin engagiert. In späteren Jahren ließ sie sich von

Marta Sgubin bekochen, dem ehemaligen Kindermädchen ihrer Kinder, und bekam so immer die leckersten Speisen genau nach ihren Vorgaben auf den Tisch.

Ein schlichtes Abendessen auf Martha's Vineyard

Wenn Jackie allein auf Martha's Vineyard weilte, zauberte Marta gerne kulinarische Köstlichkeiten wie gegrillte Seezunge mit Schnittlauchsauce und Zitronenspalten oder Kalbskotelett ohne Knochen für sie.

In das Kalbfleisch schnitt Marta zunächst eine Tasche, in die sie dann fein gehacktes, in Butter angeschwitztes Gemüse füllte. Das Ganze kam in die Pfanne und wurde mit Portwein oder Marsala abgelöscht. Da Jackie möglichst auf kohlenhydratreiche Speisen verzichtete, wenn sie allein aß, bereitete Marta zweierlei Gemüsesorten zu. Wie in gehobenen Kreisen üblich, mochte auch Madame ihr Gemüse in feine Streifen geschnitten à la Julienne. Meist gab es Kohl oder in Sesamöl sautierte Karotten, gedämpften Brokkoli oder Blumenkohl.

Jawohl, das alles gab es zum Dinner for One auf Martha's Vineyard.

Naschkatze Jackie

Die Jackies von heute sind echte Naschkatzen, sind geradezu süchtig nach Mäusespeck und dunkler Schokolade. Während des Präsidentschaftswahlkampfs ihres Mannes hatte Jackie für Notfälle immer einen Schokoriegel in der Handtasche.

Die perfekt bestückte Bar

Keine Sorge: Weder Jackie noch Marilyn ging jemals selbst an die Bar, um sich einen Drink zu mixen. Das war den Männern überlassen, von denen sie stets umgeben waren und die sich nur zu gerne nützlich machten. Laut den beiden gehörten folgende edle Tropfen auf jeden Fall in die perfekt bestückte Bar: Wodka, Gin, Korn, Wermut, Bourbon, Single-Malt Scotch, jede Menge Weißwein, frische Minze (weil sie Jackie an die vielen Southside-Cocktails zu College-Zeiten in Locust Valley erinnert), Zuckersirup, Zitronen, Limetten, Sodawasser.

Des Weiteren mochte Jackie Perrier in kleinen Flaschen. Auf den Partys in Martha's Vineyard standen neben dem Buffet immer zwei mit Eis gefüllte Bodenkörbe – einer mit Perrier, der andere mit Beck's Bier für Jack und seine Freunde.

Ein Gläschen in Ehren …

Zwar trank Marilyn auch gerne mal einen Wodka, doch ihr bevorzugtes Getränk war Champagner, am liebsten Dom Pérignon. Den trank sie praktisch täglich, zumal sie ihn gut vertrug.

Nachdem der deutsche Generalkonsul Volkmar von Zühlsdorff ihr eine Flasche Champagner geschickt hatte, schrieb sie ihm ein paar maschinengetippte Dankeszeilen: »Sehr geehrter Mr Fuehlsdorff, danke für den Champagner. Er ist angekommen, ich habe ihn getrunken und war beschwipst. Danke noch mal. Beste Grüße, Marilyn Monroe.«

Jackie mochte lieber Cocktails wie Daiquiri, Mojito oder

Southside und dazu Zigaretten, um dem Geschmack etwas die Schärfe zu nehmen. Außerdem gönnte sie sich auch gerne mal einen gespritzten Weißwein auf Eis. John F. Kennedy dagegen trank kaum Alkohol. Er konnte sich einen ganzen Abend lang an nur einem Scotch festhalten und gönnte sich nur hin und wieder einen Daiquiri (das Familienrezept der Kennedys hing in der Küche des Weißen Hauses an der Wand) oder ein Heineken. Das Bier wurde damals zwar noch nicht in die USA importiert, aber sein Vater brachte es regelmäßig aus Holland mit. So kam es, dass auch Jackie wie der Rest der Kennedys eine Vorliebe für Heineken und Daiquiris entwickelte. Letztere wurden stets in Silberbechern auf Eis serviert, was bei den Kennedys bis heute Tradition hat.

Und der Mann an Ihrer Seite? Für ihn nur das Beste: einen wirklich guten Single-Malt Whisky, und zwar den teuersten, den Sie sich leisten können. Oder Sie bitten Freunde, Ihnen von ihrer Reise nach Schottland oder Irland eine Flasche mitzubringen. Für die Abstinenzler gibt es übrigens Perrier oder Coca-Cola.

Das Rezept für die beiden Drinks hat mir freundlicherweise mein Lieblings-Barkeeper verraten. Und wenn ich Barkeeper sage, dann meine ich einen echten Künstler seines Faches im besten traditionellen Sinne. Dale DeGroff, der Autor von *The Craft of the Cocktail* und *The Essential Cocktail,* wurde von der James Beard Foundation ausgezeichnet, deren Preise als die »Oscars der Küche« gelten. Jackie und Marilyn hätten ihn geliebt!

Champagner-Cocktail à la Marilyn

Big Spender

Zutaten

3 cl Ihres bevorzugten Tequila Añejo
3 cl Clément Liqueur Créole oder Orange Curaçao
4,5 cl Blutorangensaft
Champagner rosé

Zubereitung

Die drei ersten Zutaten zusammen mit Eis in einen Shaker geben und gut schütteln, um sie zu kühlen. In eine gekühlte Champagnerflöte gießen, Champagner zufügen und mit einer spiralförmig abgezogenen Orangenhaut sowie abgeriebener, geflammter Orangenschale garnieren.

Marilyns Seelentröster

Marilyn hatte zwischendurch immer mal wieder sehr melancholische Phasen. Sie konnte nichts dafür, es überkam sie einfach. Weil es regnete. Weil sie ein Kind über die Straße gehen sah. Weil sie irgendetwas in der Zeitung gelesen hatte. Oder auch einfach so.

Wenn Jackie etwas Schreckliches widerfuhr, griff sie zum Glas. Allerdings hatte sie sich stets ziemlich schnell wieder im Griff, und zwar aus drei Gründen:

Daiquiri à la Jackie

Zutaten:

4,5 cl leichter Rum
2,3 cl Zuckersirup
2,3 cl frischer Limettensaft
1 dünne Limettenscheibe zum Garnieren

Zubereitung:

Alle Zutaten mit Eis im Shaker schütteln und in ein kleines Cocktailglas gießen. Die Limettenscheibe zur Verzierung obenauf legen.

1. **Angst vor Alkoholsucht:** Jackie wollte auf gar keinen Fall enden wie ihre exzentrische Tante (Big Edie) und ihre Cousine Edith (Little Edie) Bouvier Beale. Die beiden schwarzen Schafe der Bouviers, die es übrigens in jeder Familie gibt, hatten es geschafft, das Familienanwesen Grey Gardens in East Hampton, einst der Stolz der Bouviers, total verkommen zu lassen und damit einen hässlichen öffentlichen Skandal zu verursachen. Die Nachbarskinder nannten das Anwesen damals – aus gutem Grunde – »Hexenhaus«. Die Tüten mit den Lieferungen der örtlichen Lebensmittelhändler, egal ob mit Sardinen, Toilettenpapier, Kräckern, Erdnussbutter oder was auch immer bestückt, blieben einfach vor der Tür stehen. Das Haus war in einem derart desolaten Zustand, dass Dokumentarfilmer sich Flohhalsbän-

der um die Knöchel legten, ehe sie auf dem Grundstück und im Haus drehten.
Nach dem Tod ihrer Tante ließ Jackie das Dach erneuern (auch wenn die Gerüchte das Gegenteil besagen), ehe das bekannte Medienpaar Ben Bradley und seine Gattin Sally Quinn das Haus für etliche Millionen kauften. Sie ließen es komplett entkernen und liebevoll restaurieren. Trotzdem kann man bis heute bei Regen den Katzenurin riechen.

2. **Eitelkeit:** Sie haben sicherlich alle ein Bild von diesen Frauen vor Augen, die ständig rauchen, zu viel trinken, den ganzen Tag in der Sonne sitzen und dann Altersflecken und kleine Fältchen um die Lippen bekommen, die man auch dann sieht, wenn sie nicht lächeln. Frauen, die aussehen, als wären sie bereits über 80 (und damit kurz vor dem Verfallsdatum!), obwohl sie noch nicht einmal 40 sind. So wollte Jackie auf keinen Fall enden.
3. **Au backe:** Nach ein paar Gläsern zu viel fällt man leicht vom Pferd. Nicht, dass Jackie das aus eigener Erfahrung wüsste, aber sie konnte gut darauf verzichten.

Kleine Helfer für alle Fälle

Jackie: Zigaretten, Weißwein auf Eis, Vitamin B_{12}
Marilyn: Seconal, Wodka, Schlaftabletten (traurigerweise)
Champagner durfte bei beiden nicht fehlen. Jackie bevorzugte Veuve Cliquot, Marilyn Dom Pérignon 53.

Gern gesehene Gäste

Marilyn zu Gast: Wer würde nicht davon träumen? Aber auch die Marilyn von heute ist als (Wochenend-)Gast auf jeder Party ein echter Hingucker, und zwar im wahrsten Sinne des Wortes. Selbst wenn sie sich »nützlich macht«, etwa mit den lieben Kleinen oder einem Hündchen auf dem Boden herumrutscht, wird sie die Spülmaschine beäugen, als wäre sie ein außerirdisches Objekt. Was soll's? Am Abend beim Dinner wird sie garantiert einfach umwerfend aussehen – auch wenn sie keinen Finger krümmen wird, um beim Tischabräumen zu helfen.

Jackie zu Gast: Die Jackie von heute ist ebenfalls ein wunderbarer Gast, allein deshalb, weil sie gewisse Dinge einfach sehr gut kann – vor allem solche, für die sie Talent hat und jede Menge Lob einheimsen kann. Eine Jackie macht einen unglaublich guten Cappuccino und kann sowohl hauchdünne Schokoladenkekse backen, um die sich alle Welt reißt, als auch eine phantastische dreistöckige Geburtstagstorte. Im Bedarfsfall rezitiert sie Gedichte aus dem Stegreif, bringt einen Toast aus oder spielt kurzerhand die Moderatorin bei »Die Montagsmaler«.

Nach dem Dinner gesellt sich eine Jackie gern zu anderen Gästen und plaudert angeregt mit ihnen über die Bücher, die sie gerade gelesen hat.

Ein Tag im Leben von …

Wenn die Jackie von heute morgens aufwacht, liegt der Zeit- oder Terminplan für den Tag schon parat. Er gilt allerdings nicht nur für sie selbst, sondern für alle um sie herum, seien es ihre Kinder (von denen eines vielleicht gerade bei Starbucks um die Ecke jobbt) oder ihr Mann. Sie kann nichts dafür, als Löwegeborene ist sie nun mal einfach so.

An der Seite eines mächtigen Mannes, egal ob sie mit ihm verheiratet oder liiert ist, denkt sie stets im Rahmen eines größeren (historischen) Kontexts, in dem sie ihren Platz hat. Beispielsweise erscheint es ihr als durchaus sinnvoll, im Hintergrund die Strippen einer Präsidentenbibliothek zu ziehen.

Bei einer echten Jackie liegt die Checkliste für den jeweiligen Tag am Morgen neben dem Bett parat. Schließlich muss sie den Angestellten Anweisungen geben, sich um die Kinder kümmern und den Speiseplan absegnen.

Die Marilyn von heute lässt sich dagegen fast gänzlich von ihren Launen leiten. Sie wacht morgens auf und überlegt erst mal: Wozu habe ich denn heute Lust? Anschließend macht sie, wozu sie am meisten Lust hat.

Oder auch nicht.

Als echte Nachteule kann eine Marilyn nicht ohne Verdunkelungsvorhänge, Zaubermittelchen und Augenmaske einschlafen. Ihr Schlaf ist ihr heilig, obgleich sie behauptet, an Schlaflosigkeit zu leiden. Ein Tag ist für sie dann perfekt, wenn sie nicht zu einer bestimmten Zeit am Set oder im Büro erscheinen muss und bis mittags ausschlafen kann.

Mutterfreuden

Obwohl sie selbst sicher nichts dagegen hätte – so richtig vorstellen kann man sich eine Marilyn als Mutter nicht. Kindlich und naiv, wie sie ist, wäre ein eigenes Kind schlicht zu viel für sie. Eine Marilyn ist kein Morgenmensch, beim besten Willen nicht, doch Kinder sind nun mal echte Frühaufsteher und wollen bis mittags gefüttert, gebadet und angezogen sein. Ansprache brauchen sie ebenfalls, jedenfalls nach allem, was man so hört.

Außerdem kann man Kinder nicht eben mal schnell losschicken, um Nachschub an Zigaretten und Luxuskosmetikartikel zu kaufen.

Eine Marilyn tut sich schwer mit ihrer eigenen Kindheit, die möglicherweise sehr unglücklich war. Gut möglich, dass es in ihrer Vergangenheit einige Tragödien gab, über die sie niemals sprechen würde (die sie aber mit viel Pathos auf die Leinwand bringt). Denkbar auch, dass sie ein Frauenleiden hat, über das sie nicht redet, und womöglich gar keine Kinder bekommen kann. Das kompensiert sie, indem sie völlig vernarrt ist in kleine, niedliche Hunde, die sie übermäßig verhätschelt. Lieblosigkeit, Grausamkeit oder Voreingenommenheit in jedweder Form erträgt sie grundsätzlich nicht.

Eine Jackie dagegen liebt Kinder über alles und lebt geradezu für sie. In gewisser Weise ist es ein heilsamer Ausgleich zu ihrer eigenen Kindheit mit einer überaus strengen Mutter und einem meist abwesenden Vater. Eine Jackie betrachtet die Beziehung zu ihren eigenen Kindern daher gerne als Möglichkeit, dies zu korrigieren.

Wenn Marilyn je Mutter gewesen wäre …

Die Marilyn von heute liebt ihre Kinder sehr, gar keine Frage. Trotzdem handhabt sie die Erziehung eher lax, besonders im Vergleich zu den Übermüttern von heute. Außerdem mag sie die Vorstellung, einmal eigene Nachkommen zu haben – ebenso wie sie sich vorstellen kann, brünett zu sein, ein Viergängemenü zu kochen oder sich in der Öffentlichkeit nur mit Sonnenbrille sehen zu lassen. Als Mutter jedoch ist sie eher gedankenverloren und zerstreut als nachlässig und pflichtvergessen. Es gibt nun mal so viele andere Dinge, die ebenfalls um ihre Aufmerksamkeit buhlen: das Päckchen vom Filmstudio mit dem neuen Drehbuch, die Vase mit den gelben Rosen auf dem Fenstersims oder der mexikanische Stierkämpfer, den sie am vergangenen Wochenende in Las Brisas kennengelernt hat. Vielleicht laviert sie auch zwischen verschiedenen Rollen, probiert einen neuen Lippenstift aus oder ist gerade dabei, zum vierten Mal in den Hafen der Ehe einzulaufen – diesmal ganz sicher mit dem Richtigen. Zu der Annahme besteht tatsächlich Hoffnung!

Wer hat da schon Zeit, groß über irgendeine schriftliche Erlaubnis für seine Schulkinder oder Safttüten nachzugrübeln?

Dennoch, eine Marilyn liebt Babys abgöttisch, und diese Liebe beruht auf Gegenseitigkeit. Babys sind süß, niedlich und furchtbar fotogen – und damit ein bisschen wie sie selbst.

Sollte eine Marilyn den Sprung ins Mutterdasein wagen, wird sie jede Menge Unterstützung brauchen. Es sollte immer ein Kindermädchen (oder besser zwei) bereitstehen, das sich im Bedarfsfall um den kleinen Liebling kümmert. Andernfalls werden die Kinder ab einem bestimmten Alter (mit fünf oder sechs) vermutlich selbst die Rolle der Mutter übernehmen, wie es schon die Kinder von Judy Garland, Liza Minelli oder von Lorna und Joey Luft getan haben.

Wenn Sie sich nun fragen, ob eine Marilyn wirklich eine gute Mutter wäre, dann achten Sie darauf, wie sie mit ihren Haustieren umgeht. Keiner ihrer Hunde ist stubenrein. Sie kläffen ununterbrochen und schlafen in ihrem Bett. Wenn ihr ein Hund zu stressig wird, lässt sie ihn von ihrem Visagisten oder ihrer Sekretärin hüten. Da die Fluktuationsrate bei Haustieren eher hoch ist, ist es besser, keine allzu enge Beziehung zu ihnen aufzubauen. Letzteres bewirkt eine unterschwellige Angst bei ihren Kindern, denn die vermittelte Botschaft lautet: Parieren oder weg mit dir! Und damit könnten sie sogar richtig liegen.

Sollte der Junior eines Tages fragen, wo denn sein Spielkamerad sei, lautet die Standardantwort: »Der ist weg. Er will lieber auf dem Land wohnen.«

In aller Regel werden die Kinder einer Marilyn schon recht früh (mit knapp vier) auf ein Internat geschickt. Britische Schulen stehen hoch im Kurs (»Bedenke nur, was Choate aus Michael Douglas gemacht hat!«). Und wenn die Schule einen hohen Promi-Anteil vorweisen kann und obendrein erschreckend viel Schulgeld kostet: umso besser.

Wenn Jackie heute Mutter wäre

Die Jackies von heute sind tolle Mütter, genau wie die echte Jackie damals. Eine Jackie als Mami ist echt cool. Deshalb kommen auch alle Kinder gerne zu ihr nach Hause, vor allem Teenager, die mit ihren eigenen Eltern Probleme haben.

Zu bekritteln gibt es an einer Jackie kaum etwas – obwohl, sie pocht auf die Einhaltung gewisser Regeln und kann sehr streng mit ihren Kindern sein. Dann kennt sie kein Pardon. Ganz alte Schule, hat man zum Beispiel aufzustehen, sobald sie den Raum betritt. Ebenso hat man sich schriftlich für Weihnachts- und Geburtstagsgeschenke zu bedanken – und zwar auf echtem Briefpapier und auf dem Postweg, selbst wenn der Empfänger der Karte im selben Haus wohnen sollte. Eines ist sicher: Mama Jackie wird hinterher sein und alles kontrollieren. Sie wird jede Zeile (selbst bei einem Zehnjährigen) ganz genau lesen, um sicherzugehen, dass er auch ja den richtigen Ton zwischen freundlich, originell und respektvoll getroffen hat.

Für die Sprösslinge einer Jackie gibt es keine Freifahrtscheine. Dass man gute Noten bekommt, sich für öffentliche Veranstaltungen wie Versammlungen oder Gedenkgottesdienste angemessen kleidet, einem Gast zur Begrüßung die Hand schüttelt und ihn dabei anschaut, versteht sich von selbst. Ebenso erwartet sie, dass ihr Kind sich an einer gedeckten Tafel zurückhält, um sich keine unnötigen Pfunde anzufuttern. Wer sich nicht daran hält, muss mit Schelte rechnen.

Allerdings lebt die Jackie-Mama vor, was sie von ihren Kindern verlangt.

Alles in allem ist sich das Kind einer Jackie seines Platzes in der Gesellschaft sehr wohl bewusst. »Wem viel gegeben ist, von dem wird viel erwartet«, heißt es in einem Sprichwort. Sollte ihr Kind auf die schiefe Bahn geraten, etwa das Auto zu Schrott fahren, in eine Straftat verwickelt werden oder auf der Titelseite der *New York Post* erscheinen, dann würde ihm nicht so sehr die öffentliche Schmach oder der Eintrag ins polizeiliche Vorstrafenregister zu schaffen machen. Die Blamage vor der eigenen Mutter würde sehr viel schwerer wiegen. »Oje, ich bin unten durch, wenn sie davon erfährt.« Dieser Gedanke hält den Nachwuchs letztlich in der Spur.

Jackie Kennedy Onassis war eine großartige Mutter. Sie ermunterte ihre Kinder Caroline und John, ihren eigenen Interessen nachzugehen, hatte gleichzeitig aber auch hohe Erwartungen an die beiden. Sie versuchte, die Kinder so weit wie möglich vor der großen psychischen Bürde zu bewahren, die das Leben als Nachfahre berühmter Eltern, zumal eines überaus beliebten Präsidenten, mit sich bringt. Nach dem Tod von John F. Kennedy sah sie ihre wichtigste Aufgabe darin, als Mutter für ihre Kinder da zu sein. »Erziehung darf man nicht schleifen lassen, sie ist so wichtig wie nichts sonst, denke ich«, sagte sie dazu.

Ted Kennedy meinte einmal: »Ihre Liebe für Caroline und John war tief und bedingungslos. Sie freute sich mit ihnen, und sie litt mit ihnen. Man musste die Namen der beiden bloß erwähnen, da begannen ihre Augen zu strahlen, und ein Lächeln erhellte ihr Gesicht.«

John Junior liebte seine Mutter inniglich und wusste, dass sie ihn ebenfalls von ganzem Herzen liebte. Trotzdem musste er ab und zu Dampf ablassen und dem kritischen und weitreichenden Blickfeld seiner Mutter entfliehen, obgleich die es immer nur gut mit ihm meinte. So hatte er immer mal wieder Affären mit Supermodels – und nicht gerade wenige. Oder er flog nach Memphis, mietete sich einen Wagen und fuhr hinunter zum Mississippi-Delta, wo niemand ihn kannte. Dort trieb er sich in zwielichtigen Spelunken herum, übernachtete in schäbigen Motels in Clarksdale, tanzte (er war ein ausgesprochen guter Tänzer), trank Bier aus der Flasche und hörte Blues.

Dort unten im Süden hatte er seine Ruhe. Niemand störte oder behelligte ihn. Die meisten wussten nicht einmal, wer er war. Er genoss all das sehr.

Jackie erwartete zwar viel von ihren Kindern, doch ebenso viel war ihr daran gelegen, dass sie zu eigenständigen Persönlichkeiten wurden. Dass John mit dem Gedanken spielte, Schauspieler zu werden, oder dass er sich mit Daryl Hannah und Madonna traf, sah sie ganz und gar nicht gerne. Immer wieder hielt sie ihn an, zuerst sein Jurastudium zu beenden, danach könne er sich immer noch überlegen, was er aus seinem Leben machen wolle. Als Caroline 1986 Edwin Schlossberg heiratete, hielt sich Jackie zurück, redete ihr auch nicht in die Wahl ihres Brautkleids hinein. Carolina Herrera, eine Freundin der Braut, die auch deren Kleid entwarf, sagte: »Jackie mischte sich überhaupt nicht ein. ›Ich will ihr da gar nicht reinreden, schließlich muss Caroline das Kleid tragen. Und ich will, dass sie die glücklichste Braut der ganzen Welt wird.‹«

Laut ihrem Freund Charles Whitehouse war Jackie die tollste Mutter überhaupt, denn »sie redete nie schlecht über jemanden. Auch nicht mit einem unterschwelligen oder abfälligen Ton. […] Sie war vollkommen neutral und wertete nicht, wenn es um andere Leute und deren Probleme ging. Zwar machte sie durchaus deutlich, wenn sie irgendetwas missbilligte, aber sie fühlte immer mit, wenn jemand Probleme hatte.«

Les Chiens und andere Haustiere

> *»Ich mag Tiere. Wenn man mit einem Hund oder einer Katze spricht, dann bekommt man nie zu hören, man solle den Mund halten.«*
>
> MM

Jackie und Marilyn waren beide sehr tierlieb. Vielleicht weil Tiere liebevolle Geschöpfe und zudem auf den Menschen angewiesen sind. Vielleicht aber auch, weil sie einen nie um Autogramme bitten, um sie dann an den *National Enquirer* weiterzuverkaufen.

Beide waren echte Hundenärrinnen.

Im Laufe ihres Lebens hatte Jackie viele Haustiere. Sehr viele. Als Zweijährige bekam sie Hootchie, einen schwarzen Scottish Terrier, den sie übrigens auf der East Hampton Hundeshow vorstellte. Dann gab es da noch die geliebte Danseuse, ihr erstes Pferd, das sie sogar mit ins Internat nahm und das seine letzte Ruhestätte auf dem Anwesen der Farm der Familie Auchincloss in Newport gefunden hat. Später im Weißen Haus gab es mit Charlie, dem Welsh Terrier, Tom Kitten, der Katze, und Robin, dem Kanarienvogel, gar einen richtigen kleinen Zoo. Außerdem hatten die Kennedys zwei Wellensittiche, Blueball und Marybelle, Carolines Pony Macaroni, zwei weitere Ponys, Tex und Leprechaun, und die beiden Hamster Debbie und Billie sowie jede Menge Hunde, darunter Puschinka (ein Geschenk von Chruschtschow) sowie Shannon und Wolf (ein Geschenk von Freunden aus Irland) und Clipper, einen deutschen Schäferhund. Auf die Frage, was der denn so fresse, antwortete Jackie mit einem Grinsen: »Reporter.« Nicht zu vergessen die Welpen von Puschinka und Charly: Butterfly, White Tips, Blackie und Streaker.

In New York schraubte sie ihren Tierbestand beträchtlich zurück und nahm nur ihren Irish Spaniel Shannon samt dem kleinen Welpen Whiskey mit.

Auch Marilyn hatte ihr ganzes Leben lang Tiere.

Als kleines Mädchen bekam sie von ihrem Pflegevater Tippy geschenkt, einen schwarz-weiß gefleckten Hund, der sie jeden Tag zur Schule begleitete. Als sie in den 1940er Jahren dann bei den Goddards lebte, bekam sie einen Spaniel. Und nachdem sie Jim Dougherty geheiratet hatte, schenkte er ihr einen Collie namens Muggsie. Als Columbia Pictures sie 1948 unter Vertrag nahm, besaß sie einen Chihuahua und als sie Mitte der 1950er Jahre nach New York zog, hatte sie eine weiße Perserkatze namens Mitsou.

Arthur Miller brachte Hugo mit in die Ehe, einen Basset, der mit den beiden in ihrem New Yorker Apartment in der East 57th Street wohnte. Mit dem Bühnenautor Norman Rosten erlaubte sich Marilyn einmal einen Spaß, als sie Hugo löffelweise Whiskey einflößte, um ihn ein wenig aufzuheitern. Nach der Scheidung von Arthur Miller blieb Hugo bei dem Schriftsteller.

Für seine Farm in Connecticut legte sich das Ehepaar Miller das Pferd Ebony zu. Marilyn hat es jedoch nur wenige Male geritten. Schließlich gab es noch Maf, einen weißen, kleinen französischen

Pudel, den Frank Sinatra Marilyn geschenkt hatte. Der Sänger hatte den Hund der Mutter von Natalie Woods abgekauft, und Marilyn gab ihm aus Jux den Namen Maf, wegen Frank Sinatras angeblicher Verbindungen zur Mafia. Um Arthur Miller zu ärgern (ein Zeichen dafür, dass die Ehe kurz vorm Scheitern stand), ließ Marilyn Maf auf einem teuren weißen Biberpelz schlafen, den Miller ihr einst geschenkt hatte. Als Marilyn kurz darauf zurück nach Hollywood ging, nahm sie Maf mit. Nach ihrem Tod nahm Frank Sinatras Sekretärin Gloria Lovell den Hund zu sich.

Marilyns weisses Klavier

Als junges Mädchen hatte Marilyns Mutter Gladys einen weißen Flügel besessen. Nach ihrer Einweisung in eine psychiatrische Klinik wurde das gute Stück verkauft und Marilyn von ihrer Mutter getrennt. Im Gegensatz zu Jackie hatte Marilyn ebenso wie ihre Mutter nicht viele Besitztümer, weshalb der Flügel für sie von großem emotionalem Wert war. Nachdem Marilyn berühmt geworden war, übernahm sie die Pflege ihrer Mutter und heuerte mehrere Detektive an, um den Flügel aufzuspüren und ihn für sie zurückzukaufen.

Es dauerte etliche Jahre, bis der Flügel ausfindig gemacht war. Doch als Marilyn ihn schließlich zurückhatte, behielt sie ihn bis an ihr Lebensende. Zuletzt stand er in ihrem Apartment im New Yorker Viertel Sutton Place.

Bei einer Auktion im Jahr 1999 ging der Flügel für 662 000 Dollar an Mariah Carey, die ihn bis heute besitzt.

Wertvolle Haushaltstipps

Jackie und Marilyn waren beide recht sammelwütig und hoben beide so gut wie alles auf. Im Jahr 1994, kurz bevor sie im Alter von 64 Jahren an Krebs verstarb, saß Jackie mit ihrer Freundin Nancy Tuckerman in ihrem New Yorker Apartment vor dem flackernden Kamin, las noch einmal all die Briefe, die ihr Freunde und ehemalige Liebhaber einmal geschrieben hatten, und verbrannte sie nacheinander. Schließlich war Jackie sich ihres Platzes in der Geschichte stets bewusst, vielleicht sogar noch mehr als Marilyn.

Zum Glück für die Nachwelt war Marilyn nicht mit dieser vorsorgenden Weitsicht gesegnet. Im Jahr 2009, fast 40 Jahre nach ihrem Tod, tauchten plötzlich zwei metallene Archivschränke aus ihrem Besitz auf, die neben Quittungen vom Flughafen Jacksonville in Florida, dem Ritz Fur Shop in der West 57th Street in New York oder von der Kaufhauskette Bloomingdale's auch Briefe, alte Schecks und handgekritzelte Notizzettel von T. S. Eliot enthielten.

Die Versteigerungen sowohl von Marilyns als auch von Jackies Hinterlassenschaften erzielten Rekordsummen. Jackies Nachlassversteigerung fand im April 1996 statt und ermöglichte einen seltenen Einblick in ihr Privatleben. Weit über 1000 Posten kamen unter den Hammer, von griechischen Antiquitäten bis hin zu silbernen Aschenbechern mit JFK-Gravur, die alle verkauft wurden. Die viertägige Auktion brachte sagenhafte 34,5 Millionen Dollar ein und offenbarte die sentimentale Beziehung, die viele Menschen noch immer zu Jackie und Jack hatten. Beispielsweise gingen die Golfschläger des ehemaligen Präsidenten für 1 160 000 Dollar weg.

Im Oktober 1999 kündigte das Traditionshaus Christie's mit der »Auktion des Jahrhunderts«, wie es hieß, die Nachlassversteigerung von Marilyn Monroe an. Versteigert wurden rund 500 Posten, die Marilyn allesamt Lee Strasberg hinterlassen hatte, der sie wiederum an seine Frau Anna weitervererbt hatte. Die Auktion war äußerst umstritten, da Marilyn wie erwähnt verfügt hatte, Strasberg solle ihre persönlichen Gegenstände an ihre Freunde verteilen. Stattdessen hatte ihr Schauspiellehrer die Sachen seit 1962 in seinem Besitz, was ihm viele Fans verübelten. Sie waren nämlich der Auffassung, dass die Dinge in ein Museum und nicht unter den Hammer gehörten, damit Strasbergs Witwe sich daran bereicherte. Dennoch boten die Fans von Marilyn gigantische Preise, auch wenn die Summen nicht ganz so astronomisch hoch waren wie bei Jackie. Unter den Bietenden waren unter anderen Tommy Hilfiger, Demi Moore und das Supermodel Linda Evangelista. Massimo Ferragamo, der Chef des gleichnamigen Schuhlabels, erwarb ein Paar rote Stilettos seiner eigenen Firma für 42 000 Dollar. »Ein Schnäppchen«, erklärte er begeistert. Insgesamt erbrachte die Auktion 5 030 000 Dollar.

Insel zu verkaufen?

Als Jackie 1968 Aristoteles Onassis ehelichte, hieß es auf den Klatschseiten der Boulevardpresse, sie »heiratet ihn nur wegen der Insel«. In gewisser Weise tat sie das auch, um sich aus der damals zunehmend unruhigen und gewaltbereiten amerikanischen Gesellschaft zurückzuziehen.

Im Jahr 2009 kursierte in Immobilienkreisen das Gerücht, dass mit Skorpios die Privatinsel von Onassis für 170 Millionen Dollar zum Verkauf stünde. Angeblich hatten Bill Gates, Madonna und der russische Milliardär Roman Abramowitsch bereits Interesse angemeldet.

Der Besitz einer eigenen Insel ist für Prominente heutzutage ein absolutes Muss – Marlon Brando, Leonardo DiCaprio und Filmpirat Johnny Depp besitzen alle ihr privates Eiland. Doch letztlich hat Ari diesen Trend überhaupt erst ins Leben gerufen.

Man möchte meinen, so eine Insel zu besitzen sei eine große Sache – bis man dann auf Google Earth einmal sieht, wie groß sie wirklich ist. Nur zu, verschaffen Sie sich selbst einen Eindruck von diesen Inseln. Skorpios hat sogar einen eigenen Wikipedia-Eintrag, und 2001 wurden im Zuge der Volkszählung dort ganze zwei Einwohner erfasst. Neben dem Wohnhaus von Aristoteles Onassis gibt es auf der Insel ein rosa Haus (Jackies Villa), mehrere Tennisplätze, Parks, zwei idyllische Strände, eine wunderschöne Kapelle, in der Onassis und Jackie sich das Jawort gaben, sowie einen Friedhof, wo Onassis, sein Sohn Alexander und seine Tochter Christina begraben liegen.

Athina Onassis, die Enkelin des Schiffsmagnaten, setzte allen Spekulationen ein Ende, als sie in einer Presseerklärung verlauten ließ, sie hege keinerlei Pläne, Skorpios zu verkaufen.

Jackies Geheimnisse – schon gewusst?

Jackie hatte in ihrem New Yorker Apartment kein einziges Foto von John F. Kennedy stehen. Ein kleines Foto von Robert F. Kennedy, das vom Programmblatt der Trauermesse stammt, bewahrte sie dagegen in einem silbernen Rahmen in ihrem Schlafzimmer auf.

Marilyns Geheimnisse – schon gewusst?

Marilyns Lieblingsfoto von sich selbst zeigt sie in einem Jeep mit kugelsicherer Weste und breitem Lachen bei einem Auftritt für die US-Truppen in Korea. Sie hatte es in ihrer Handtasche immer und überall dabei. Auf die Rückseite hatte sie geschrieben: »Das hier mag ich am liebsten.«

Auftritt der Diva

»Brave Frauen schreiben nur selten Geschichte.«

MM

»Ich glaube, ich bin eher eine Privatperson. Ich bringe mich wirklich nicht gerne in Dinge ein.«

JKO

Wenn es um divenhaftes Verhalten geht, können wir uns alle bei Jackie und Marilyn eine dicke Scheibe abschneiden (es sei denn, Mariah Carey sollte diese Zeilen zufällig lesen). Beide gaben sie in der Blüte ihres Lebens in ihrem jeweiligen Wirkungskreis die Primadonna – Jackie in der Politik als First Lady und Dame von Welt, Marilyn als weltberühmter Filmstar.

Beide Frauen waren waschechte Diven, doch Marilyn als ein Kind Hollywoods verkörperte die extremere, ja märchenhaftere Variante. Sie hatte keine Skrupel, Filmpartner, Filmcrew und Regisseur am Set stundenlang warten zu lassen, während sie sich zu Hause zum dritten Mal die Haare wusch, ihren Text lernte oder einfach nur dasaß und aus dem Fenster blickte.

Warum? Ganz einfach: weil sie es sich leisten konnte. Weil. Eine. Diva. Das. So. Macht.

Ihr Filmpartner Clark Gable erlitt 1960 nur drei Tage nach Drehschluss zu *Nicht gesellschaftsfähig* einen Herzinfarkt und starb elf Tage später. Obwohl der Schauspieler sein Erwachsenenleben lang drei Schachteln filterlose Zigaretten am Tag (außerdem Zigarren und Pfeife) geraucht und jede Menge Whiskey getrunken hatte und obwohl er jeden noch so spektakulären Stunt selbst ausführte (so hatte er sich einmal von einem Truck unter sengender Sonne quer durch die Wüste schleifen lassen), munkelte man, dass seine Frau Kay die Schuld an seinem Tod eindeutig Marilyn und ihrem unprofessionellen Verhalten zuschrieb. In Wirklichkeit gab Kay Marilyn gar nicht die Schuld, denn sie war sich Gables gesundheitlicher Probleme sehr wohl bewusst. Vielmehr lud sie Marilyn sogar zur Taufe von Gables einzigem Sohn John Clark Gable ein, der vier Monate nach dem Tod seines Vaters geboren wurde.

Doch um Marilyn rankten sich unzählige solcher Gerüchte.

Auch wenn Jackie sich gewandter und geschickter in der Öffentlich bewegte als Marilyn, was sich in passiv-aggressivem Verhalten niederschlug, wenn ihr an irgendeiner Person oder Situation etwas nicht passte, dürfen wir uns nichts vormachen. Darauf, die »launische Diva« zu spielen, verstand sich Jackie mindestens ebenso gut wie Marilyn.

Obwohl sie als First Lady eine Menge Gutes, ja sogar Erstaunliches bewirkte – wenn sie gerade keine Lust hatte oder sonst schlecht drauf war, blieb Jackie stur und fuhr (als echte Löwin) auch mal ihre Krallen aus.

Mal schützte sie Krankheiten vor, dann wieder ließ sie die Gattinnen von Kongressabgeordneten vergeblich warten, während sie durch das Hinterland von Virginia ritt, weil sie partout keine Lust auf das nächste langweilige Teekränzchen im Weißen Haus hatte. Oder sie gab vor, unpässlich zu sein, während die Paparazzi sie beim Shoppen oder in einer Ballettaufführung in New York ablichteten.

Im Vorfeld zum Empfang für Kennedys Außenminister Dean Rusk im Weißen Haus sprach es sich schnell herum, dass Mrs Kennedy nicht zugegen sein würde, da sie sich nicht wohlfühle. Einer der europäischen Botschafter schüttelte Präsident Kennedy die Hand, bekundete sein Bedauern, dass der First Lady unwohl sei, und übermittelte seine guten Wünsche für eine rasche Genesung.

Kaum war der Präsident außer Hörweite, fragte die bestens informierte Gattin des Botschafters ihren Mann: »Wie kann es sein, dass Mrs Kennedy krank ist, obwohl ich vor einer Stunde im Radio gehört habe, dass sie in New York weilt, um sich dort ein neues Kleid von Oleg Cassini anpassen zu lassen?«

Die Kennedys waren allenthalben als knausrig bekannt. Jack hasste es geradezu, wenn man Geld verprasste. Berichten zufolge gab Jackie im Jahr 1961 ganze 110 000 Dollar für diverse »Kleinigkeiten« aus, was sogar das Jahresgehalt ihres Gatten von 100 000 Dollar übertraf. Während des Präsidentschaftswahlkampfs kolportierte ein Reporter, dass Mrs Kennedy wahre Unsummen für ihre Schönheit ausgebe. Jackie erwiderte darauf: »Eine Zeitung berichtete, dass ich für 30 000 Dollar im Jahr Pariser Mode erstehe und mich die Frauen deshalb hassen. So viel könnte ich gar nicht ausgeben, es sei denn, ich würde Zobel-Unterwäsche tragen.«

Aber wissen Sie, was? Es stimmte … dass sie so viel für Mode ausgab, das mit der Zobel-Unterwäsche hingegen ist nicht bestätigt. Das Schöne dabei war jedenfalls, dass in Wirklichkeit Jospeh P. Kennedy ihre Rechnungen bezahlte. Und die waren in aller Regel gesalzen. Zu Zeiten, in denen das durchschnittliche Jahresgehalt eines Mannes der oberen Mittelschicht, etwa eines erstklassigen Juristen oder Bankers an der Wall Street bei etwa 11 000 Dollar lag, gab Jackie ein echtes Vermögen aus, um gut auszusehen. Nur um die Verhältnisse zu verdeutlichen: Jackies Sekretärin Mary Gallagher, die Vollzeit arbeitete, und zwar auch nachts und am Wochenende, bekam gerade mal ein Jahresgehalt von 4800 Dollar (und musste sich obendrein von den Kennedys anhören, dass sie zu teuer sei).

Trotzdem fand Jackie nichts dabei, mal eben 3000 Dollar für eine handbestickte Bluse von Hubert Givenchy auszugeben. Französische Couture – wenn schon, denn schon. Sehr gute nachempfundene Modelle der Blusen hätte es bei Russek's in New York für 10,95 Dollar gegeben.

Während ihrer orgiastischen Jahre mit Onassis ließ Jackie für ihre Shoppingtouren gerne mal die gesamte First Class einer Maschine von Olympic Airlines für sich leer räumen. Oder sie schickte einen Flieger zurück nach New York, um einen antiken Holzschemel zu holen, den sie vergessen hatte. Das war natürlich Jahrzehnte, bevor alle Welt sich um ökologische Fußabdrücke Gedanken machte – geschweige denn jemand wusste, was das war.

Warum man sie gewähren ließ

Mit Blick auf die heutige Welt könnten all die Jackies und Marilyns durchaus als Diven von sich reden machen, wenn auch in unterschiedlichem Maße. Eine Marilyn ist in allem, was sie tut, sehr viel unterhaltsamer, abenteuerlicher und spannender, denn man weiß bei ihr nie, was als Nächstes kommt.

Doch egal, wie divenhaft die Jackies und Marilyns von heute nun sind, wichtig zu wissen ist erst mal nur, dass sie alle Voraussetzungen dazu hätten. Es geht ihnen keineswegs darum, um der Berühmtheit willen berühmt zu sein, in irgendeiner fragwürdigen Reality-Show aufzutreten oder in einen Skandal verwickelt zu sein, der alle Titelseiten ziert – oh nein! Sie sind vielmehr deshalb berühmt, weil sie ihre Talente einsetzen, um etwas zu erreichen.

Jackie war einst die First Lady der Vereinigten Staaten und hielt das Land auch während seiner dunkelsten Tage im November 1963 zusammen. Sie nahm ihr Leben aktiv in die Hand, zog ihre Kinder groß, leistete einen wichtigen Beitrag für die Gesellschaft und führte ein erfolgreiches Leben. Mit Energie, Ausdauer und historischem Weitblick polierte sie das Vermächtnis ihres Mannes auf Hochglanz – ohne sie gäbe es gewiss kein Camelot. Heute gilt John F. Kennedy als der Präsident, den die meisten Amerikaner gerne als weitere Skulptur am Mount Rushmore sehen würden. Jackies Arbeit zur Wahrung des historischen Andenkens, mit der sie bereits in ihrer Zeit im Weißen Haus begann, als sie sich erfolgreich für den Erhalt des Lafayette Square einsetzte, und die sie in den 1980er Jahren mit der Rettung des Grand Central

Terminal und der Bartholomäuskirche in Manhattan fortsetzte, hat den Amerikanern gezeigt, dass ihre Architektur durchaus erhaltenswert ist. Und zwar lange, bevor die meisten überhaupt einen Sinn dafür entwickelt hatten.

Marilyn war eine gefeierte Schauspielerin, die alle Welt in ihren Bann zog, wann immer sie auf der Leinwand erschien. Billy Wilder sagte einmal über sie: »Es ist mir egal, ob sie zehn Stunden braucht, bis sie zum Set kommt. Niemand kann das, was sie kann. Wenn sie erscheint, dann ist das Magie pur.« Genauer gesagt – und um es nüchtern in Dollar und Cent auszudrücken – war Marilyn eine der bestbezahlten Schauspielerinnen ihrer Zeit. *Das verflixte 7. Jahr* spielte sagenhafte acht Millionen Dollar in die Kassen von 20th Century Fox, womit sich das Filmstudio in jenem Jahr über Wasser halten konnte. Marilyns Magie nimmt die Menschen bis heute gefangen. Das American Film Institute wählte sie 1999 auf Platz 6 in der Liste der größten weiblichen Leinwandlegenden der US-amerikanischen Filmgeschichte.

Selbstdarstellung als Diva

Obwohl beide Frauen in puncto Selbstinszenierung, also in der Art und Weise, wie sie sich der Welt präsentierten, äußerst pingelig waren, war Marilyn privat eher ein wenig schlampig. Normalerweise hatte sie jedoch eine Reihe von Bediensteten um sich, etwa eine Haushälterin, eine Sekretärin, eine Friseurin, einen Hundeausführer, einen Ehemann oder vielversprechenden festen Freund, die alles ordentlich und sauber hielten. Außerdem sah sie derart fantastisch aus, wann immer sie aus der Tür trat, dass es völlig egal war, ob ihr Schlafzimmer aufgeräumt war oder nicht.

So zum Beispiel bei ihrem gelungenen, wenn nicht gar bühnenreifen Auftritt, als sie nach der Scheidung von Joe DiMaggio zum letzten Mal aus dem gemeinsamen Haus trat. Am Arm ihres Anwalts, umringt von Fotografen und Journalisten, die auf dem Rasen im Vorgarten zwei Tage lang campiert hatten, schritt Marilyn durch die Tür und wirkte ebenso majestätisch wie am Boden zerstört. In einem schwarzen Rollkragenkleid, das ihre Kurven umschmeichelte, und außerdem tipptopp frisiert und geschminkt, verkörperte sie die todunglückliche Hauptdarstellerin in diesem Scheidungsdrama und trug ihre Trauer wie einen Mantel.

Ebenso wie Marilyn hatte auch Jackie ein scharfes Gespür für ihr optisches Erscheinungsbild, in Sachen Haushalt jedoch war sie um einiges ordentlicher. Ja, sie war sogar das genaue Gegenteil der Schauspielerin. In Jackies privatem Reich galten strikte Regeln. Befolgte man diese nicht und ließ etwa den Deckel der Zahnpastatube offen, oder klappte – Gott bewahre! – den Toilettendeckel nicht wieder zu, dann war das in ihren Augen ein »schweres Vergehen«.

Um des lieben Familienfriedens willen ist es für die Jackies und Marilyns von heute daher ratsam, getrennte Badezimmer zu haben. Vor allem eine echte Jackie hasst chaotische Schlampereien, die sie als Affront gegen ihre ganz persönliche Weltsicht auffasst …

… was sie wahrscheinlich auch sind.

Jackies Umgang mit den Paparazzi

Jackies Verhältnis zu den Paparazzi war extrem kompliziert. Einerseits gingen ihr die aufdringlichen Fotografen auf die Nerven, weshalb sie 1972 sogar vor Gericht zog und den Fotojournalisten Ron Galella verklagte, weil er ihren Kindern aufgelauert und sie spontan abgelichtet hatte. Das Gericht verfügte daraufhin, dass er sich Jackie und ihren Kindern fortan nicht mehr auf weniger als 45 Meter nähern durfte. Andererseits hatte sie ein sehr gutes Auge und schätzte die Kunst der Fotografie durchaus. Cecil Stoughton, einer der Fotografen im Weißen Haus, wurde im Laufe der Zeit ein guter Freund von ihr. Er erstellte etliche private Fotoalben für sie, die sie sehr mochte, und achtete stets darauf, dass er die ausgewählten Aufnahmen für die Presse noch einmal bearbeitete, damit Jackie auf allen Bildern perfekt aussah.

Es scheint, als hätte Jackie die Presse in jeder Situation unter Kontrolle haben wollen. Wann immer ein Journalist über sie berichtete, schickte sie ihr Hausmädchen los, um eine Ausgabe der entsprechenden Zeitung zu kaufen, sei es der *Star,* der *Enquirer* oder die *New York Post.* Überdies entließ sie kurzerhand eine Bedienstete, die sich von einem Paparazzo hatte umwerben lassen. Der Mann hatte darauf spekuliert, über die Frau an Insiderinformationen über die Kennedys zu kommen.

Marilyns (erotisches) Verhältnis zur Kamera

Marilyn stand für ihr Leben gern vor der Kamera. Von jeher. Und immer. Man könnte sogar sagen, dass die Kamera Marilyn erst zu einem Sex- und Kultstar gemacht und sie dauerhaft hoch oben am Firmament gehalten hat. Mehr noch als die Filmkamera hat die Fotokamera die Marilyn geschaffen, die wir alle bis heute kennen und lieben.

Jeder Fotograf, der das Glück hatte, mit Marilyn zu arbeiten, bestätigt, dass sie vor der Kamera erst richtig »lebendig wurde«. Douglas Kirkland, der sie mit 27 für das Magazin *Look* ablichtete, erinnert sich, dass Marilyn, wenn sie zu einer Fotositzung kam, »sehr weiß und sogar fast leuchtend (erschien). Dieser weiße Traum schwebte wie in Zeitlupe ins Studio. Sie schien förmlich zu strahlen.«

Zwei Tage nach dem Shooting brachte Kirkland die Kontaktabzüge persönlich bei Marilyn vorbei, damit sie die Bilder auswählen konnte, die ihr am besten gefielen. Nachdem Marilyn zehn Fotos ausgesucht hatte, nahm sie eine Schere und zerschnitt alle, die sie nicht mochte.

Kirkland lernte eine Frau kennen, die zwar in die Kamera verliebt, aber auch äußerst professionell war.

Und die Paparazzi? Obwohl die Fotografen damals lange nicht so aggressiv waren wie heute, jagte die Meute Marilyn natürlich und konnte ohne Frage auch damals extrem aufdringlich sein. Wie etwa an jenem Tag, als Marilyn Joe DiMaggio im Rathaus von San Francisco heimlich und ohne Presserummel zu heiraten versuchte, oder auch wenige Monate später, als die Scheidung der beiden bekannt wurde. Fast unheimlich, wie die Presse sie damals umschwirrte.

Im Unterschied zu Jackie blieb Marilyn jedoch stets freundlich, nahm sich Zeit zu posieren (auf einer Filmpremiere beispielsweise) und hatte, wann immer sie konnte, ein paar Worte für ihre Fans und die Fotografen übrig – sogar in ihrer Freizeit.

In der Popkultur

Auch wenn sie alle kein originalgetreues Abbild ihrer Idole sind, gibt es heute eine Menge prominenter Frauen mit dem Zauber einer Jackie oder Marilyn. Hier ein paar Beispiele:

Die Jackies von heute

Amanda Burden, Tory Burch, Michelle Obama, Natalie Portman, Jennifer Garner, Kate Spade, Diane Sawyer, Marina Rust, Susan Fales-Hill, Marjorie Gubelmann, Cate Blanchett, Iman, Tina Fey, Cynthia Rowley, Anna Wintour, Amanda Brooks, Katie Holmes, Cornelia Guest, Patricia Duff, Diane von Fürstenberg (mit einem Hauch von Marilyn), Patricia Clarkson, Minnie Mortimer, Sandra Bullock, Plum Sykes, Nicole Kidman.

Die Marilyns von heute

Scarlett Johansson, Angelina Jolie, Penelope Cruz, Jennifer Lopez, Goldie Hawn, Pink, Christina Hendricks, Kate Moss, Jessica Simpson, Naomi Campbell, Mariah Carey, Rihanna, Mary J. Blige, Megan Fox, Drew Barrymore, Kelly Ripa, Christina Aguilera.

Hinter den Kulissen

Bei all ihrem Charme und Zauber konnte Marilyn bisweilen auch ganz schön anstrengend sein, und nicht immer herrschte eitel Sonnenschien. Zum einen folgte sie ihrer eigenen inneren Uhr in so ziemlich allen Belangen. Auch wenn alle Augen im Raum und mitunter sogar der ganzen Welt (so schien es jedenfalls) auf sie gerichtet waren, trat sie erst auf die Bühne, wenn sie so weit war. Sie selbst sagte einmal: »Zu Terminen komme ich ständig zu spät, manchmal ganze zwei Stunden. Ich habe versucht, das zu ändern, aber was mich aufhält, ist einfach zu wichtig und zu schön.«

Ja, es konnte sehr anstrengend sein mit ihr, es sei denn, man war in sie verliebt (sofern man sie bereits kannte), oder man war kurz davor (wie jeder, der sie kennenlernte). Im Gegensatz zu Jackie zeigte Marilyn sich stets unmittelbar und ungefiltert, was aufregend und (schrecken)erregend zugleich war. Mal ehrlich: Manche Männer stehen auf so etwas. Für sie ist das »'ne Wucht«, genauso wie sie Models und Schauspielerinnen nachjagen, die für sie unerreichbar, weil eine Nummer zu groß sind. Und warum? Wahrscheinlich weil sie sich vorstellen, dass die Frau auch im Bett »'ne Wucht« ist – wie auch immer man das definieren mag.

Doch Spaß beiseite. Wieso sollte sich ein Mann auf eine Frau einlassen, die offen gestanden absolut schrecklich ist und ihm bloß auf die Nerven geht? Nun denn, erfahrungsgemäß lässt sich ein Mann so ziemlich alles gefallen, sofern eine Frau attraktiv genug ist, nur um mit ihr zusammen sein zu dürfen. *Alles.* Oder er liebt Herausforderungen und möchte sie »zurechtbiegen«, was ihm allerdings nicht gelingen wird.

Das sagt ebenfalls die Erfahrung.

> *»Ich war zwar schon mal auf einem Kalender, aber ich war niemals pünktlich.«*
>
> MM

FREUNDSCHAFTEN

Um ehrlich zu sein, tat sich Jackie im Umgang mit Freundinnen eher schwer, was sich erst im späteren Erwachsenenalter legte. Vermutlich war sie in dieser Hinsicht ein Kind ihrer Generation.

In jungen Jahren und auch später im Weißen Haus war ihre Schwester Lee ihre engste Vertraute. Truman Capote nannte die beiden die »tuschelnden Schwestern«. Als ihr späterer Ehemann

Michael Canfield Lee seinerzeit den Hof machte, nahm er die Bouvier-Schwestern einmal mit auf eine Ruderbootfahrt im Central Park. Erst wunderte und dann sorgte er sich, weil die beiden die ganze Zeit über die Köpfe zusammensteckten und scheinbar irgendetwas Wichtiges zu besprechen hatten. Nur was? Eine Familientragödie?

Als er später nachfragte, lautete die lapidare Antwort: »Es ging um Handschuhe.«

Marilyn hingegen liebte gesellige Runden mit ihren Freundinnen, sie brauchte sie regelrecht. Aufgewachsen ohne Schwester und Mutter, auf die sie sich hätte verlassen können, umgab sie sich gerne mit älteren, mütterlichen Frauen wie Grace McKee, der besten Freundin ihrer Mutter.

Am Filmset freundete sie sich mit ihrem Double Evelyn Moriarty und der Regieassistentin an. An dem Wochenende vor ihrem Tod bot sie ihrer Verlegerin Pat Newcomb ihr Gästezimmer an, damit sie sich von ihrer schweren Bronchitis erholen konnte, zumal es ihr nach Marilyns Ansicht guttun würde, in der Sonne zu liegen und im Pool zu schwimmen.

Im letzten Interview, das sie mit Richard Merryman vom *LIFE*-Magazin führte, erzählte sie ihm bei einem Rundgang durch ihr neues Haus, dass sie darin eine kleine Gästewohnung einrichten wolle. »Ein Ort für alle meine Freunde, die gerade irgendwelche Probleme haben. Die können dann hier bei mir ungestört wohnen, bis sich ihre Lage wieder gebessert hat.«

In späteren Jahren lebten sich die beiden Schwestern Jackie und Lee auseinander. Das mag unter anderem daran gelegen haben, dass Lee eine eher gleichgültige Mutter war. Ihre Tochter Christina beschloss deshalb im Teenager-Alter, von zu Hause auszuziehen und bei ihrer Tante Jackie zu wohnen. Vielleicht lag es aber auch daran, dass sich die (innerfamiliären) Machtverhältnisse verschoben, weg von der hübschen Lee und hin zur gelehrten Jackie, die inzwischen zu den einflussreichsten Frauen der Welt zählte, während Lee sich in alle Richtungen ausprobierte – erst als Schauspielerin, Schriftstellerin, Innenarchitektin und Ende der 1980er Jahre schließlich als PR-Agentin für Giorgio Armani.

In ihrem Testament bedachte Jackie ihre Schwester nicht. »Ich habe in diesem meinem Letzten Willen meiner Schwester Lee B. Radziwill, der ich inniglich verbunden bin, nichts vermacht, da ich dies schon zu Lebzeiten getan habe« – vielsagende Worte für eine so bedachte Person wie Jackie. Lees Kindern jedoch hinterließ sie jeweils 500 000 Dollar. Was das Thema Freundschaft betrifft, lagen Jackie und Marilyn ganz allgemein betrachtet nicht auf einer Wellenlänge. Jackie verstand es sehr gut, vielleicht sogar zu gut, enge Freundschaften kurzerhand zu lösen. Eine mögliche Erklärung dafür könnten Tragödien wie die Ermordung ihres Mannes sein, die sie in aller Öffentlichkeit durchstehen musste.

Vielleicht konnte sie nur so ihr seelisches Gleichgewicht erhalten. Sobald sie das Gefühl hatte, jemand habe sie beleidigt oder missachtet, egal ob ein ehemaliger bester Freund von Jack oder ein Familienmitglied der Bouviers, hatte derjenige ihre Freundschaft für immer verspielt.

Wen hingegen Marilyn zum Freund auserkoren hatte, der konnte für immer auf sie zählen. Sie formulierte es einmal so: »Ich lasse nie jemanden fallen, an den ich einmal geglaubt habe.«

Nach ihrer Scheidung von Joe DiMaggio hielt sie engen Kontakt zu dessen Sohn John Joe Junior, gab ihm Ratschläge in Liebesangelegenheiten und kaufte ihm sogar ein Auto. Nach ihrer Scheidung von Arthur Miller hielt sie engen Kontakt mit dessen 70-jährigem Vater Isidore, genannt »Izzy«, schickte ihm Flugtickets und lud ihn zu sich nach Kalifornien ein, was sein eigener Sohn nie getan hatte. Er begleitete sie, als sie im Madison Square Garden für John F. Kennedy ihr berühmtes Geburtstagsständchen sang. Auf der anschließenden Party, wo sie sich der Aufmerksamkeit von John Kenneth Galbraith sowie der beiden Kennedy-Brüder erwehren musste, kümmerte sie sich rührend um ihn, damit er sich auch ja wohlfühlte.

Ich – eine Freundin von Marilyn?

Obwohl scheinbar noch verwundbarer als Jackie, war Marilyn eine prima Freundin. Betty Grable, die mit ihr *Wie angelt man sich einen Millionär* gedreht hatte, erinnerte sich vor allem an Marilyns Besonnenheit und Rücksichtnahme. Dabei hatte sie zunächst schwer zu kämpfen mit dem aufstrebenden, neuen Star der Studios, der ihr den Rang abzulaufen drohte und um den sich alle rissen. Einmal sollte Marilyn vor Grables alter Garderobe (die jetzt die ihre war) für die Studiofotografen posieren, doch sie weigerte sich. Ein anderes Mal musste Betty während der Dreharbeiten früher nach Hause, weil ihr Sohn krank war. Marilyn rief am Abend an, um sich zu erkundigen, wie es dem Kleinen gehe. Sie war die Einzige aus dem Studio, so erinnert sich Grable, die überhaupt nachfragte.

Die Marilyn von heute hat allerdings durchaus einige Untugenden, die Sie als ihre Freundin zur Genüge kennen dürften: nächtliche Anrufe (gerne um drei Uhr morgens), Liebesdramen, verpasste Flieger, morgendliche Unpässlichkeiten, grauenvolle Todesangst, endlose Sturm-und-Drang-Phasen (immer nur dienstags).

Angesichts all dessen stellt sich Ihnen die folgende Frage: Ist die Freundschaft das alles wert? Die Antwort lautet: Absolut! Daran besteht keinerlei Zweifel.

Ich – eine Freundin von Jackie?

Wie Bobby Kennedy, vielmehr wie alle Kennedys oder wie im Grunde alle Iren, hatte auch Jackie eine sehr klare Vorstellung von Freundschaft: Entweder man gehörte dazu oder eben nicht. Wenn Jackie sich von jemandem verraten fühlte, dann kannte sie kein Pardon. Es gab keine zweite Chance, und sie hatte auch kein Verständnis für jegliche menschliche Verfehlungen. Ein Fehler, und man war abgeschrieben. Denken Sie nur an die Beispiele, wie knallhart sie durchgreifen konnte, wenn sie sich von Angestellten, Verwandten oder einstigen engen Freunden trennte, die ihre Privatsphäre verletzt hatten.

Aber Jackie konnte auch anders: Hatte jemand seine Treue und Vertrauenswürdigkeit erst einmal unter Beweis gestellt, dann war sie eine wunderbare Freundin. Beispielsweise überließ sie ihr Haus auf Martha's Vineyard jedes Jahr im August Providencia Paredes und ihrem Sohn Gustavo. Provi begann einst als Dienstmädchen im Hause Kennedy, kurz nachdem Jackie und Jack geheiratet hatten, und wurde später Jackies persönliche Assistentin im Weißen Haus. Zeit ihres Lebens blieb sie der Kennedy-Familie eng verbunden. Als Christina, die Tochter ihrer Schwester Lee Radzwill, in der Pubertät mit ihrer Mutter nicht mehr auskam, wohnte sie etliche Jahre bei Jackie.

Jackie schien stets die richtigen Worte zu finden. Als Robert McNamara durch die harten Mühlen der Presse gedreht wurde, was ihm schwer zusetzte, munterte sie ihn wieder auf. »Denk einfach daran, was Eleanor Roosevelt einmal gesagt hat«, meinte sie zu ihm. »›Es kann dir nur jemand die Laune verderben, wenn du es ihm erlaubst.‹«

Das Leben mit einer Diva von heute

Für Sie, liebe Männer, die Sie mir bis hierher gefolgt sind und genauso viel über die Jackies und Marilyns von heute wissen wie ich, gibt es nun noch ein paar Ratschläge. Im Zweifelsfall sollten Sie jedoch immer den Kopf hinhalten und sich für ein Vergehen entschuldigen.

Und zwar egal für welches!

Schon gut, schon gut! Die Botschaft ist angekommen. Warum müssen wir Männer denn immer den ersten Schritt machen, uns unterwerfen, die Damen hofieren, ihnen Blumen schicken?, werden Sie jetzt sagen. Wie gehabt: Die Botschaft ist angekommen. Das heißt nicht, dass die Angelegenheit fair ist, sondern vielmehr: Wenn Sie mit einer Jackie oder insbesondere mit einer Marilyn eine Beziehung führen wollen, dann müssen Sie wohl oder übel hin und wieder ein paar Opfer bringen. Um des lieben Friedens willen.

Dennoch ist klar – und das wissen Sie ganz genau –, dass es jedes Mal eine Gratwanderung ist, denn sowohl eine Jackie als auch eine Marilyn hassen Weicheier, und männliche ganz besonders. Sie mögen einfach keine Softies – weder Männer, die Katzen haben oder Flanellhemden tragen, noch solche, die dünner sind als sie selbst, schönere Haut oder gar schönere Haare haben, oder solche, die Yoga machen.

Das heißt im Umkehrschluss: Sie lieben starke Männer, die kochen, Klavier spielen und Gedichte rezitieren können und die sie zum Lachen bringen. Wenn die Herren dann auch noch die Knöllchen der Liebsten bezahlen, sind sie perfekt.

Verträumt, wie sie ist, setzt eine Marilyn gerne noch einen drauf und träumt von einem Pulitzer-Preisträger, der in Safarihosen und weißem T-Shirt einfach umwerfend aussieht. Natürlich sollte er außerdem größer sein als sie und im Bedarfsfall ihren Computer reparieren können.

Zugegeben, diesen emotionalen Drahtseilakt zu beschreiten ist fast ein bisschen viel verlangt. Andererseits werden Sie mit einer göttlichen Diva in Ihrem Leben belohnt.

Marilyn, die Diva unter den Diven

Falls Sie versuchen sich vorzustellen, wie es sein könnte, zu Marilyns engerem Freundeskreis zu gehören, hier eine besonders kuriose Geschichte:

Marilyn war in ihrem Apartment in New York und machte sich

fertig für die Geburtstagsparty von John F. Kennedy im Madison Square Garden. Irgendwann lehnte sie sich in einem weißen, bequemen Polstersessel zurück, ließ sich frisieren und Make-up auftragen. Als sie aufstand, hatte sich eine perfekte (nackte) Kontur von Marilyns Körper, von ihren Schultern über ihren Rücken bis zu den Beinen, auf dem Stuhl abgezeichnet – wie ein Ganzkörper-Make-up, das einen Abdruck auf dem Stuhl hinterlassen und ihn verschandelt … oder unbezahlbar gemacht hatte.

Diva und Anti-Diva

Marilyn und Jackie kann man mit Fug und Recht als Diven bezeichnen. Andererseits könnte man sie aber auch in bester Diva-Manier als *Anti*-Diven bezeichnen, denn sie waren äußerst freigebig. Jedenfalls wenn sie gerade Lust und Laune hatten.

Bei einer echten Diva weiß man eben nie, was als Nächstes kommen wird … Wie beim Wetter, vor allem beim Regenwetter in London. Man weiß nie, was als Nächstes am Horizont erscheinen wird. Daher ist man am besten auf alles gefasst.

Genau das macht die Welt einer Diva letztlich so spannend.

Marilyn, die Besonnene

Bei den Dreharbeiten zu ihrem letzten und unvollendeten Film *Something's Got to Give* hatten alle Beteiligten mit einer äußerst empfindlichen (oder divenhaften) Marilyn zu tun. Dabei lag es gar nicht an ihr. Die Vorproduktion mit Kostüm-, Haar- und Make-up-Proben war ausgesprochen gut gelaufen. Doch am

Abend vor Beginn der Dreharbeiten meldete sie sich krank und erklärte, sie habe sich in New York, wo sie mit Lee Strasberg an ihrer Rolle gearbeitet hatte, eine schlimme Virusinfektion zugezogen. Der Studioarzt untersuchte sie, bestätigte ihren Zustand und schrieb sie für einen Monat krank.

Gleich einen ganzen Monat? Die Fox-Studios waren ebenso wie der Produzent außer sich. Die Hauptdarstellerin krank? Bei einem so wichtigen Film? Immerhin sollte der Streifen wieder Geld in die Kassen spülen, nachdem die Kosten für *Cleopatra* mit Liz Taylor und Richard Burton am anderen Ende der Welt völlig aus dem Ruder gelaufen waren. Ein Unding! Trotz alledem entschied das Filmstudio zusammen mit dem Regisseur George Cukor, die Dreharbeiten schon mal aufzunehmen und zunächst die Szenen abzudrehen, in denen Marilyn nicht auftrat. Die Patientin schaute in dieser Zeit nur gelegentlich am Set vorbei.

Der verzögerte Zeitplan für *Something's Got to Give* wurde einmal mehr durcheinandergewürfelt, als Marilyn noch während der Dreharbeiten nach New York reiste, um auf der Geburtstagsfeier des US-Präsidenten John F. Kennedy im Madison Square Garden zu singen. Für diesen Termin hatte sie lange vor der Produktion die Einwilligung von Fox eingeholt. Wegen des verspäteten Drehbeginns rechnete allerdings keiner ernsthaft damit, dass sie wirklich nach New York reisen würde, um für den Präsidenten zu singen.

Doch genau das tat sie.

Bis sie zurück war, hing das Team dem Zeitplan endgültig hinterher und schrieb das Drehbuch beinahe täglich um. Marilyn war darüber erbost, da sie ihren Text nie zu ihrer Zufriedenheit lernen konnte, außerdem kam sie mit Cukor nicht zurecht, der als extrem »frauenfreundlicher« Regisseur galt, was auch immer das heißen sollte. Es ging drunter und drüber, weshalb Fox (auch in der Presse) drohte, die Dreharbeiten einzustellen, und Marilyn dafür die Schuld in die Schuhe schob. Die Filmfirma beschuldigte sie, die Arbeiten unnötig verzögert zu haben, weil sie krankgeschrieben und dennoch nach New York geflogen war. Dabei war dem Studio bekannt, dass Marilyn fliegen würde, insofern war das Ganze wohl nur eine dankbare Ausrede, um die fehlgeschlagene Produktion einzustellen.

Der ganze Vorfall setzte Marilyn schwer zu, denn sie hatte das Gefühl, weder das Studio noch den Regisseur auf ihrer Seite zu haben. »Eine Schauspielerin ist keine Maschine«, sagte sie, »aber sie behandeln einen ständig wie eine Maschine. Eine Geldmaschine.« Die Diva schlug zurück, mit den verfügbaren Waffen aus ihrem Arsenal: Sie kam immer später an den Set, verzog sich in ihre Garderobe, hatte Texthänger und machte ein Take nach dem anderen erforderlich. Das zermürbte nicht nur die Crew und den Kameramann, sondern auch den Regisseur und die anderen Schauspieler.

Schließlich fragte sie der Fotograf am Set, Larry Schiller, eines späten Abends: »Marilyn, wann hörst du endlich damit auf?«

»Was hast du denn?«, fragte sie den guten Freund.

»Ich will nach Hause«, sagte er. »Ich habe eine sieben Monate alte Tochter.«

»Ach, ich wusste gar nicht, dass du verheiratet bist …«

»Ich hatte sogar eine Bar-Mizwa-Feier«, sagte Schiller. »Was willst du noch über mich wissen?«

Marilyn lachte, und sie setzten sich auf die Stufen ihres Wohnwagens, um zu reden. Schiller erzählte Marilyn von seinem jüngsten Erfolg als Fotograf und davon, dass er sich dank eines Auftrags für den *Playboy* ein kleines Haus für seine Familie kaufen konnte. »Da siehst du mal, was Titten und Ärsche Gutes bewirken können. Jetzt habe ich ein Haus mit Garten und Swimmingpool.«

»Ich auch«, sagte Marilyn und lächelte in sich hinein.

Als Schiller spät in der Nacht endlich nach Hause kam, war seine Frau noch auf. Was ist passiert, fragte er sich verwundert. Judi erzählte ihm, jemand habe an der Tür geklingelt und sie aufgeweckt. Ein Lieferant habe ihr zwei Dutzend Rosen und eine Karte von Marilyn Monroe überbracht: »Sorry, dass ich Ihren Mann bis spät in die Nacht aufgehalten habe«, hatte sie darauf geschrieben.

Seitdem waren Marilyn und Schiller noch enger befreundet. Er musste nicht mehr anklopfen, bevor er in ihre Garderobe kam, sondern ging einfach hinein, wenn die Tür nur angelehnt war. Am folgenden Morgen kam er mit einer einzelnen Rose an den Set und überreichte sie Marilyn.

Sie lachte und klemmte sich die Blume zwischen die Zähne.

Jackie, die Helferin in der Not

John Loring, der ehemalige Chefdesigner von Tiffany und einer der Autoren, die Jackie bei Doubleday betreut hatte, weiß eine Geschichte über ihre Hilfsbereitschaft zu erzählen:

Als eine Freundin von John, eine junge Afroamerikanerin, ein

Apartment in Manhattan kaufen wollte, bekam sie Probleme mit einem konservativen Mitglied des Genossenschaftsvorstands. John rief daraufhin bei Jackie an und schilderte ihr die Situation.

»Ist gut«, sagte sie nur. »Ich werde dir heute Nachmittag ein Schreiben zukommen lassen.«

Kurz darauf hielt John das Schreiben tatsächlich in Händen, und die junge Frau bekam das Apartment.

In ihrer Zeit als Lektorin bei Doubleday war Jackie bekannt dafür, hinter den Kulissen die eine oder andere Strippe zu ziehen, um die Karrieren von Kollegen zu befördern. Beispielsweise verschickte sie Empfehlungsschreiben oder gab lobende Worte über alle weiter, die an den von ihr betreuten Büchern mitgearbeitet hatten.

Diese private und oft anonyme Großzügigkeit der oft gegensätzlichen Primadonnen hatte eines gemein: Sie standen beide immer an der Seite des einfachen, kleinen Mannes gegen die Mächtigen.

Diva: Verführerin der Herzen

Um zu verstehen, was eine Diva ausmacht, muss man zunächst begreifen, dass sie nicht von dieser Welt ist. Die Diva erschafft ihre eigene Welt. Bezaubernd, geheimnisvoll, wunderschön, leidenschaftlich, voller unwiderstehlicher Energie hält sie alle Trümpfe in der Hand. Sie ist die Mitte, der Stern, die Sonne, um die alle anderen Planeten kreisen. Wie sagte John F. Kennedy, selbst mit reichlich Charisma und Ausstrahlung gesegnet, einst so schön? »Ich bin der Mann, der Jacqueline Kennedy nach Paris begleitet. Und ich genieße es.«

Nicht, dass einer Diva alles egal wäre. Im Gegenteil. Sie möchte liebenswürdig sein, aufmerksam – einfach *nett,* wie alle anderen auch.

Aber eine Diva ist dazu nicht geboren.

Eine Diva hat nämlich viele besondere Talente. Die Begierden, die Wünsche, die Aufmerksamkeit, die sie erweckt, wenn sie einfach nur eine Straße entlanggeht – all das ist besonders und unwiderstehlich.

Durch ihre ureigene Ausstrahlung zeigte Jackie uns allen eine ganz besondere Art zu leben, egal ob wir nun berühmt sind oder nicht … Sowohl öffentlich als auch privat schützte sie ihre Familie und sich selbst und nutzte ihre Prominenz dennoch für ihre eigenen Zwecke, zu ihrem eigenen Besten.

Marilyn hingegen war, genau wie Coca-Cola und Ford, ein durch und durch amerikanisches Produkt. Als sie zu einem Auftritt für die US-Truppen nach Korea reiste, stand sie in klirrender Kälte mit nichts weiter als einem dünnen Kleid am Leib und

Absatzschuhen an den nackten Füßen auf einer provisorischen Holzbühne, neben ihr ein Klavier, während ihr 17 000 Soldaten zujubelten. Sie lächelte, sie strahlte, sie winkte. Und sie erinnerte die Männer daran, wofür sie kämpften. Ihre erotische Ausstrahlung war unschuldig und sinnlich, kindlich und berechnend zugleich.

Marilyn zeigte einem jeden ihre Verwundbarkeit und Schönheit, erweckte jedoch stets den Eindruck eines schutzbedürftigen Wesens – auch wenn sie als gefeierter Star in einem der härtesten Berufe der Welt ganz oben auf dem Treppchen stand.

Jackie und Marilyn könnten uns durchaus hin und wieder zu einem Gläschen verleiten. Und natürlich würden wir alles geben für einen Schluck Dom Pérignon in ihrer Gesellschaft.

Denn eins ist gewiss: Sie halten uns bis heute in ihrem Bann!

Jackies Geheimnisse – schon gewusst?

Jackie bemitleidete sich nie selbst. »Wenn man rausgeht in die Welt und sich ein wenig umsieht, dann wird einem bald klar, dass es Menschen gibt, die weitaus Schlimmeres erlebt haben als ich.«

Marilyns Geheimnisse – schon gewusst?

Aus diesen Worten spricht eine wahre Diva, die wie alle Diven um ihren Wert weiß: »Wer meine schlimmsten Seiten nicht zu nehmen versteht, der hat auch meine besten nicht verdient.«

Für immer

»Ich glaube, meine größte Errungenschaft besteht darin, dass ich mich nun, nachdem ich recht schwere Zeiten durchgemacht habe, als verhältnismäßig gesund betrachten darf.«

JKO

»Wenn Sie das Mädchen von nebenan (sehen) wollen, dann gehen Sie nach nebenan.«

MM

Zwei Frauen mit Mut

Bei allem, was wir heute über das Leben der beiden wissen, ist ihr großer Mut – neben ihrer geradezu blendenden Schönheit, ihrem Stil und ihrem Ruhm – das wohl Bewundernswerteste an Jackie und Marilyn.

Jede hatte auf eigene Weise einige Hürden zu meistern, und sie sind beide an diesen Herausforderungen gewachsen. Trotzdem hatte Marilyn in jeder Hinsicht mit ungleich schwierigeren emotionalen Herausforderungen zu kämpfen als Jackie.

Sie hielten durch, machten weiter, verfolgten beharrlich den Weg, der vor ihnen lag. Marilyn überwand ihre düstere Kindheit, um eine weltberühmte Schauspielerin zu werden. Überdies gelang es ihr, über ihr anfängliches Image als Pin-up-Girl hinauszuwachsen und als Schauspielerin ernst genommen zu werden. Als eine der jüngsten First Ladys in der Geschichte Amerikas erfüllte Jackie das Weiße Haus mit neuem Leben und verlieh ihrem Land kulturellen Glanz. Außerdem hielt sie es in der bitteren Zeit nach der Ermordung ihres Mannes zusammen. Sie blieb stark, zog nicht nur ihre Kinder erfolgreich groß, sondern fand mit ihrer Arbeit als Verlagslektorin in New York auch zu innerem Frieden und persönlicher Zufriedenheit.

Indem sie Leid, Trauer, Ungewissheit, Hoffnungslosigkeit und hin und wieder auch Einsamkeit überwanden, wuchsen Jackie und Marilyn über ihre persönliche Lebenssituation und das, was die Gesellschaft von ihnen erwartete, hinaus.

Das taten sie alle beide mit einem nicht geringen Maß an Mut, Stil und Elan, wovon wir uns heute gewiss eine große Scheibe abschneiden können.

Über Chérie, die sie in *Bus Stop* spielte, sagte Marilyn einmal: »Sie war ein Mädchen, das wusste, wie man glücklich ist, selbst wenn sie traurig war. Darauf kommt es an.« Genau so hätte sie übrigens auch sich selbst beschreiben können.

Die Macht der Weiblichkeit

Jackie und Marilyn waren von Natur aus sehr weiblich. Sie wussten um ihre Reize, um die Macht einer Frau, und scheuten sich auch nicht, sie einzusetzen. Im Grunde genommen beruhte Marilyns Karriere auf dieser unwiderstehlichen Verkörperung des weiblichen Ideals. Jackie und Marilyn waren beide intelligent und ambitioniert, ebenso wie die mächtigen Männer, die sie umgaben. Sie wussten genau, wie sie zu Werke gehen und lavieren mussten, um ihre Ziele zu erreichen.

Heißt das nun, dass sie Feministinnen waren? Auch wenn dieser Begriff damals kaum existierte und Marilyn starb, bevor die Frauenbewegung in den späten 1960ern erblühte, kämpfte sie hart dafür, in Hollywood ernst genommen zu werden, und tat alles für ihre kreative sowie finanzielle Unabhängigkeit von den Filmstudios. Beides hat sie bekanntermaßen geschafft. Sie war eine der ersten Schauspielerinnen, die sich erfolgreich gegen die nachteiligen Bedingungen im Filmgeschäft zu wehren verstand.

Jackie ihrerseits war eine Freundin von Gloria Steinem und spendete 1972 eine große Summe zur Gründung des *Ms. Magazine*.

Jackie und Marilyn waren aber in vielerlei Hinsicht auch sehr traditionell. Etwa sehnten sie sich beide nach einer Ehe, einer

Familie und sogar Kindern, außerdem träumten sie von einem trauten Heim für sich und ihre Lieben. Und sie betrachteten dies eindeutig als die Aufgabe der Frau. Heutzutage können Jackie und Marilyn uns Frauen in vielerlei Hinsicht als Vorbilder dienen, da sie ihre Ziele und Träume zwar kompromisslos verfolgten, dabei aber immer ganz Frau waren und nie versuchten, wie ein Mann zu agieren.

Das Leben in vollen Zügen geniessen

Frank Sinatra, ein gemeinsamer Freund von Jackie und Marilyn, brachte es in seinem Song »I Will Drink the Wine« auf den Punkt. Jackie und Marilyn kosteten ihr Leben nämlich beide in vollen Zügen aus. Das Buch ist nun fast zu Ende, aber einen letzten Rat habe ich noch für Sie, und zwar egal, ob Sie nun eher eine Jackie, eine Marilyn oder eine Kombination aus beiden sind: Leben Sie ein »großes« Leben. Riskieren Sie etwas! Gehen Sie Ihren Weg und hinterlassen Sie Spuren! Bleiben Sie unvergessen.

Wenn Sie nicht sicher sind, ob Sie einem Freund ein paar ermutigende Worte zukommen lassen sollen, nur zu! Schreiben Sie ihm und schicken Sie den Brief ab.

Lachen Sie laut und herzlich. Wenn Sie andere mitreißen können, umso besser – ein seltenes Geschenk, das Sie nicht als selbstverständlich betrachten sollten.

Blicken Sie heiter und mit einem Lächeln in die Welt. Das wirkt ansteckend.

Machen Sie aus Ihrem Herzen keine Mördergrube. Sagen Sie dem Mann Ihrer Träume, dass Sie ihn lieben. Ob er Ihre Worte erwidert, ist beinahe nebensächlich.

Wenn Sie einem Kind ein bisschen mehr Selbstvertrauen geben können, dann ist das immer eine gute Sache. Es wird sich an diesen Moment länger erinnern, als Sie sich vielleicht vorstellen können. Betrachten Sie hin und wieder den Sonnenaufgang. Falls Sie das Glück haben sollten, dies im August an Deck eines Bootes im Hafen von Vineyard tun zu können, umso besser. Im Zweifel bestellen Sie Champagner. Tragen Sie außerdem Stöckelschuhe, die höchsten, die Sie haben – schließlich kann man nie wissen.

Sie haben nur dieses eine Leben, aber mit ein bisschen Selbstbewusstsein und der richtigen Einstellung garantiere ich Ihnen: Es wird mehr als wunderbar!

MARILYN BERÜHRT BIS HEUTE

»Alles nur Schein, nicht wahr?«

MM

Auch wenn Jackie in weiten Kreisen bis heute höchste Achtung genießt und manch einen vielleicht sogar an seine Mutter erinnert, hat sie längst nicht die große kulturelle Resonanz wie Marilyn oder gar wie James Dean, Audrey Hepburn und Elvis Presley. Aus irgendeinem Grund regt Marilyn unsere Phantasie in sehr viel stärkerem Maße an als Jackie mit dem Schanzkleid der Kennedys, ihrem Präsidentengatten, ihrer Selbständigkeit und ihrer guten Bildung. Wir sind der Ansicht, wir hätten sie retten, ihre Freundin sein, sie verstehen – und sie so schützen können.

Marilyn hat irgendetwas an sich (ihre Verletzlichkeit? Ihre Schönheit? Ihre tragische Hollywood-Geschichte?), das die Menschen in ihrem tiefsten Innern berührt, und zwar bis heute. Seit fast 50 Jahren ist sie nun tot, sie starb 1962 mit nur 36 Jahren, dennoch pilgern Fans aus der ganzen Welt nach wie vor zu ihrer Grabstätte. Viele behaupten gar, mit ihr im Jenseits in Kontakt zu stehen. Elton John schrieb »Candle in the Wind« für sie, einen bezaubernden Song, der davon erzählt, wie verliebt er als kleiner Junge in sie war und wie gerne er sie gekannt hätte. Nur leider war er einfach noch zu jung …

Marilyns Geist ist in den amerikanischen Medien derart lebendig, dass man fast meinen könnte, sie sei nie von uns gegangen.

Das Vermächtnis

Jackie und Marilyn sind sich wie erwähnt nie persönlich begegnet. In der Welt der Stars sind sie dennoch miteinander verbunden. Wenn man von der These ausgeht, dass jeder jeden über sechs Ecken kennt, sind wir alle irgendwie miteinander verbunden. Beide hatten eine enge Beziehung zu John F. Kennedy, Marlon Brando und Frank Sinatra. Vor seiner Heirat war Jackies Sohn John sehr zum Leidwesen seiner Mutter mit Madonna liiert, die eine glühende Verehrerin von Marilyn war. Dabei könnte sie mit ihrem durchtrainierten Körper und dem ausgeprägten Geschäftssinn (wenn auch ohne den Faktor Verwundbarkeit) selbst als Marilyn gelten – als Marilyn die Zweite sozusagen.

Der Kreis dieser Verbindung zwischen den beiden Frauen schloss sich spätestens 1996, als sich John Junior, der Herausgeber des Politmagazins *George*, einen werbewirksamen Gag erlaubte. Auf dem Titel der September-Ausgabe war die Hollywood-Schauspielerin Drew Barrymore zu sehen, gekleidet und frisiert wie einst Marilyn Monroe, und darunter die Zeile »Happy Birthday, Mr President«.

Die Verbindung setzte sich fort, als Michael Jackson und Madonna 1991 gemeinsam an der Oscar-Verleihung teilnahmen. Auf der anschließenden Party im berühmten Restaurant Spago erschien Madonna als ausgemachte Monroe-Doppelgängerin. Mit ihrem platinblonden Haar, dem millionenschweren Geschmeide aus dem Diamantenhaus Harry Winston und einem weißen, tief ausgeschnittenen Seidenkleid machte sie ihrem Idol alle Ehre. Jacko erschien im weißen Smoking mit Diamantenbrosche und weißen Handschuhen.

Bleibt die Frage: Was hätten Jackie und Marilyn wohl dazu gesagt?

Kleines Fazit

Die Tugenden von Jackie und Marilyn in aller Kürze:

- das eigene Ich opfern
- edle Pfade beschreiten
- … und im Zweifelsfall hilft Lippenstift
- Ansonsten gilt: Immer schön freundlich sein und lächeln, denn »dem Mimen flicht die Nachwelt Kränze«.

Jetzt sind Sie an der Reihe!

Die Grundregeln der Stilikonen kennen Sie nun. Machen Sie das Beste daraus und erobern Sie die Welt auf Ihre eigene wunderbare Weise – als Jackie oder Marilyn von heute!

> *»Ich hatte eine tolle Zeit.«*
>
> JKO

Jackies Geheimnisse – schon gewusst?

Historiker gehen davon aus, dass Jackie ein Tagebuch führte. Und dass es noch irgendwo existiert.

Marilyns Geheimnisse – schon gewusst?

Marilyn sammelte Gedichte. Nach ihrem Tod fand man einen Zettel, auf den sie handschriftlich ein Gedicht von William Butler Yeats notiert hatte: »That only God, my dear/ Could love you for yourself alone/And not your yellow hair.«

Yeats hat dieses Liebesgedicht einst für Maud Gonne verfasst, obgleich es sich liest, als wäre es auf Marilyn zugeschrieben.

Häufig gestellte Fragen

So werden wie Jackie oder Marilyn, geht das überhaupt?

Aber klar doch! Sie brauchen lediglich eine Vision und ausreichend Entschlossenheit, genau wie Jackie und Marilyn.

Das macht weiblich und obendrein kreativ.

Meine Mutter treibt mich in den Wahnsinn. Was soll ich tun?

Jackie und Marilyn hatten beide ein gespanntes Verhältnis zu ihrer Mutter. Marilyn, weil ihre Mutter psychisch labil war und in eine Anstalt eingewiesen werden musste, Jackie, weil ihre Mutter irisch-katholisch war, sich aber in der gesellschaftlichen Elite als französischstämmig ausgab (was damals noch von Bedeutung war). Außerdem stellte sie höchste Ansprüche an ihre beiden Töchter, hatte eine scharfe Zunge, war äußerst resolut und ging mit Jackie insgesamt nicht nett um.

Doch sie waren beide nicht nachtragend und wählten im Umgang mit ihrer Mutter den Pfad der Tugend. Marilyn unterstützte ihre Mutter und bedachte sie in ihrem Testament, damit sie auch nach ihrem Tod in guter Obhut war. Marilyns Mutter überlebte ihre Tochter, erfasste aber nie, wie berühmt diese war, als sie 1984 starb.

Jackie kümmerte sich ebenfalls darum, dass ihre Mutter gut versorgt war, richtete einen Fonds für sie ein und stellte sicher, dass sie stets mehrere Bedienstete und Krankenpfleger um sich hatte und die bestmögliche medizinische Versorgung bekam. In ihrer unnachahmlichen Art ignorierte sie einfach, wie ihre Mutter sie als Kind behandelt hatte. Mrs Auchincloss ihrerseits sprach stets in den höchsten Tönen von ihrer Tochter – wenn auch immer nur vor anderen und nie vor Jackie.

Meine Figur ist alles andere als perfekt. Kann ich trotzdem wie Jackie oder Marilyn sein?

Also bitte! Selbst Jackie hatte keine perfekte Figur. Ohne unhöflich sein zu wollen, aber blättern Sie bitte kurz zurück zu Kapitel 4 … und fragen Sie dann noch einmal!

Hilfe! Ich habe ein Date mit einem Mann, den ich wirklich mag. Was soll ich tun?

Stöckelschuhe anziehen. Unbedingt. Außerdem Lippenstift und Mascara auftragen. Sprechen Sie mit leicht gedämpfter Stimme und reden Sie nicht zu viel. Lassen Sie ihn den ersten Schritt machen.

Was kann ich als Mutter meiner siebenjährigen Tochter mit auf den Weg geben, damit sie eine echte Jackie/Marilyn wird?

Selbstvertrauen. Geschichtssinn. Einen Bibliotheksausweis.

Was würden Jackie und Marilyn von Social Networks halten – von Facebook, Twitter oder E-Mail?

E-Mail ja. Blackberry unbedingt (aber nicht rund um die Uhr). Marilyn würde ihr Blackberry ständig verlieren und ihren besessenen Fans noch mehr Grund geben, ihr an den Fersen zu kleben.

Facebook und Twitter? Jackie nie. Zu viel Information! Marilyn würde wohl ihren Pressesprecher oder einen Fan engagieren, damit er sich darum kümmert.

Dem Onlineshopping wären wohl beide verfallen. Und Marilyn würde in schlaflosen Nächten wohl auf Blogs ihrer Fans antworten, wobei sie gemeine Kommentare zutiefst verletzen würden.

Gibt es eine Kontaktadresse für weitere Fragen?

Auf www.jackieormarilyn.com oder www.pamelakeogh.com gibt es in englischer Sprache viele Tipps und wertvolle Hinweise.

Dank

Ich möchte meiner Verlegerin Lauren Marino danken, die lange vor mir eine klare Vorstellung von diesem Buch hatte. Mein besonderer Dank gilt außerdem meiner Lektorin Jessica Sindler, die mich auf kreativer sowie redaktioneller Ebene begleitet hat, was wirklich dringend nötig war. Meines Erachtens hat sie eine große Zukunft als der Max Perkins ihrer Generation vor sich.

Besondere Ehre gebührt meinen Agentinnen, die einfach ein großartiges Team sind, weil sie den Style von Jackie und Marilyn in ihrer eigenen unnachahmliche Weise vereinen – Linda Chester (eine Jackie) und Alexandra Machinist (definitiv eine Marilyn).

Ein Dankeschön geht auch an Gary Jaffe (ein echter Cary Grant, aber das wäre ein anderes Buch) von LCA, der das Schiff über Wasser hielt.

Danken möchte ich auch all den Leuten, die ich interviewt habe und die mich während der Recherche- und Schreibphase unterstützt haben: Carl Sferrazza Anthony, Hélène Arpels, Rebecca Apsan, Yusha Auchincloss, Peter Bacanovic, Letitia Baldridge, Jeffrey Banks, Deepak Chopra, Darac, James de Givenchy, C. Z. Guest, John H. Davis, Dale DeGroff, David Fairchild, Ron Galella, Renée and Suzette Guercia, Steven Haft, Alexander Haas, Victoria Haas, William A. Henry III, Arlyn Imberman, Lorrie

Ivas, Kevin Lee, John Loring, James Martin, S. J., Beth Mendelson, Joseph Montebello, Pamela Needham, Caroline Sharp, Stacey Smoker, Dr. Amy Weschler, James T. Curtis, Bob Willoughby und Susan Zummo.

Ganz besonders danken möchte ich Fitzwilliam Anderson, der für sein Leben gern liest, sich regelmäßig in moderne amerikanische Kultur vertieft und diese zudem äußerst unterhaltsam findet.

Jacqueline Onassis und Marilyn Monroe sind die beiden Frauen unserer Zeit, deren Leben am ausführlichsten dokumentiert ist. Ich möchte an dieser Stelle auch den Journalisten und Biografen ein anerkennendes Wort schenken, von deren Arbeit ich umfassend profitiert habe: Christopher Anderson, Letitia Baldridge, George Barris, Ben Bradlee, Jim Bishop, Oleg Cassini, Marie Clayton, Fleur Cowles, Rita Dallas, Nigel Dempster, Mike Evans, Paul B. Fay, Jr., Kim France und Andrea Linett, Mary Barelli Gallagher, Karen Karbo, Sam Kaschner, Barbara Leaming, Evelyn Lincoln, Lynne McTaggart, Arthur Miller, Jan Pottker, Mini Rhea mit Frances Spatz Leighton, Cynthia Rowley und Ilene Rosenzweig, Raymond Scarlot und Fred E. Basten, Lawrence Schiller, Maud Shaw, Marta Sgubin, Fred Sparks, Donald Spoto, Gloria Steinem, Laren Stover und Anthony Summers.

Das Recherchieren gehört zu meinen Lieblingsphasen beim Schreiben. Neben all den Leuten, die ich interviewt habe, möchte ich auch Kathryn Felde und Mark Ekman vom Paley Center für Medien in New York danken (einem wunderbaren Ort zum Recherchieren) ebenso der New York Society Library (noch so ein Juwel). Danke auch an 71 Irving, wo es den besten Kaffee der ganzen Stadt gibt. Für meine Recherchen war ich auch in der JFK Library, insbesondere um die mündlich überlieferte Geschichte zu erforschen, sowie in der AMPAS Library in Los Angeles.

Bei Gotham Books möchte ich dem Verleger Bill Shinker danken, der das Team mit viel Einsatz und einer klaren Vision leitete, die Jackie und Marilyn sicherlich bewundern würden. Lisa Johnson und Anne Kosmoski haben ebenfalls Großartiges geleistet, um das Buch auf den Weg bringen. Ein riesengroßer Dank geht außerdem an die begabte Illustratorin Meg Hess, die unsere Jackies und Marilyns zum Leben erweckt hat.

Zum Schluss möchte ich noch all meinen Freunden danken, die treu an meiner Seite standen und mich mit Pizza, dunkler Schokolade, ab und zu einem Heineken, Blumen, nächtlichen Telefonaten sowie ermutigenden Worten versorgten und mich moralisch unterstützten.

REGISTER

Personen: